日本経済新聞社［編］

もう東京はいらない

地域力を高めた9つの小さな町の大きな話

日本経済新聞出版社

まえがき――

「消滅しない地方」への道

ＮＨＫでドラマ化された「限界集落株式会社」に、映画にもなった三浦しをんの「神去《かむさり》なあなあ日常」……。今日ほどテレビドラマや小説などで地方問題、とりわけ過疎化や滅びかねない林業・農業の再生にスポットが当たっている時代も珍しいのではないだろうか。

急激な人口減少で２０４０年までに全国の約半分の８９６市町村が消える可能性がある――。こう指摘した民間有識者による日本創成会議（増田寛也座長）の報告（通称「増田レポート」）は、人々に大きな衝撃を与えた。いわゆる「地方消滅」問題だ。

一方、人口一極集中が進む東京圏（東京、千葉、埼玉、神奈川）も深刻な問題を抱えている。同会議は２０１５年６月初旬、高齢化の進行で２０２５年には東京圏で13万人分の介護施設が不足するとし、施設が充実する地方41地域への移住を提言した。

ただ、「地方創生」という政治スローガンの陰で、地方に人々がとどまり、希望を抱いて子どもが持てる社会づくりに向けて問題提起をするというレポートの理念が置き去りにされた印象も否めない。「創生」手法を巡る議論も、「『選択と集中』は地方切り捨てだ」

「グローバル経済の中での当然の地域間競争」など、政治家的な言辞に矮小化されがちだった。

ただ、これまで政府・霞が関を中心に描いてきたグランドデザインが限界を露呈したことは明らかだ。「地方の時代」「ふるさと創生」……。これまで度々、官製キーワード・政策は浮上したものの、結果として補助金・助成金のバラマキが行われ、規制緩和下で進んだリゾート法などの地方活性化策が、死屍累々の山を築いた教訓を、人々は忘れていない。挫折の背景にあるのは、地域に住む人々の現実や伝統の重み、心の鼓動や息づかいを知らない「東京的視点」による効率・経済至上主義である。

国はいつも「地域活性化事例」を推奨する。少子高齢化・過疎化に怯える自治体関係者らの視察先が、カリスマ的な人物・地域に集中し、そのミニチュア版が各地で金太郎飴のように再生産される現実は、果たして創意工夫や自治と呼ぶに値するだろうか。

忘れられない言葉がある。世界的建築家である隈研吾さんを数年前にインタビューした時のこと。「地方の伝統技術や自然素材と対話すると、こんな面白い造り方があったのかと感動します」。東京の根津美術館、サントリー美術館をはじめ、竹などの自然素材を生かしたポストモダン建築で知られる隈さんも、デビュー作は20世紀建築の巨匠ル・コルビュジエに代表されるコンクリート建築だ。米国への留学経験もある。

ところが、バブル崩壊後は東京での仕事がピタッと止まった。そして「地方でコツコツ仕事を続けるうちに、新境地が開けた」という第1号が、本書にも登場する高知県梼原町の建築物などだ。「田舎で土塀や紙漉き、竹細工などの職人らとじっくり話していると、工期・利益が最優先の殺伐とした建築と異なる世界を発見した」。効率至上主義とは対極の価値観が各地に根付いており、それはまちづくりにおいても貴重な資産なのだ、と感銘を受けた。

本書は、日本経済新聞の土曜付夕刊「こころのページ」の連載ルポ「住んでみるシリーズ」をまとめたものだ。「少子高齢化」や「限界集落」「辺境」といった課題に直面する地域や施設に、定年間近の50代、60代の新聞記者が1~2カ月住み込み、そこで出会った人々の物語や、執拗な取材を重ねるうちに見えてきた問題点などを探り、それぞれ3カ月間の連載記事の形で紹介した。

「四国の山のエコタウン（高知県梼原町）」「農村力輝く山里（福井県池田町）」「世界遺産・富士山の麓（山梨県富士河口湖町）」「国境と歴史の島（長崎県対馬）」「コタンのある町（北海道平取町二風谷）」「米軍普天間飛行場のある街（沖縄県宜野湾市）」「神と仏が出会う古代ロマンの町（大分県宇佐市）」「原発とマグロの町（青森県大間町）」「記憶遺産の街（福岡県田川市）」。２０１２年１月から２０１４年３月にわたって掲載した9編を所収した。どの土地も少子高齢化・過疎化という問題を抱え、「地方消滅」自治体に挙げられて不思議でない地域だらけである。

ただ、「エコタウン」にせよ「農村力」にせよ、記者が当地に住み込み取材して初めてわかった「消滅しない地方」を目指す地域の創意工夫に迫った自負もある。つぶさに見れば、それぞれの土地に〝地域資源〟があり、まちおこしに奮闘する人々の熱意という現実があった。

地域の活性化の主役は「よそ者」「若者」「ばか者」といわれる。「若者」要件を除けば、我々、外来種のシニア記者にも、滞在による取材・議論や執筆・発信を通じて微力ながらも地域貢献の手伝いの機会が与えられたのではないか。いや、そう信じたい。

本書は、『ルポ日本の縮図に住んでみる』(2009年12月刊行)、『絆の風土記』(2012年3月刊行)に続く、「住んでみるシリーズ」書籍化の第3弾に当たる。

新聞記者の取材はとかく時間に追われがちだ。しかし、日本列島のある場所に一定期間、実際に住んでみたら、日常の取材とは違う何かが見えてくるのではないか? そんな問題意識から、2008年4月の「日本最西端の孤島、沖縄県与那国」を皮切りに、「変わりゆく労働者の街、横浜・寿町」「ハンセン病療養所(岡山・邑久《おく》光明園)」といった地域・施設にはじまり、東日本大震災で甚大な津波被害に遭った岩手県陸前高田市も含め、第

2弾までで15地域を取り上げてきた。

本書の出版にあたり、取材にご協力いただいた各地の皆様に心より感謝申し上げたい。

なお、本文中に登場する人物の肩書、年齢などの表記は新聞掲載時を基準とした。

2015年6月

著者を代表して

日本経済新聞社編集委員　嶋沢裕志

目次

装画　高寄尚子
本文写真提供　日本経済新聞社
ＤＴＰ　リリーフ・システムズ

序章――「安心の種火」、現代に灯そう――藻谷浩介氏との対話

日本経済新聞「こころ面」編集長
小仲秀幸

本書のタイトルは『もう東京はいらない』だ。

しかし、これは、東京という大都会、日本経済のセンターが完全に不要になると言いたいわけではない。地方から見て必ずしも東京に依存する必要はなくなっていくという意味である。

地方が本当に自立するためには何が必要か。本書で描いた地域の人々、いわば日本の〝汽水域〟とも言うべき、特色ある地域に根ざして生きる人々の姿から、グローバル経済に負けない「生き方」が見えてくるのではないだろうか。

日本経済新聞の夕刊連載「住んでみる」が一段落して数カ月。改めて単行本としてまとめ直そうと考えていた時、私は、著書『里山資本主義』を執筆し、今の日本型資本主

義経済のあり方に一石を投じた藻谷浩介氏（日本総合研究所調査部主席研究員）と、地方経済について話し合う機会を得た。

藻谷氏は会社に行かない「ノマド」（遊牧民）エコノミストのイメージが強いが、東京を中心とした従来型の「効率重視」の経済活動を否定しているわけでは決してない。〝東京型〟は日本にとって必要との見解だ。ただ今後、世界の中で日本が生き残っていくには、東京型だけではなく、東京型と並立する形で、各地方に東京に依存しない経済圏、生活圏を確立する必要があると説く。

世界の動きは速い。経済・産業のパラダイムシフトが起きて、万一、東京型の「マネー資本主義」がどこかで立ち行かなくなり、日本の弱点になってしまうような事態になっても、各地に様々な経済・産業スタイルが存続し、それらが有機的なネットワークを構築して、全体として「日本経済」を体現できていれば、日本は必ず世界の中で生き残っていくことができると考える。「多様性」こそが生き残るための強みなのだ。私はこれを「安心の種火」と名付け、藻谷氏はまったくその通りだと答えた——。

序章では、その時のインタビュー内容を紹介する。

お金は大事だが、里山資本主義はそれ以外の価値も大切にする

――高度成長期を経て豊かになった日本。公害もバブルも経験し、国としての青春期は過ぎた。成熟期を迎えても少子高齢化、将来の生活不安、生態系破壊の危機など日本は依然〝課題先進社会〟のまま。その処方箋として「里山資本主義」を提唱する。

「里山資本主義とは、『マネー資本主義』の対義語です。お金だけに支配されるのではなく、お金で計れない価値も大切にしよう、そんな意味です。里山には古井戸があり、雑木林があり、生態系が維持されていて、食料や水、燃料が、ほとんどただで手に入る。人と人の絆があり、恩送りや手間返し、物々交換のネットワークが生きている。日本人誰もがやっていたことです。お金が『メーンシステム』なのは間違いないですが、お金に依存しない『サブシステム』も用意しておこうということです」

「都会で懸命に働き、食べ物はコンビニなどで買い、お金を多く持っている方が『田舎（＝里山）で自給自足する人より偉い』と思い込む。一方で田舎の人は『自分たちは遅れている』と考える。それは違います。田舎にはホームレスの人もいないし、スラムもない。食べられない人が都会へ出て、労働力として消費されているのです。実は、田舎の方が競争は激しい。食自分で食べていける人しか残っていないからです」

「田舎で生きていく術《すべ》は現地でも身につけられます。しかし、都会に慣れきった人が田舎で生きていくには、イニシアチブ（＝進取の気性）が必要です。意欲と覚悟があって、『自分から飛び込んでいこう』と思う人しか行けません」

――里山が注目される背景には、東日本大震災以降、日本人はお金の循環が崩壊するリスクに本能的に気付いているからではないか、と著書の中で指摘する。

「日本が輸入する石油などの化石燃料は、２００１年には約８兆５０００億円でしたが、２０１４年には27・7兆円と3倍以上になりました。輸入化石燃料に依存したものづくりで外貨を稼ぐという仕組みは採算割れしつつある。原子力も廃棄物処理を含めれば高コストです。里山で木を燃やす生活の方が国際競争に強くなってきた」

――里山に東京型とは異なる独自の経済スタイルが確立すれば、それは21世紀の日本、日本人にとって「安心の種火」となるのではないか。

「そう、まさに『安心の種火』です。里山で自然エネルギーを活用して暮らせる人は幸せだし、いざという時、創意工夫、技術革新を加えれば、都会を含めた日本全体の位相を大転換できる可能性もある。水力なども入れて、エネルギーの3～4割は賄える時代になるかもしれません。そうした展開に備えた『種火』を今はバックアップシステムとして灯《とも》しておくことが必要なのです」

成熟した日本にとって大切なのは、健康、平和、自足、そして人間らしい暮らし

――経済指標で見て、常に成長していないといけないというのは、途上国の場合という。子供の時は体重は増えた方がいいが、大人になれば健康の方が大事なのと同じだと強調する。

「途上国にとって、経済成長率といったフローの経済指標は重要です。でも、ストックが大きくなってくれれば、フローでの成長は止まってきます。米国などは例外的に伸び続けていますが、『日本は負けている』ということになるのでしょうか。日本の方が平均寿命も長くて、治安も良くて、味覚水準だって高い。『伸び率で負けた？　ソー・ホワット？（それが、どうした）』です」

「一人当たりの経済ストックが世界で上位を保っているのであれば、その先で大切なのは健康であり、平和であり、生活が自足できて、一人ひとりがそれなりにかけがえのない存在であることです。単線の価値観から脱皮し、豊かさを考え直す時です」

――日本の少子化傾向には危機感を強く持ち、里山など東京とは異なる多様な資本主義が日本社会全体の「安心感」になると訴える。

「子供の数が減り続ける社会の現状はよくない。２０１３年の東京の合計特殊出生率（1

人の女性が生涯に産む子供の数〈概数〉）は1・13で、47都道府県で最下位。大都市で競争し、いい学校、いい企業に入らなければ、という強迫観念にとらわれた優秀な人ほど、子供を産むことを断念する。マネー資本主義に追われて、仕事を一生懸命やり過ぎた結果、子育てができないっていうのは、どこか変です。共働きでそこそこ仕事をして、子供が普通に育ち、巣立つようでないと、社会が回っていきません」

「今、日本で出生率が高いのは山奥と離島です。子供が減らなくなった集落が過疎地に登場しつつある。田舎では、それほどお金がなくても、十分暮らしていけるからです。夫婦で共働きをして大人2人に子供2〜3人。田舎に行くと、結構そういう形が成り立っています。ですから私は、里山資本主義の方が、（マネー資本主義より）効果があるんですよ、と言っています。食料、燃料が安く手に入り、人間らしい暮らしを営める里山ならではの『安心感』がその根底にあるからです」

「人数の多い団塊ジュニア世代は就職氷河期以降苦労続きで、本能的に多くの子供を持とうとしない。結婚しない人も多い。でも、その後の世代は、彼らよりずっと人数が少ないのです。結婚はしてもしなくても、子供はぜひ育ててほしい。他人の子育てを、税金を払うことで支援するのでもよいのです。里山資本主義が、少子化の歯止めのモデルになれば、うれしいですね」

本書に収録した夕刊連載「住んでみる」は、新聞ジャーナリズムの原点ではないか

――「ノマド」エコノミストは、長崎県対馬市に話が及んだ際、「上県《かみあがた》」「豆酘《つつ》」など、難読地名を諳《そら》んじてみせた。

「私は、旅行好きの『ノマド』エコノミストと呼ばれています。全国をくまなく歩き、また定点観測を続けることで、新たな考えが生まれているのです。もちろん旅行好きですよ。大学では自転車部旅行班でした。平成の大合併前の約３２００市町村の46％を走破しました。その後、全市町村をおおむね自費で訪れ、地形、交通、産業、人口動態、歴史などを詳細に把握しています。これが私の最大のウリです」

――パソコンを開き、連日びっしり埋まった予定表を見せてくれた。

「毎日本当に忙しいですよ。年間５００回以上の講演をしています。移動の車内で仕事をすることがほとんどで、勝手ながら会社には行かないスタイルを貫いています。いつ頃からか多くの方から『ノマド』エコノミストと呼ばれるようになりました。全国の地図や、鉄道、飛行機、バスの時刻表、レンタカーの所在地などが頭に入っています。ある所から別の所に移動する最速・最短ルートは？　コンピューターソフトやインターネットを検索しなくてもすぐに答えがわかります。これはささやかな自慢です（笑）」

「米ニューヨーク、シアトルやシンガポールに在住経験もあります。70カ国以上を回ったおかげで日本も米国も相対化して見ることができるようになりました」

「こうした人間から見て、新聞ジャーナリズムに注文があります。まず、徹底的に現場で取材して情報を集めて欲しい。また、各種の経済データをきちんと読んで欲しい。次にそれらをもとに仮説を導く。最後に一般的な原理から推論される考え方と照合して社会の変化を読み解く。この3点から採点すると、日経の連載『住んでみる』は私にとってまず合格点をつけられます。何より記者が現場に住み込むという点がいいし、特徴的な地域を選んでいる点も好感が持てます」

「最近はどこの新聞でも現場に密着する住み込みなど、じっくり腰を据えた取材が減っているのではないでしょうか。でもネットでは得られない現場の生の取材情報と、そこからの分析が読者にとって必要です。マスメディアが常に正しいとは限りません。市民にはマスメディアの報道を鵜呑みにしない姿勢が求められます。誰にとっても『現場力』は武器になるのです」

第1章

高知県梼原町
四国の山のエコタウンに住んでみる

文　岩田三代
写真　高谷　隆

自然エネ活用の先駆者

目指せ電力自給率100%

四国の山の中に自然エネルギーで電力自給率100%を目指す町がある。こんな話を聞いた。高知県梼原《ゆすはら》町だ。

梼原といえば坂本龍馬脱藩の道で知られる。愛媛県境に位置し四万十川の源流域でもある。司馬遼太郎は「街道をゆく」で梼原街道を「土佐(高知県)に、檮原とよばれる山ふかい町がある。——ユスハラは、土佐のチベットやきに。などといわれた」と書き出している。人口約3700人。こんな小さな町が今、日本中から注目されている。

滞在したのは2013年11月下旬から12月下旬の1カ月。見えてきたのは、豊かな自然環境を生かす取り組みと、1100年の歴史を持つ町の誇り、人口減少と高齢化の苦悩など多様な実相だった。

「雪が降らないうちに」と、まず風力発電の風車が立つカルスト高原を訪ねた。標高1300メートルの高原は下見に訪れた2013年9月には放牧された牛がのんびり草を食《は》んでいたが、11月下旬ともなると冬枯れの大地に白い石灰岩が目立つだけ。

町がここに600キロワットの風車2基を設置したのは1999年。環境モデル都市推進室の那須俊男主事によれば、町が運営するホテルの客がバブル崩壊で激減。年間１５００万円にのぼる光熱費を抑えたいというのが目的だった。

町内でエネルギーに転換できる自然資源を洗い出した。中越武義前町長が、人が減り元気をなくしていた町民の誇りを取り戻そうと「風をおこし、町をおこす」をキャッチフレーズに新エネルギー活用に乗り出した。

風車より一足早く地熱を利用した温水プールも完成。風力発電の売電益（年平均３５００万円）を環境基金に積み立て太陽光発電の普及と森林整備にも取り組んだ。２００７年には梼原川の６メートルの落差を利用し小水力発電も開始した。昼は梼原学園中学校棟の電力をまかない、夜は街路灯をともす。間伐材はペレットにして冷暖房に利用する。

四国カルストに設置された２基の風力発電機

「風力、太陽、小水力、地熱、バイオマスの５つのエネルギーを利用している自治体はほかにない」と矢野富夫町長は胸を張る。

自然エネルギーが町の総電力使用量に占める割合は２０１３年度で28・５％。２０５０年に１００％を目指す。福島第１原発の事故で自然エネルギーへの関心が高まり、町には全国から視察が押し寄せている。2012年は110団体。2013年は途中から週2日に限ったが、それでも80団体を超えた。

自然エネルギーには難しさもある。梼原学園で取材中に電灯が消える事態に遭遇した。太陽光発電設置率は6・3%と全国的にも高いが、谷あいの集落は早くに日が陰り高齢者世帯では補助金がでても設置しないなど壁もある。ペレットストーブは工事費込みで50万円近くと高価だ。

だが、住民はエコタウンとして全国の先陣を切っていることに誇りをもっている。豊かな自然を生かし21世紀型の新しい町を作りたい。都会からはるか離れた地でそんな模索が始まっている。

木造建築あふれる町

環境と美しくコラボ

「昔に比べればずいぶん便利になりました」。町の人は口をそろえるが、高知市内からバスで2時間半。幾層にもつらなる山を分け入った先にあることは変わりない。だが、

町内産木材を使用した町総合庁舎（梼原町梼原）

一歩踏み出すと中心街は意外に都会的。住民が自主組織をつくり、電線を地中化するなど10年がかりで町づくりに取り組んだ成果だ。

町で目立つのが木をふんだんに使った建築物だ。梼原川にかかる３つの橋はアーチ型や屋根つきなどおしゃれな木造。商店や民家も板張り、漆喰《しっくい》の壁でしっとりと仕上げられている。

そしてこの町には世界的建築家・隈《くま》研吾氏（59）が手掛けた建物が４つある。「雲の上のホテル」、ホテルと温泉をつなぐ「雲の上のギャラリー」、梼原町総合庁舎、町の物産販売所とビジネスホテルを兼ねたまちの駅「ゆすはら」だ。総合庁舎近くには隈氏が木造の美しさに目覚めたきっかけとも言われる芝居小屋「ゆすはら座」（１９４８年建設）も移築されている。取材で訪れた幼稚園や小学校なども木の香り漂う建物だった。

しかも、これらの建物は単なる「木造」で終わっていない。公共建築物はすべて屋根に太陽光パネルが設置され、ほかにも環境に配慮した仕組みが組み込まれている。

たとえば木組みの天井が美しい総合庁舎。両脇の外気口から入った空気は地下の空洞で予熱・予冷され空調機に取り込まれる。木製サッシに複層ガラスを組み合わせ、余分な日射エネルギーをカット。縦4メートル、横13メートルの大型ドアは気候のいい季節は全面開放される。庁舎の壁面には太陽光の発電状況が表示され町民が自由に見られる仕組みだ。

二酸化炭素をださない、環境と健康に配慮した体験型木造モデル住宅があると聞き、1週間住むことにした。2棟あるうち、選んだのは松原地区の2階建て。南北に長く、標高200〜1400メートルの高低差がある町の中では比較的暖かい土地だ。とはいえ朝晩は氷点下近くまで冷える。

住み始めると快適だった。床も天井も壁も木が使われ、断熱材とペアガラスは室内の暖気を逃さない。屋根とベランダには太陽光発電と太陽熱温水パネルが取り付けられ、屋根裏と床下に空洞があって空気を循環し、冬は暖かく夏は涼しい空気が床から部屋に送り込まれる。暖房はストーブで、木くずを固めたペレットを燃やす。

滞在中は好天が続いたこともあり、昼間は暖房がいらない暖かさ。朝晩もストーブを1時間もたけば部屋が暖まる。気になって1日に何度も壁の表示板で温度を調べた。

ある晴れた日のデータを紹介しよう。午前8時室温13度、外気温マイナス1度。寒いのでストーブを1時間たく。午前9時室温16度、外気温2度。外出して帰宅。午後4時室温26度、外気温12度、午後6時室温23度、外気温5度、午後10時室温20度、外気温2度。そして翌朝8時室温14度、外気温3度といった調子だ。外から部屋に入るとほわっと暖かい。

太陽光発電も順調でこの日の発電量18・7キロワット、消費電力10・2キロワット。滞在中は売電が買電を上回る日が続いた。

モデル住宅の各種データは慶応大学に送られ、住宅内の温度差による疾患（ヒートショック）を予防する研究にも使われている。筆者滞在時のデータも有効活用されているはず。もっともこのモデル住宅、建築費が2500万円を超えるとあって町内に普及するまでには至っていない。

心癒やすセラピーロード

身近な自然が人を呼ぶ

梼原《ゆすはら》に1カ月住み、一番印象に残ったのは川を流れる水の美しさだ。青みを帯びた透明な水が岩をうがって流れていく。それを包む森の緑と棚田の石垣。どこへ行っても自

下元さんは週に一度の用水路見回りを欠かさない（梼原町久保谷）

然が身近にあり、空気は澄み切っていた。

こんな自然の力を活用し、地域活性化につなげようという試みが始まっている。梼原町は、ＮＰＯ法人森林セラピーソサエティが認定するセラピー基地になっており、セラピーロードが２カ所ある。森林のリラックス効果に着目し、生理、心理、物理実験などを行って認定するもので、現在全国に53の基地があり、四国では梼原と隣の津野町だけだ。

松原地区の久保谷セラピーロードは約１００年前に造られた農業用水路に沿い約３キロが整備されている。高低差10メートルの平坦《へいたん》さが特徴だ。松原地区のモデル住宅に引っ越した12月１日はちょうど中・四国のセラピーガイドたちの研修会が行われており、80人近い参加者でにぎわっていた。

翌日、地域の有志で組織する「松原まろうど会」の下元広幸会長(75)に案内をお願いした。

道はまず久保谷川に沿って、森の端を下っていく。用水路の水量は豊かで枯れ葉を浮かべてゆっくりと流れる。幅50センチ～1メートルの道は緩やかにカーブを描き木漏れ日が美しい。湿気が多いためか多種多様な苔《こけ》が岩を覆い、下の川でウグイやハヤが泳ぐのがくっきり見える。かつての棚田や炭焼き小屋の跡もある。

「今はコンクリートですが、昔は山でとってきた赤土をたたき固めて用水路の壁をつくり、毎年補修していました。祖先が苦労しながら伝えてくれた遺産です」と下元さん。現在も6戸の農家がこの用水を利用しており、下元さんもその一人だ。用水路に落ちた枯れ枝を取り除きながら歩く姿に、地域への愛情を感じる。途中で反対から来た女性３人連れとすれ違った。

松原地区はかつて国有林に囲まれ林業で潤った。１９６０～１９８０年ころには営林署の家族が70世帯以上住んでいたこともある。だが、斧《おの》がチェーンソーに代わり木を切りつくすとともに集落は急激にさびれた。１０００人を超えた人口も今は３００人足らずで、高齢化率は65％近い。

「このままでは集落は衰退するばかり。地域を元気にするには人を呼ぶ必要がある。その手段の一つがセラピーロード。来訪者は年間８００～１０００人になり、確実に増えている。来春にはレストランもつくる予定です」と下元さんは期待する。地域で８人がガイドの資格もとった。

松原診療所の宜保美紀所長(55)によれば、セラピーロードは免疫力を高め、アンチエイジングに有効との研究結果がでている。町も「梼原丸ごとクリニック」をうたい、梼原の自然の力を売り出そうとしている。

もう一つのセラピーロードは幕末の志士たちが脱藩した九十九曲《くじゅうくまがり》峠近くだ。滞在も終わりに近い日、地元の事情に詳しい中越順市さん(76)に雪が積もり始めた峠に連れて行ってもらった。棚田が湿地に変わった中に木道を敷き、脱藩の道につなげている。山里の風景は久保谷とはまた違った趣だ。

訪れた時には薄く雪が積もり、枯れたカヤが一面を覆っていたが、「春にはアケビの真っ白い花がさき、野生のツツジがピンクの花をつけてきれいですよ」と中越さん。コンクリートに囲まれて暮らす都会人にとって、心癒やされる空間が広がっていた。

農家民宿のんびり滞在

星空や清流…立派な体験

「梼原《ゆすはら》の人は町の人の一・五倍働くといわれてきた。特に女性は黙々と働く」と聞いた。2000年に四国で初めての農家民宿「いちょうの樹」を始めた上田知子さん(57)も、そんな一人だろう。２００８年に農林水産省が選んだ農林漁家民宿の「おかあさん１００選」にも選ばれた。

就職して2年間静岡で暮らした以外は、この町で生きてきた。実家は表具店だったが、農林業を営むご主人と出会い「農家の嫁」になった。「当時は木材がよく売れ、一山売れば数百万円の収入があった」という。義理の両親と夫とともに田畑を耕し、牛を飼い、シイタケを栽培し年収１０００万円以上稼ぐ「八ケタ農業」をやっていた。

だが、それも20年前くらいまで。貿易自由化でシイタケの価格が下がり、牛も売れなくなった。梼原で初めて夏場のナス栽培に取り組むなど、なんとか収入を増やす努力をした。しかし、梼原は土地が狭く大型ハウスをつくるのは難しい。次男が専門学校進学を目指した時には学資が工面できなかったという。

「農業経営だけでは生きられない。でもなんとか農林業を続けたい。夫婦で悩みました。その頃、町が派遣したヨーロッパの視察ツアーに参加しグリーンツーリズムを知ったんです」。農業の規模を広げるのではなく、家族で力を合わせ、自

「いちょうの樹」の囲炉裏には上田さん手作りの料理が並ぶ（梼原町川西路）

分たちの作る産物に付加価値をつける農家民宿を思い立った。

民宿で提供するのは原則として梼原産の食材。「新鮮な野菜を食べてもらおう」をコンセプトに、夏はトマトやスイカ、パプリカなどを客に収穫してもらう。アユやアメゴ、イノシシ、キジなど食材には事欠かない。

都会から来た人は山菜を使った家庭料理に舌鼓を打ち、朝食抜きが常態だった若者が旬の野菜をふんだんに食べて元気になった。「田舎の食材のおいしさや自然の素晴らしさを、都会の人に気づかせてもらった」と話す。取材でつくってもらった夕食にも、アユの甘露煮や野菜の煮物、キジ飯など素朴で健康的な品が並んでいた。

農家民宿といえば、そば打ちやわら細工体験などが思い浮かぶが、ここにはそれはない。「希望があれば対応しますが、子どもは川遊びや釣りに夢中になると動こうとしない。この町に来て星を見、水に触れ、おいしい空気を吸うのがすでに立派な体験。子どもが産みたての温かい卵を握って驚き、畑の一輪車を押して遊ぶ。親は縁側でのんびりビールでも飲みながら見ている。それでいいと思うんです」

いちょうの樹には全国から年間約８００人の人が訪れる。国内だけでなく韓国やスイス、ドイツ、ブラジルなどからの客もある。リピーターも多く、４分の１くらいは〝親戚〟づきあいだとか。梼原にはこうした農家民宿が5軒あり、それぞれ特徴ある料理を提供している。

上田さんは２００３年に、町が昔の民家などを移築してつくった太郎川公園で、農家レストランの営業も引き受けた。「農業の片手間といった意識でなく、本気で経営することが大切。自分と子どもがここでどうやって生き残るか。経営が確立しないと若者もこの町で暮らせない。第１次産業を大切に付加価値をつけて売りたい」と話す。

中山間地での農業は厳しい。梼原町の来米《くるめ》修作産業振興課長によれば、町内の専業農家は約10戸。年収４００万円以上は２戸だけだ。上田さんの必死さの裏には、こんな現実もある。

森を生かす国際認証

環境配慮で林業後押し

２０１３年12月の日曜日、町の北寄りにある越知面《おちめん》地区の森で、梼原町森林組合と高知県須崎市の矢野工務店が主催する伐採祈願祭が行われた。参加したのは梼原の木材を使って家を建てる３組の家族だ。

まず組合職員が森への感謝と工事の安全を祈る。家族それぞれが木に斧《おの》を入れ、職員がチェーンソーで切った株に榊《さかき》をさして記念撮影。森林価値創造工場をうたう製材工場で木材の加工工程を見学した。母親と一緒に参加した新婚夫婦は「いい経験になりました」とうれしそうに話す。

梼原町の面積の91%は森林だ。集落は周囲をぐるりと山に囲まれ、杉やヒノキがびっしりと植えられている。だがこんな風景が見られるようになったのは戦後のこと。古老たちに聞くとかつての山は草と雑木に覆われていた。春になると山を焼き、山菜をとり屋根をふくカヤや肥料にする草を刈った。焼き畑をつくり雑穀や小豆を植えた。コウゾやミツマタも栽培した。

戦後、住宅需要で木材が高値で売れるようになり団塊世代の親たちが子どものためにせっせと植林した。梼原町森林組合の中越利茂組合長によれば町内の山林の4分の3は人工林で、50年ものの杉、ヒノキが大半だ。

ところが、外国から安い木材が輸入され国産材は売れなくなった。家を建てる人も減った。放置された森は荒れていく。美しい森を維持するには適切な管理が欠かせない。町は風力発電の利益の一部を使い、間伐をすすめてきた。

一方で森には伐採期を迎えた木が出番を待っている。どうすれば林業を活性化できるか。考え付いたのが、地球環境に配慮した管理をしている森林に与えられるFSC(森林管理協議会)の国際認証をとることだ。

「21世紀は環境の世紀といわれていた。自然を大切にしたブランドは消費者に訴求力があると思った」と中越組合長。ＦＳＣは環境団体や木材取引企業などが中心になり１９９３年に設立した非政府機関で、ドイツに本部を置く。生物の多様性や水資源・土壌環境に、社会・経済的側面なども加味して持続可能な森林を認証する。梼原町森林組合は、２０００年に日本で2番目、団体としては初めてＦＳＣ認証を得た。

伐採の際に分解しやすい植物系チェーンオイルを使う。沢沿いの人工林は間伐を繰り返し広葉樹に誘導、今ある広葉樹を守り河川の生物がすみやすい環境をつくる。林道も環境への影響を最小限にとどめる。都市住民と連携して環境教育の場として活用するなどの努力を続けている。２００７年には音楽家の坂本龍一さんらが始めたモアツリーズ・プロジェクトにも参加した。

工務店にとっても「環境」は顧客獲得の武器になる。森林組合では２００３年から関西や高知県内の工務店に呼びかけ、顧客を森に案内している。２０１３年は32家族１７４人が訪れた。矢野久幸・矢野工務店社長は「梼原の木材は山の管理も品質もきちんとしており、安心して使える」と言う。

木材に加工できない端材を燃料として活用するため、２００８年には矢崎総業と町、森林組合などが出資して第三セクター「ゆすはらペレット」を設立した。経営は厳しいが２０１３年、目標の年間１７００トンを生産した。町内施設のボイラーや冷暖房機器に加え、高知県内の園芸ハウスや工場、ホテルで利用が進む。専用機械の値段が高く、焼却灰の処理が必要などの課題もあるが、中越組合長は「ようやく軌道に乗りつつある」と言う。

オランダ人の紙漉き作家

土佐和紙の伝統継ぐ

四国カルストの南麓、標高650メートルの太田戸《おおたど》地区で土佐和紙づくりに打ち込むオランダ人がいる。手漉《てす》き和紙作家のロギール・アウテンボーガルトさん（58）だ。工房の玄関先からは遠くに発電用の風車が見える。

ロギールさんが和紙と出合ったのは25歳の時だ。母国の本をつくる工房で働いていると、材料の中に見慣れない紙があった。「日本の雲流《うんりゅう》紙でした。西洋の手漉き紙は道具の跡は残っても材料の痕跡はない。ところがこの紙は明かりに透かすと材料が浮かび上がる。いったい何だと思った」。和紙に関する情報は皆無だった。「行くしかない」とシベリア鉄道に乗った。

日本各地の和紙産地を巡り、高知県にやってきた。高知は土佐和紙の産地であると同時に、昔からコウゾ、ミツマタなど原料の供給地として知られる。「経済発展から取り残されたぶん、ベーシックな和紙文化や豊かな自然が残っていた」。いの町の県立紙産業技術センターで初歩から和紙づくりを習った。

1カ月もたたないうち「ぼくが探していたのはこれだ」と感じたという。オランダで美術などを勉強していたが、興味があったのはものづくりと自然のかかわり。「和紙はまさにそれだった。日本人の関心が薄れる中、わざわざ外国からきたというので丁寧に教えてくれた。腰を据えてやってみようと決心した」

来日直後に知り合った妻の千賀子さん(60)と、いの町に居を構えて畑を耕し、和紙づくりに取り組んだ。

ワークショップの生徒を指導するロギールさん（梼原町太田戸）

梼原《ゆすはら》にやってきたのは1992年。「制作に打ち込める土地を探し、いい水を求めて四万十川をさかのぼり梼原にたどりついた。寒冷地だが紙漉きには好都合。まさかここまで寒いとは思わなかったけどね」。作業場のストーブのそばでいたずらっぽく笑う。

梼原はかつて高知県下でも有数のミツマタ産地で、紙幣の原料をつくっていた。百円札が硬貨に変わるときには反対運動が起きたほどだ。山を歩くと、今も当時植えられたミツマタの名残が顔を出す。原料栽培から手がけるロギールさんには、そんな歴史も魅力的だった。

農薬や肥料を使わずコウゾ、ミツマタを栽培し、自らの手で原料に仕上げ、化学薬品をいっさい使わない伝統的なやり方で紙を漉く。とはいえ、消費地から遠い山の中で、商品を売るのは容易ではない。ようやく名前が知られ始めた時にバブルが崩壊する厳しい現実にも直面した。

千賀子さんは役場近くでカフェ兼ギャラリーを経営して夫を支え、２００７年には工房の隣に農家民宿「かみこや」をオープンした。民宿ではロギールさんが紙漉き指導も行う。最近はインターネットの普及で、明かりのオブジェなどの注文も増えてきた。

20年前から小・中学校の卒業証書は、毎年、ロギールさんが指導し子どもも自らが漉いている。「梼原は交通の便も悪く、気候も厳しい。だから皆で一緒にやろうという気風がある。一村一ファミリー。こちらが興味を持っていろいろ聞くと喜んで教えてくれる」とロギールさん。

梼原で暮らしてすでに20年余。ここで2人の子どもも育てた。山あいの保守的な町に定着するには苦労もあったはずだが、あまり語らない。千賀子さんは「ここを選び、気に入って住んでいる。カルストの壁が私たちを守ってくれている気がする」とほほ笑む。まちの駅「ゆすはら」には、ロギールさんの壁紙が使われていた。

1100年の歴史伝える神楽

消滅危機乗り越え、舞う

〽チャンチャチャチャチャ……身も心も浮き立つ軽やかなリズムが舞殿に響く。2013年11月23日午後1時、竹の藪《やぶ》の三嶋神社で津野山神楽が始まった。舞人がそろって神楽の始まりを告げる「宮入り」から、18節の「四天」まで正式に舞い納めるには8時間を要するこの神楽は、梼原《ゆすはら》の歴史を今に伝える遺産だ。この日は地域の祭りで、氏子たちが集い午後5時まで神楽が奉納される。

梼原は2013年、町が拓《ひら》かれて1100年の節目を迎えた。京都の公家、藤原（津野）経高《つねたか》が伊予（愛媛県）の河野氏の庇《ひ》護《ご》を受けた後、新天地を求めて梼原に入ったのが913年。戦国時代には土佐七雄のひとつに数えられるまでになったが、23代親忠が長宗我部氏に滅ぼされ700年の歴史に幕をおろした。

だが人々はこの地を拓いた津野氏を慕い、最後の城主親忠を孝山様と敬って暮らしてきた。津野山神楽がいつ始まったかは定かでないが、経高が津野山郷に入った後、伊予から三嶋神社を勧請《かんじょう》して以来、代々の神官が歌い継ぎ舞い継いできたとされる。

伝統の神楽が風前の灯《ともしび》になった時期がある。1945年に終戦を迎えた時、継承者は神職の掛橋富松翁《おう》ただ一人。しかも病気で立ち居振る舞いが難しくなっていた。本来、津野山神楽は神職のみに舞が許されていたが、一般に開放することを決意。1948年に津野山神楽保存会が結成された。

川上寿久事務局長(61)によれば、十数人の青年が選ばれ、掛橋翁の指導のもと練習に励み40日で習得した。「ビデオもない時代、口伝と身ぶりだけで習得するのは大変だったと思いますが、皆、伝統を途切らせてはいけないという使命感に燃えていた」

太鼓と笛、鉦《かね》の囃子《はやし》は氏子の担当。当時はどの集落にも名人がいたが、高齢化で1974年、全国青年大会の郷土芸能部門への出場を機に後継者づくりに乗り出した。1980年には国の重要無形民俗文化財に指定された。保存会会員は現在25人。町内外の催し物も含め、年間25回くらい出番がある。

秋には各地の三嶋神社で神楽が奉納される。中でも竹の薮は津野氏が最初に拓いた由緒ある土地だ。神楽は古式にのっとり、しめ縄と五色の幣《へい》で飾られた舞殿で進行する。「神に捧《ささ》げるものなので、石見や出雲の神楽と違い衣装も素朴で派手さはない」(川上さん)というが、面をかぶり足を踏みならして舞う演目は迫力満点だ。
観客に人気なのが「大蛮《だいばん》」。真っ赤な鬼の面をつけた大蛮が榊《さかき》を手に豪快に舞い、その年に生まれた赤ちゃんを次々に抱き上げ息災を祈る。泣き叫ぶ赤ちゃんをわざと違う親に戻したり冗談を言ったり、客席と掛け合いながら神と人が一緒になる瞬間だ。般若の面を着けた神が所狭しと舞う「山探し」など、娯楽の乏しい時代には見る者の心をとらえて離さなかっただろう。

保存会の中越和仁さん(58)は「私が小さいころは皆で飲みながら見ていて、へべれけになったじいさんが『次はワシの番じゃ』と言いながら太鼓をたたきに出る。それがまたうまくて……」と話す。

伝統を次世代に伝えるため、保存会では高校の部活動や小中学校で指導もする。梼原高校の文化祭では部員が「幣舞」と「鯛《たい》つり」を披露。小学生が集まる津野山神楽クラブをのぞくと、８人の児童が練習に励んでいた。「なんで始めたの」の質問に中越奨太君(９)が「好きだから」と一言。神楽の魅力は現代っ子の心にも届いていた。

坂本龍馬脱藩の道

着物姿のガイドが案内

「坂本龍馬脱藩の道」。梼原《ゆすはら》を歩くと町のあちこちでこんな標識を見かける。１８６２年3月24日、龍馬は沢村惣之丞《そうのじょう》とともに高知城下を出奔し、25日に梼原の同志である那須俊平・信吾父子の家に泊まり酒を酌み交わす。翌日、２人の案内で宮野々の番所を抜け、韮ケ峠《にらがとうげ》を越えて伊予（愛媛県）に入る。それから船で長州（山口県）へ。維新の動乱に身を投じる。

「梼原は、龍馬が『土佐の坂本』から『日本の坂本』になった記念すべき地。韮ケ峠は地域の宝なんです」。こう強調するのは梼原龍馬会の会員で、２００７年に仲間6人と「坂本龍馬脱藩の郷《さと》　ゆすはらであいの会」を旗揚げした下元秀俊さん（53）だ。バブル崩壊で元気をなくした町を、観光で活性化したいとの思いだった。

梼原と龍馬の関係はあまり知られておらず、当初は地元の人の意識も低かったという。だが２０１０年にＮＨＫの「龍馬伝」が始まるや、観光客が押し寄せた。年間10万人が来るようになり、町も会の存在を認め有償ボランティアガイドを依頼された。会員は現在、約20人。自前の着物と袴《はかま》を身につけ観光客を案内する。

実は梼原からは多くの勤皇の志士がでている。例えば天誅《てんちゅう》組総裁の吉村虎太郎。中山忠光卿《きょう》を擁して、大和（奈良県）で挙兵するが政変で孤立無援となり、壮烈な戦死を遂げる。わずか26歳だった。

土佐藩佐幕派の巨頭、吉田東洋を斬ったのは那須信吾。俊平の弟子の前田繁馬《しげま》とともに天誅組に参加し討ち死にした。大岡昇平は著書『天誅組』あとがきで「私は維新の志士は大体嫌いですが、天誅組の連中は単純で嫌味がなく、またその悲惨な末路が同情を誘います」と書く。

土佐一の槍《やり》の達人といわれた那須俊平と弟子の中平龍之助は、禁門の変で死ぬ。家が裕福で同志の脱藩を金銭的に支えた掛橋和泉は、出費を養母に知られ、仲間に累が及ばないよう自決している。

ガイドの若宮さんは坂本龍馬にふんして脱藩の道を案内する（梼原町川西路）

「梼原村は幕末、一村挙げての勤皇倒幕の村であった」。崎村義郎・元梼原村長は１９７８年刊「愛村回顧」でこう記す。郷土の歴史に詳しい鎌倉安弘さん（81）は「伊予との境にあり中央の情報がいち早く入ってきた。上方文化の影響も強く伊勢神道が根付いていたのも勤皇につながったのではないか」とみる。

であいの会ガイドの若宮康秀さん(62)に、町中心部のゆかりの場所を案内してもらった。六志士の墓、掛橋和泉邸、三嶋神社近くの脱藩の道、8人の志士像が立つ「維新の門」。掛橋邸の屋根裏には隠し部屋があり、風雲急を告げる時代を感じさせる。

周辺にも歴史の跡は残る。中心街の手前には、当時の面影をとどめる那須俊平の屋敷跡がある。宮野々の番所は石碑しかないが、橋の目印のエノキが往時をしのばせる。橋を渡り右へ行くと龍馬が脱藩した韮ケ峠、左に進むと虎太郎らが越えた九十九曲峠《くじゅうくまがりとうげ》だ。

滞在中、暇をみて志士が歩いた道もたどってみた。多くは新道が通り様相が一変しているが、現代の道が車を通すため大きく迂回《うかい》しているのに、昔は真っすぐで意外に近いなどの発見もあった。

韮ケ峠近くは全くの山の中。四国カルストの帰りにタクシーで通ったが、うっそうとした杉木立の中に細い旧道が走る。町では2011年から梼原町役場を出発し韮ケ峠で折り返す「龍馬脱藩マラソン大会」を開催している。汗を流して走るランナーを龍馬が見たら「これはなんぜよ」と驚くかもしれない。

茶堂と千枚田の景観
庶民の生活　今に伝える

知らない人が見ると、不思議な建物に映るかもしれない。縦横３メートルほどの木造の平屋にカヤぶき屋根、床は板敷きで三方は壁がない。奥の壁には棚があり、木や石の仏像が安置されている——。梼原《ゆすはら》の茶堂《ちゃどう》だ。明治末ごろまで53棟あったが徐々に減り、現在、残るのは13棟だけ。

茶堂といえば、四国八十八カ所をめぐる遍路を地元の人がもてなす「お接待」の場として知られる。だが梼原に札所はない。１６０４～１６０６年に各村に茶堂を建て弘法大師、津野氏最後の藩主の孝山公、三界万霊をまつる申し合わせがされたと伝わる。

郷土史に詳しい鎌倉安弘さん(81)によれば、梼原の茶堂はまず地域の人の信仰の場であり、作業の合間の休息の場だった。５人以上の集会は庄屋へ届けが必要だったが念仏を唱えるのは自由だったため、集会所としての利用価値も高かった。伊予(愛媛県)に近い梼原は人の往来も多く、旅人への茶菓の接待は後に始まった。不審者のチェックや情報を仕入れる場としても機能しただろうという。

愛媛県境に近い茶や谷の茶堂は往時の面影をよく残し、８月には今も地域の人が順番

地域の人が輪番で茶菓の接待をしている茶堂（写真右）と、神在居の千枚田

で茶の当番を務めている。

「昔は練りモチなども作ってもてなしたが、今はお茶だけ。それでも都会から来た人とおしゃべりしたり、近所の人が散歩帰りに休んだり社交の場になっている」と森辺澄江さん（82）。中岡広美さん（66）は「子どもが学校に通っていたころは、先生が家庭訪問に回るのは大変だろうと親が集まり、ここで話したこともあった」と懐かしむ。

茶堂の壁にはお茶当番の名前を書いた木札が2枚かかる。1962年の古い札には36戸が名を連ねるが、2001年のそれは20戸だけ。ここでも過疎化が進んでいる。だが伝統を守る気持ちは強く、毎年、8月20日に地域の人が集まり念仏を唱える「二十日念仏」や、6月下旬にたいまつをたいて田のあぜ道を練り歩く虫送りの行事も残る。

そして梼原にはもうひとつ、庶民の歴史を伝える象徴的な景観がある。平地の少ない山あいで米をつくるのは容易ではない。先人たちは斜面の土を石垣で囲い田んぼにした。梼原の集落はどこへ行っても棚田が見られる。司馬遼太郎は、日本の千枚田の土木作業量は中国の万里の長城にも匹敵するとほめ、梼原の神在居《かんざいこ》を代表にあげている。

新谷忠夫さん(79)は、先祖代々ここで田を耕してきた。かつては大小合わせて500枚の田んぼがあったが、国道の改良工事や区画整理で今残るのは200枚くらい。かつてほどの規模はないが、高い場所から見下ろすと大小の田が重なり美しい。

高齢化で耕作放棄地が増えることを見越し、町は11戸の農家と「千枚田ふるさと会」を組織。1992年に日本で初めて棚田オーナー制度を始めた。全国から応募が殺到し、20組のオーナーが梼原に駆けつけた。その後、全国で同様の取り組みが始まり今は高知や愛媛県が中心だが、2013年も13組の応募があった。「私たちも年を取りいつまで続けられるかわからないが、小さな子どもの声が響くと元気をもらえる」と新谷さんは目を細める。

戦後の社会の変化は激しく、数十年前の暮らしすら遠くなっている。親から子へと何世代も伝わってきた生活を知る人も少なくなった。町の歴史を伝える「史談会」会長の中越順市さん(76)は「その時代を生きた人の歴史を残すのは、その時代に生きた人間の務め。現物が無理なら、せめて記録だけでもとどめておきたい」と話す。

「鷹取キムチ」日韓懸け橋

交流重ね味わい深める

高知市内から国道197号沿いに梼原《ゆすはら》町に入ると、「鷹取キムチ」と大書した旗が風になびいている。曲がりくねった脇道を15分ほど行くとキムチづくりの拠点「鷹取の家」だ。廃校となった初瀬東小学校が、宿泊施設とレストラン、厨房が併設された交流施設に生まれ変わった。

毎週月曜日と火曜日の夜、ここに初瀬地区の女性たちが集まりキムチを漬け込む。月曜日は前週漬けたキムチをパックに詰め、その週に漬ける白菜の下ごしらえと塩漬け。火曜日は塩漬けした白菜の水を絞り、韓国直送のトウガラシ粉、ニンニク、ショウガ、大根などでつくった漬け汁を葉の一枚一枚にすり込む。これを6日間発酵させる。

地元の農産物などを使った特産品は町おこしに欠かせない。どの自治体も観光客や都会の消費者をひき付ける商品づくりに知恵を絞る。「鷹取キムチ」は、高知県内はもちろん、最近では愛媛県や香川県のスーパーマーケットでも売られるヒット商品だ。

200グラム入り315円で、2012年の売り上げは500万円を超えた。「当初は特産品コーナーだったが、今は一般商品として売ってもらっている」と鷹取キムチの里づくり実行委員会の矢野豪佑会長(69)はうれしそうに話す。

とはいえ、梼原でなぜキムチなのか。話は17年前にさかのぼる。1997年夏、韓国のペジェ大学日本語学科の学生二十数人が、日本の地方の暮らしを調べるため教授の引率でやってきた。受け入れ先となったのが鷹取の家だ。学生たちは2~3週間合宿し、文化や産業、福祉などの聞き取り調査をした。

これを機に毎年夏に梼原で合宿し、交流は10年続いた。学長自ら2回町を訪れ、地域の人がホームステイなどで親しくなった学生の結婚式に招待されたりもした。

韓国の学生と地元の人たちの交流が鷹取キムチを生んだ
(梼原町下折渡)

そんな中で2002年、町から「地域活力支援事業」の呼びかけがあった。初瀬地区で考えたのが韓国との交流を生かしたキムチづくりだ。国内での研修に加え、ペジェ大学の教授に指導を請い、地域の女性が韓国を訪ねるなどして本場の味を身につけた。2種類のトウガラシ粉は大学から直送してもらっている。

現在、総勢11人(うち男性2人)でキムチを漬けている。メンバーの大半は最初から参加するベテランで、取材に訪れた日は7人が手際よく白菜に塩をすり込んでいた。

長く鷹取キムチの責任者を務めた氏原達子さん(72)によれば、基本レシピは韓国の先生に教わったが、客の反応を見ながらニンニクやショウガの量を加減するなど工夫を重ねた。初瀬地区は山がちで隣家も遠い。事業が始まるまで地域の女性が集まることなどあまりなかったが、「週2回、おしゃべりしながら情報交換できるので地域の事情もわかるし楽しい」と話す。

当初はボランティアだったが、今は時給550円が払われる。月2万円ほどの収入だが、「わずかでも現金収入があるのは励み。孫に小遣いもやれるし、自分でも少しぜいたくができる」(氏原さん)。おいしく漬けるコツは？ の問いに、メンバー全員が「心をこめて 手間暇かけて」と明るく声をそろえた。

白菜は11月末から3月まで町内産を使い、ほかの季節は市場から仕入れる。2008年には韓国料理レストランも開設。ドレッシングなど新製品も開発した。「いずれ韓国式サウナもつくりたい」と矢野会長。日韓関係は政治的に難しい時期を迎えているが、メンバーや大学関係者は今も互いに行き来する。時間をかけて築いた草の根の交流は、簡単には揺るがない。

孤立を防ぐ有償運送

地域の足、女性が支え

「こんなところにまで家があるのか」。血管のように張り巡らされた道を行くと、小さな集落やぽつんと離れた家がある。かつては隣人や家族が助け合って生きていたのだろうが今、ここにお年寄りが取り残されている。

梼原町《ゆすはら》の高齢化率は41％。孤立するお年寄りをどう支えるかが大きな問題だ。町は10年ほど前から、買い物や通院に便利な場所に出てきてもらおうと長屋形式の「高齢者合宿所」を2カ所に建設した。だが希望者は少ない。「食事は自分で作る必要があり、どうせなら住み慣れた家で暮らしたいとの思いが強い」（山本正澄総務課長）

冬場に自宅で過ごすのが難しい人が入居できる生活支援センターもある。こちらは病院に隣接し、食事がついているため申請は多い。だが期間は6カ月未満。いずれは自宅に帰らなければならない。

特別養護老人ホームなどを運営する社会福祉法人カルスト会の中越平理事長（61）は「施設に入るほどではないボーダーラインの人の支援が一番の課題」と指摘する。中越理事長の両親も、たった2世帯になった集落に残る。

依頼者宅に出向いた吉村さん（左）、運転手は都合のつく人が交代で務める（梼原町松原）

住み慣れた家で暮らすには何が必要か。町が２００５年に高齢者のニーズ調査をしたところ、移動手段の確保が上位にあがった。それを受け２０１１年に発足したのが、過疎地の運送を担うＮＰＯ法人「絆《きずな》」だ。タクシーのない初瀬と松原地区に限り、地域住民が講習を受け高齢者の足を提供する。

矢野豪佑・絆理事長（69）は「１日数便のバスはあるが高齢者はバス停までの１～２キロメートルを歩くのが難しい。隣人に頼むのも度重なると心苦しいし、お返しの心配もある。『気兼ねなく乗れるものが欲しい』との要望は切実だった」と話す。

初瀬地区は町の中心から車で約20分、松原地区は約40分。曲がりくねった悪路だ。タクシーを呼ぶと時間がかかるうえに、初瀬で片道約３０００円、松原で５０００～６０００円の料金。高齢者には大きな出費だ。「町が全地区の高齢者にタクシー初乗り運賃を補助する制度をつくるなど、業者と話し合いを重ね有償運送の了解を得た」（矢野理事長）

登録運転手は現在21人。町から無償で借りた車２台と自家用車４台を活用し、地区内は片道３００円、初瀬から中心街まで片道１０００円、松原地区から同１５００円で運行する。

松原区長で絆副理事長の久岡立志さん(70)は「男性は仕事があり、平日の運転は女性に支えられている」と言う。松原地区で中心になっているのが、久岡国子さん(65)、吉村悦子さん(66)、森野節子さん(66)の３人だ。「以前も頼まれて乗せていたが、お礼をもらうと白タクみたいで心苦しかった。堂々と役に立てるならと講習を受けた」(久岡さん)

病院への通院や買い物、年金引き出しなど1人が月10回ほど運送する。料金の６〜８割が収入だが「割のあう仕事ではない」と口をそろえる。病院へ送り、受診を手伝い、終われば買い物につきあう。「せっかく出たのだからいろいろ回りたい気持ちもわかるが、１度の送迎で半日以上つぶれる。感謝の言葉がうれしくてやっているようなもの」

絆では２０１２年から週１回の弁当(４００円)配達も始めた。松原地区ではガソリンスタンドの閉鎖を防ぐため、区民が資金をだして集落活動センター「まつばら」をつくり経営を存続させている。だが高齢化に歯止めはかからない。絆の運転手は70歳以下と決めたが「新たな希望者がなかなか集まらない」(久岡副理事長)。このままでは支え手がいなくなる恐れもある。

小中一貫教育に挑む

少ない子供に注ぐ情熱

「銀《しろがね》も金《くがね》も玉も何せむに　まされる宝　子にしかめやも」。万葉歌人・山上憶良《やまのうえのおくら》が詠んだ親の思いは昔も今も変わらないが、年間約20人の出生しかない椿原《ゆすはら》町が子どもの教育にかける情熱も半端ではない。

１９６５年、町には小学校10校と中学校7校があり、児童・生徒は１９８０人を数えた。この年をピークに子どもの数は減少の一途をたどり、学校も統廃合を繰り返した。中学校は１９８１年に完全統合された。小学校も3校になり完全統合を考えなければならなくなった時に、単なる統合ではなく新しい学校のあり方を模索する中で出てきたのが小中一貫教育だ。

教育委員会の久保栄八教育長は「かつては小学6年生くらいが大人への転換点といわれた。だが専門家によれば子どもの心身の発達が早まり、今は5年生で問題行動が起きやすくなっている」と言う。複数の小学校から子どもが集まり集団になじめない「中1ギャップ」を防ぐ意味でも一貫教育が注目されている。

先進校を視察・研究し、２０１１年4月、町で唯一の小・中学校「椿原学園」が開校した。１～９年を４・３・２に分け、５年生から小学校の先生に加え中学校の教科担任も教える。校舎も５年生で小学校棟から中学棟に移り、制服着用となる。２０１４年度の児童・生徒数は合計２２２人、１学年21～28人だ。

「一貫教育で学校が落ち着いた。中学生だけだと互いに突っ張っていたが、小さな子と一緒だとかっこ悪いことはできない。思いやりも生まれている」と久保教育長。

堅田謙洋校長は「教員の意識も変わっている」と指摘する。「職員室は合同。週２回の公開授業では中学校の先生が小学校の先生の丁寧な説明に触発され、小学校の先生が反抗期の子どもを指導する中学の先生の苦労を理解するなどの効果もある」

１年生から９年生がランチルームで一緒に給食を食べる
（梼原町川西路）

掃除は縦割りで１～９年が小グループで行い、給食は広いランチルームでみんなで食べる。取材に訪れた時は真新しい木造校舎のあちこちに散らばって掃除中。すれ違う子どもたちが大きな声であいさつしてくれた。給食は地元の野菜を使い学校の調理室でつくった中華飯とクラゲの中華あえ、牛乳とキウイフルーツ。おいしそうだ。

町は次世代を担う子どもにさまざまな支援を惜しまない。222人の児童・生徒に通常の倍近い45人の教職員を配置。制服は無料支給。遠くから通う子のために無料のスクールバスを運行する。中学校には寮もある。生徒が多かったころは自宅が8キロ以上離れているのが条件だったが、今は希望すれば誰でも入れる。寮費は1カ月1500円で食事付きだ。

海外研修制度も充実している。8~9年生を対象に夏、オーストラリアあるいは英国に3週間滞在し、ホームステイやサマースクールを体験できる内容。2013年も8人が参加した。費用60万~70万円のうち自己負担は7万円だけ。都会では考えられない〝厚遇〟に加え競争率は低い。「教育にかける情熱は県内でも一番だろう」と堅田校長は話す。

ただ悩みもある。1年から9年までクラスの顔ぶれが変わらず人間関係が固定される。一度、関係がもつれると修復が難しい。子どもが少ない地域では放課後の遊び相手がいない。少子化が進めば子ども社会はやせ細る。中学の寄宿舎の定員は70人だが入居者は18人。有効活用し活性化に役立てられないかと、2014年春から元大学教授がボランティアで運営に関わる。外からの受け入れも含め、さらなる知恵が求められている。

総集編

Uターン、変化の風を生む

歴史と文化を誇り、自然エネルギーへの転換など進取の精神に富む梼原町《ゆすはら》。だが中山間地の例にもれず高齢化と人口減少に直面する。かつて1万人を超えた人口は3分の1になり、今も毎年50人ずつ減っている。町に新風を吹き込むのが都会からのUターン、Iターン組だ。保守的な殻を破り、21世紀型の〝田舎〟に脱皮する起爆剤になれるか。

1カ月の滞在中、都会のにおいが恋しくなると立ち寄った店がある。町の中心にあるコーヒー専門店「FLAG」と、松原地区のパン工房「シェ・ムワ」だ。

「FLAG」店主の山口健児さん(45)は中学校を卒業して、高知市内の工業高等専門学校に。卒業後は関西の大手企業数社で一貫して携帯電話の開発にかかわった。海外企業との競争を経験して経営の重要性を実感。自分で何か経営したいと思い始めた。

自己資金でやれる事業として選んだのがコーヒーだ。2011年に退職し、東京のカフェ・バッハのトレーニングセンターで勉強。2012年11月、妻の和代さん(40)と実家横に自家焙煎《ばいせん》のコーヒー専門店を開いた。「都会でも新しい業態を梼原に持ってきたら話題になるのではと思った」

開店して1年余。近郊から通ってくる客もおり、町の人と観光客が仲良く話す光景も見られる。「東京や大阪にも進出したい。梼原発のコーヒーが有名になって町の発展にもつながるのが夢」と笑う。

パン工房「シェ・ムワ」の木下武さん(55)が、梼原に帰ってきたのは40歳の時だ。妻の共子さん(48)と一緒に5人の子を育て懸命に働いてきた。国道439号沿いにあるためバイクのライダーや観光客が立ち寄り、コーヒーコーナーでは近所の人がくつろいでいる。

脱サラしてコーヒー専門店を開いた山口さん(左)

大学の福祉学科を卒業し、土佐市の養護学校に勤めた。生徒の職業教育のため身につけたのがパンづくりの技術だ。学校が在校生の実習を兼ねて東京に開いたパン店の経営を任され、15年間働いた。

自然が好きでいつかは故郷に帰りたいと思っていた。40歳でUターンを決意。3年後の2002年10月に店を開いた。

得意は堅いフランスパンや天然酵母パンだが、地元の人が好む菓子パンもつくる。「帰省するたび人が減っているのが寂しかった。皆が集い帰省した人も寄ってくれる店にして地域を元気づけたかった。最近ようやく受け入れてもらえているかなと思える」

梼原高校野球部監督の横川恒雄さん(61)は、２０１３年春に故郷に帰ってきて以来、話題の的だ。県内の高校を甲子園に導いたこともある実力派。梼原高校の野球部員は10人。県予選では1回戦敗退が常だった。ところが２０１３年7月、1回戦を延長13回で勝ち、2回戦は10対11の惜敗。秋の大会も2回戦まで進み強豪相手に善戦。町は盛り上がった。

社会教育スーパーバイザーにも就任。人脈を生かして高知市内の高校野球部や大阪のサッカーチームの夏合宿も誘致した。「町には立派なグラウンドがあり廃校を利用した宿泊施設もある。梼原高校野球部が活躍し知名度が上がれば企業が注目してくれるかもしれない。地域活性化に少しでも貢献できれば」と話す。

Iターン組も元気だ。有機野菜の栽培に取り組む農業生産法人(株)ロカヴォの高津中太さん(66)は、17年前に梼原にやってきた。35歳で脱サラし、千葉県の房総半島でいち早く西洋野菜やハーブガーデンを手がけマスコミで話題になったこともある。

だが「雑用が増え土が遠くなるのに嫌気がさした」。梼原では専業農家として無農薬野菜をつくり細々と市場で売ってきた。ロカヴォを立ち上げ通信販売や情報発信を始めたのは3年前だ。「農業に関心を持つ若者が増えている。3人の子も大きくなり雇用の場をつくろうと思った」

積極的に研修生を受け入れ、２０１３年から厚生労働省が認定する農業の職業訓練校にもなった。8月に22歳から36歳の男女6人が入校し、2月に県内外に就職した。春から2期生を受け入れる。「夢・希望を語れる仕事をつくりたい。都会から来た若者の力で過疎地の自然や社会を維持することは、日本を底辺で支えることになる」と高津さん。

◇

人口減少に悩む町にとって新たな住人が増えるのはありがたいはず。ところが受け入れ体制は十分でない。一つは住宅不足。2014年度からようやく空き家の改修・あっせんを始めたが「移住の相談に行ったら家がないと断られた」との声もあった。担当者は「定住対策に力を入れる」と言うが、スピード感が必要だ。

積極的にIターンを支援している村田徳治さん(57)は「ソフト面にも力を入れるべきだ」と言う。「移住しても人間関係の煩わしさから半分以上が出て行く。地元民は自分たちと違うやり方を認めるべきだし、新住民も地域に溶け込む努力が必要。町が溝を埋める研修をしてはどうか」

農業や自然豊かな生活に憧れる若者は増えている。効率一辺倒や経済至上主義の生き方への反省もある。戦後、地方から都会へ向かった人の流れを変えるチャンスかもしれない。そのためには働く場と彼らが暮らしやすい生活環境をつくる必要がある。観光客を増やし、町の活性化につなげることも大切だ。

我ら「ゆすはら応援隊」若者3人、活気の源

2012年秋、梼原の友好都市である兵庫県西宮市から3人の若者がやってきた。地域活性化の期待を担う「ゆすはら応援隊」だ。2015年3月まで町の臨時職員として働く。

「梼原は読み方も知らなかった」。笑いながら話すのは垣内なつきさん(25)。西宮市で非常勤嘱託として働いた後、市のホームページを見て応募した。農家のお年寄りに直販所への出荷を呼びかけ集荷にも回る。「干しシイタケや梅干しなど少しずつ出してくれるようになった」。忙しく飛び回る姿は「こっちも元気になる」と好評だ。

影山良介さん(25)は、レンタカー会社で非正規社員として働いていた時に募集を知った。「少子高齢化に悩む限界集落のテレビ番組を見て、何か役に立てればと思っていた」。松原地区を担当し、2013年はセラピーロードのイベントも企画した。「定住する若者を増やしたい。そのためにはまず梼原を知ってもらう必要がある」と意気込む。

小森雄介さん(24)は、西宮市の飲食店でアルバイトしていた。「梼原には観光資源がいっぱいある。キジ肉などもつくっている。これらをもっとアピールして活性化につなげたい」と真剣だ。

3人は「山の中だけど単なる田舎じゃないからやってこられた」と言う。光ファイバーが整備されネットで買い物もできる。上下水道も整い、都会と同じ生活を維持できる。生活イ

ンフラは定住の大きな条件。それでいて人間関係は非常に近い。

立道斉・企画・定住対策係長によれば古い集落では人間関係が固定し話題も少ない。高齢化で飲む機会も減った。応援隊はそんな集落に活気をもたらす。「若いのが来たから祭りの打ち上げをしようとの声も出る。住民が楽しむきっかけづくりになってくれれば」と期待する。

マニア注目　土佐打ち刃物
3代目　野鍛冶の自負

日本のみならず世界のマニアの注目を集める職人が梼原に住んでいる。影浦工房の影浦賢さん(72)だ。土佐打ち刃物の伝統を継ぎ、材料から仕上げまで1人でこなす。鉄と鋼を熱し繰り返したたくと、刃に雲のようなダマスカス模様が現れる。これがナイフ愛好家の心をとらえる。

「ぼくは野鍛冶と名乗っている。昔の鍛冶屋は頼まれれば何でもつくった。くわも鎌も馬の蹄鉄《ていてつ》も生活がかかっている。妥協は許されないし、使い手は道具を大事にした。鍛冶屋と客が二人三脚で風土に合った道具を生み出してもいた。この思いと一貫制作を大事にしたい」と影浦さん。祖父の代から3代目になる。

ナイフや包丁が主だが、草刈り鎌や刈り込みばさみも手がける。雑誌で紹介されて人気となり、東京からわざわざ買いに来る人もいる。外国人の「ダマスカス信仰」に目をつけ、事業化を持ちかける人もいた。だが「重油を炊くので1日仕事をしたら普通の家庭の100倍の二酸化炭素を出す。環境を汚してまでやりたくない」と断った。エコタウンの住人らしくできる範囲でコツコツとやるつもりだ。

農家の庭先にうち捨てられたくわや鎌をもらい、材料に再利用する。後継者づくりが課題だが「弟子入り希望は多いが皆、続かない。すぐ一人前になれると思って来るが、そんなに簡単じゃない。ぼくらの世代が最後の鍛冶屋でしょう」と苦笑する。世界の人を振り向かせる技を、なんとか伝えてほしい。

こぼれ話
「土佐源氏」のふるさと

「梼原といえば宮本常一の土佐源氏ですね」。1カ月住むことになったと告げると、何人かの友人からこんな反応があった。名著『忘れられた日本人』に収録された土佐源氏は、盲目となり橋の下で暮らす元馬喰《ばくろう》が若いころの女性遍歴と、命懸けで愛した高貴な女性との恋を語る。芝居にもなり人気を博した。

モデルとなった男性の末裔《まつえい》が住むと聞いて訪ねた。森辺保一郎さん(82)は男性の孫だ。「橋の下の乞食《こじき》うんぬん」は事実無根だという。「私が小学生のころはまだ元気で、目は悪くなっていたが、いろいろな話をしてくれた。若いころは馬喰だったが、運送業でそこそこ財をなし水車をつくり粉ひきもしていた」

「サービス精神旺盛だった祖父が、虚実織り交ぜ話したのがそのまま活字になったのでは？子供心にも話の上手なおじいさんだと思いましたから」。話が有名になり迷惑も被った。「叔母が出版社に抗議したり、観光資源に活用しようとする町と対立したりしたこともある。だが芝居は芝居と割り切った。私は河原乞食の子孫とは思ってませんから」と静かに笑った。

【高知県梼原町】四国の山のエコタウンに住んでみる」を読んで

「先駆けるぞ」というDNAがある町

解説
藻谷浩介

高知県梼原町《ゆすはら》は、日本の村おこしの老舗であり、今も常に新しい方向を模索しながら前に進んでいる町です。

地理的には、「絶対的条件不利地域」です。梼原が不利だったのは今に始まったことではなく、江戸時代にも、それ以前にもそうでした。普通であれば誰も行かない、脱藩する人が通ったくらいのところで、山中に隔絶された田舎だった。

名物町長が出て村おこしを始めて長いんですが、老舗だけに、今は世代交代の途上にあると見ています。

第一世代の成果である隈研吾氏の建築群などは世界的にも有名になったし、ホテルなどに行けば分かりますが、とてもセンスがいい。周辺地域とも合併せず、地域文化を俺たちで守るぞっていう、志を貫いてきました。

しかし人口減少は止まっていない。Iターン、Uターンを入れて頑張っているんですが、子どもが減らなくなり人口が増えるという、山陰の一部の山間地などで起きている状況にまでは至っていない。記事で「少ない子供に注ぐ情熱」と紹介されている通りです。未だに子育て世代が村おこしの前面に出て来ていない印象があります。

第一世代は、集客交流を盛んにし、村の名前を有名にして地域文化への誇りを高めてきたんですが、これからの世代は、空き家の活用を進め、Ｉターン、Ｕターンをさらに増やして、人口が減らないようにしないといけない。

やろうと思えばできます。過疎地でも人口減少を止めた地域はあるんです。山陰の島根県海士町《あま》とか、邑南町《おおなん》とか子どもの増加にまで漕ぎ着けたところはあります。梼原もそこまで行ってほしい。

「まちづくりはリーダー次第だ」って言う人がいますが、無数の現場を見ている私はそうは思わない。外面だけいい「リーダー」が内で空回りするケースもありますし、優れたリーダーが去ったことで成果がぶっ壊れるケースもあります。むしろ、誰がリーダーか分からないんだけど、みんながわいわいやっている、あるいは性格の違うリーダーがどんどん出てくる方が長続きする。大分県の由布院などはそうです。

梼原は優れたリーダーが続けて出てきた地域ですが、それに続く子育て世代は、集団としての力、地域の総合力で盛り返してほしい。いま木が価値を持ち始めています。これから山村の時代が巡ってきます。それにいち早く気付いた梼原ですので、ぜひ頑張ってほしい。

土佐は、国全体が隔絶した場所なのに、進取の気風があります。明治維新の薩長土肥を比べれば、肥前藩は長崎経由で海外の情報に触れており、フェートン号事件で味わった屈辱、悔しさから近代軍備を持ち始めました。長州藩は関門海峡で英米仏などの連合軍と戦って近代化に目覚めましたが、実はそれ以前から、対岸の朝鮮からしばしば漂流してくる朝鮮の漁民を長崎→対馬経由で本国に帰す仕事があり、長崎と日常的に行き来があって海外の情報も入っていたのです。薩摩藩は琉球を通じて清国と交流していた。いずれも外国への窓を持っていたわけです。

ところが土佐は外国との交流がない。完全に孤立した藩です。ではなぜ維新ができたのか。直接的にはジョン万次郎が米国の情報を持ち帰ったからです。万次郎がもたらしたのは代議制という発想でした。土佐だけはアメリカ民主主義がいきなり持ち込まれたのです。ただ、帰国した漂流民は他の地域にもいた。万次郎のもたらした情報はなぜそこまで伝播力を持ったのか。

険しい山で隔絶され、正面の太平洋を毎日見ていた土佐人。この向こうに何があるのかを考えざるを得ない。海の向こうに対する憧れ、空白・空腹感が生まれる。それが、新しいことを受け入れる素地となった。海から離れた梼原にもそうした気風は伝わり、新しいものを学ぼう、取り入れよう、という意識が強かった。この土佐独特の気風は今も、未だに交通不便な梼原や馬路《うまじ》や四万十《しまんと》方面にこそ残っています。

新しいことを取り入れる。最も情報過疎、最も交通不便ではあるけれど「先駆けるぞ」というＤＮＡが梼原にはある。記事からは、そんな梼原の特色が読み取れます。自然エネルギーの村としての今後の展開が、子供の減少ストップにまでつながる近未来を、私は期待して待っています。

第2章

福井県池田町
農村力輝く山里に住んでみる

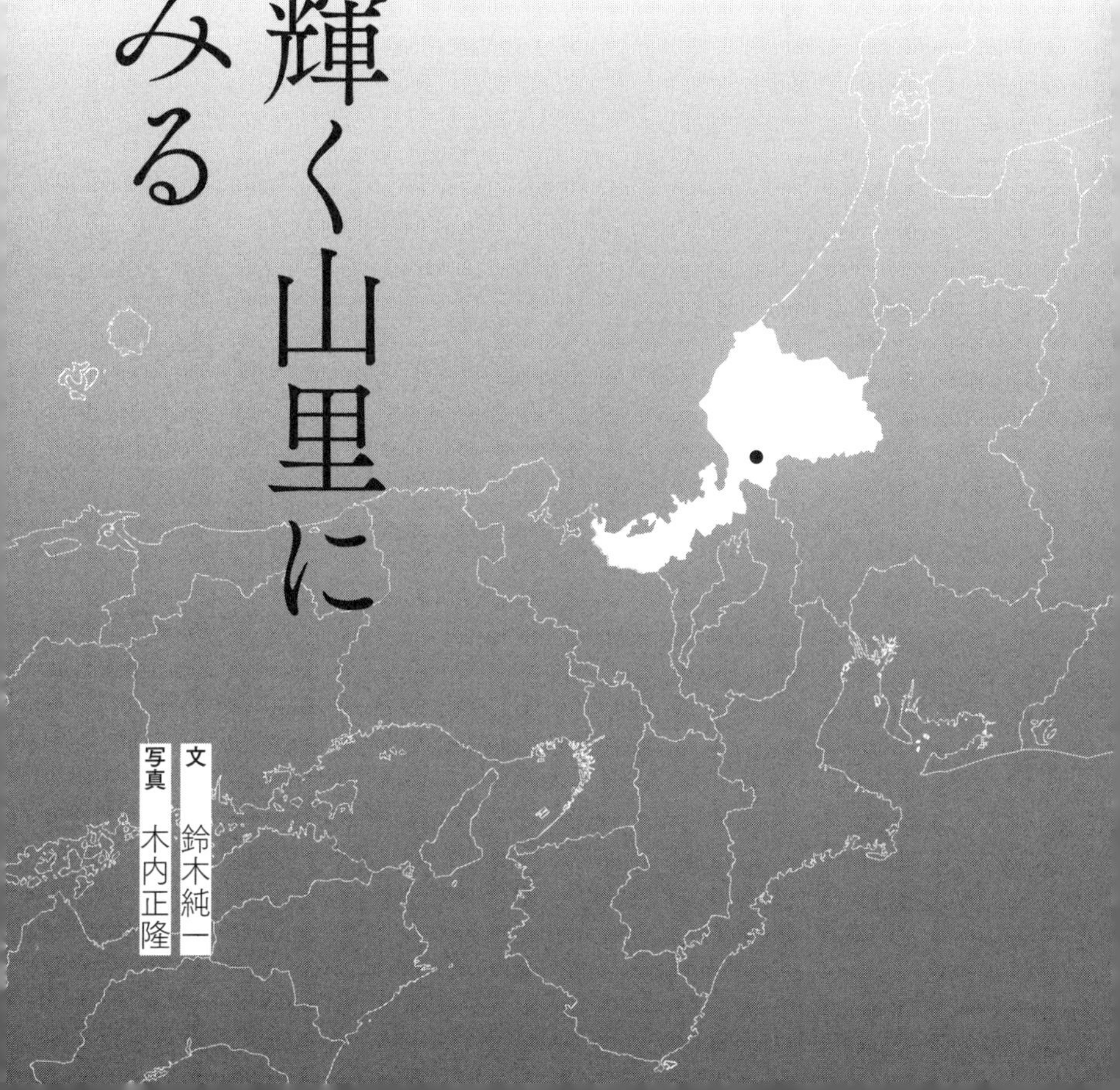

文　鈴木純一
写真　木内正隆

老若男女が集う「農村大学」

日本のブータンの予感

バスがトンネルを抜けると残雪をとどめる山容と、麓の家並みの遠景が広がった。峠を下り集落に近づくと、川辺で白いヤギの群れが若草を食《は》んでいた——。2012年春、福井県池田町を初めて見た印象は「ここは『日本のブータン』かもしれない」だった。

福井県は、大飯《おおい》原発の再稼働問題で全国の耳目を集めているが、「県民の幸福度日本一」を標榜してきた。おおい町から100キロ近く離れ、独立王国のように周囲を山に囲まれた池田町は、山里に約3000人が暮らす。町にコンビニはなく、信号機も2カ所だけ。そんな過疎の町が各地の若者や中高年を引きつけ、移住する人も少なくない。そのしかけのひとつ「日本農村力デザイン大学」に体験入学し、町の扉をたたいた。

大型連休が始まった4月末、キャンパスの「能楽の里文化交流会館」には各地から二十数人の老若男女が集まった。この日から2泊3日、昼間は教室で学び、夜は「コムニタ」(イタリア語で共同体の意)という農業体験用の宿泊施設に合宿して交流する。

テーマは「脱成長の時代—もうひとつの豊かさを求めて」。講師のひとり、松沢政満さん(65)は脱サラして就農2年目にチェルノブイリ原発事故が起きた。以来、「地球環境を守る生き方として」愛知県の山あいで数十種の果樹、野菜を〝ほったらかし〟農法で育て、自給自足する。

有機循環農業のモデルと注目される農園の映像を見せながら苦労話や成功談を交える講義。「微生物など自然の力を生かし、生命と資源を循環させる農業が未来を開く」と熱く語る。

受講生との質疑応答を取り持つ伊藤洋子さん（69）は雑誌「宣伝会議」の元編集長。東海大教授を退き、２００５年にＮＰＯ法人（特定非営利活動法人）が設立し、年５回開講するこの大学の副学長になった。「農村力を体感して地域づくりや自分づくりを構想（デザイン）する」大学のリード役だ。伊藤さんは地元と交流を重ねてこの土地が気に入り、コムニタの近くに戸建て住宅を建てた。東京から移住して3年半になる。

町に魅せられた人々は受講生にも多い。群馬県渋川市でブドウ園などを経営する永沢徹さん（65）は「農協の話を聞くより役立つ。農村には目に見える形で共存、循環があり、それが人を育てる」。大学の開校以来の常連だ。

日本農村力デザイン大学で交流する伊藤洋子さん

「ここで感じる自然との一体感が心地いい」という坂田亜沙美さん(25)は名古屋市から来た小学校の管理栄養士。前年夏の農業体験に続いて再訪した。三重県津市の大西照久さん(61)も3年前に大学に参加してファンになり、この地域の交流員として活動する。

これら県外組に県庁の職員やOB、短大准教授、池田町の農業者ら地元組が加わる。教室での時間を共有した後は近くの温泉で汗を流す。そして合宿先のロビー兼集会場で連夜の懇親会。ビールや地酒を酌み交わし、初対面同士が旧交を温めるように延々と深夜まで語り合う。

ここは「見知らぬ人が自然の中で出会い、時代とともに見失った価値と魅力を再発見するところ」(伊藤副学長)。本家のブータンのように「幸が住む山国」なのだろうか。5月下旬から6月末まで約1カ月、コムニタに滞在して人々との出会いを重ねた。

ばあちゃんの採れたて野菜

夜明け待ち　畑仕事に汗

「朝、明るうなる頃から畑に出てるで」――。池田町の農家のばあちゃんたちの朝は早い。夜明けとともに家の近くの畑に出て野菜を摘む。山菜を採りに行く人もいる。その数は１００人を下らない。

「１０１匠《たくみ》の会」のメンバーだ。自家用の野菜を多めに採り、見た目はともかく安全、安心で味のいいものを出荷する。金もうけより生きがい、そして買い手に喜んでもらう。匠の会はそんな発想で13年前に始動した。

収穫した野菜や山菜は１００グラム、２００グラムと小分けして包装フィルムにくるみ、町の農林公社が配ったシールに生産者、品名、重さ、価格を書いて貼る。表示の重量より多めに入れる人が多い。一息ついたら自転車や手押し車で集荷場に運ぶ。朝のひととき、町に24カ所ある集積場はばあちゃんたちの社交場になる。

６月中旬の数日間、２つの集荷場に通ってばあちゃんたちを待った。町の中心から南西寄り、上荒谷《かみあらたに》の公民館には7時過ぎにかっぽう着姿で7～8人が集まる。「今は端境期で少ないんよ」と言いながら水ブキ、キャベツ、レタス、エンドウなどを持ってきた。すぐに十数種の野菜、山菜や生花で数個のコンテナがいっ

早朝収穫した思い思いの野菜や花を持ち寄る

ぱいになった。

「これ朝、食べたらおいしかった」「どう料理するの」。おしゃべりの輪が広がる。農業の傍ら、老人ホームの看護師をする谷多恵子さん(75)は「野菜を育て早起きして摘む。値札に字を書いてお金の計算もする。集まってみんなでしゃべる。それでこのへんは認知症がほんとに少ないの。アハハ」。実に明るい。

北寄りの谷口のガレージには十数人が集まる。長靴の人もいればサンダル履きもあれば、とまちまちだ。「1時間たらずでこれだけとれた」とじゃがいもとキャベツを出す人。山椒《さんしょう》の実、うどの葉、ふきのとう、みょうがだけ……これを「百匠一品」(少量多品目)というそうだ。

「昔は余ったものは投げていた。今はいいとこ出して残りを食べる」。山内クニ子さん(77)は「うちの孫ら私の野菜でないと食べないんよ。畑にいれば体の調子もいいし」と日焼け顔をほころばせる。

雨の日も2つの集会場にはほぼ同じ人数が集まった。さすがに集荷量は半減近いが「雨でも畑に出る。畑は家のほんの横にあるから」「天気予報を見て、きのうの夕方にとっておいた」と苦にする様子はない。

やがて「こっぽい屋」と書かれた2トントラックが到着した。集荷と配送を担当する田中松美さん(63)とばあちゃんたちが手渡しでコンテナを保冷車に積み込む。すでに集めた数十個が積み上げられている。田中さんは町内の集荷場所を回り、９時過ぎには福井市内のショッピングセンター「ベル」に届ける。

「ベル」の一角にばあちゃんたちの野菜、生花、漬物などを売る約１００平方メートルの店「こっぽい屋」がある。田中さんを追った日は、到着と同時に４人の店員が手際よく池田の自然の恵みを並べた。朝10時、開店を待っていた福井市や鯖江市の主婦ら十数人が詰めかけ、人気のコーナーになっていた。

１０１匠の会
池田町の農家の主婦ら１５４人と12農業団体、20加工事業者が参加。作物は「こっぽい屋」(こっぽいとは「ありがたい」の意)で販売する。２０１１年度売上高は１億２０００万円、約18万人が買い求めた。

生ごみも牛糞も宝の山
リサイクルは町ぐるみ

「金環日食」の観測で列島各地が沸いた2012年5月下旬の月曜、午前8時すぎに農業の山本弘さん(65)と山田美知子さん(62)が池田町の農林公社前にやってきた。2人はNPO法人(特定非営利活動法人)環境Uフレンズのメンバー。この日は生ごみを回収して肥料にする「食Uターン事業」の当番だ。

約100人の農業者や主婦のボランティアが交代で月、水、金曜に専用トラック「アグリパワー号」で町中を回り、生ごみを回収する。幌付きの2トンダンプトラックの運転席に山本さん、助手席に山田さんが乗り込んで、さあ出発。公社前の交差点近くのごみ集積場を皮切りに、回収作業が始まった。

集積場は、町役場や郵便局などが集まる町の中心部から、田植えしたばかりの水田が広がる田園地帯、山林と渓流が道の両側に迫る山間部など、町のすべての集落の道路脇に合計66か所ある。道の入り組んだ町中ではUターンを繰り返し、農道ではスピードを上げ、渓流沿いを抜けてアグリパワー号は走り回る。

2人の手元には「金網ボックス」「ブロック積み」などと特徴が記された集積場のリス

トが。これを片手に、車を止め、手分けして生ごみが入った紙袋を回収し、トラックの荷台に放り込む。ジーンズに野球帽と若々しい格好の山本さんとトレーナー姿の山田さんだが、１時間もすると額に汗がにじむ。「今日は天気に恵まれてよかった。雨の日の作業は大変だから」。山田さんが息を弾ませる。

生ごみは水をきって新聞紙に包んで乾燥させ、収集日の朝、紙袋に詰めて集積場に出す約束だ。「以前はぬれた袋もあったが、最近はほとんどの人が協力してくれる」と山本さん。

早朝から町内の生ごみを集めるUフレンズの山本弘さん（右）と山田美知子さん

回収作業を始めて約3時間。走行距離80キロメートルに達したトラックが金山地区のアグリパワーアップセンターに到着した。計量するとこの日回収した生ごみは約２００袋で、重さは５１０キロ。ダンプの荷台を上げて、生ごみ袋をパワーアップセンターの破砕機に投入する。環境Uフレンズの仕事はここまでだ。

ここから先は農林公社の手で牛糞《ぎゅうふん》ともみ殻を混ぜて粉砕し、堆肥にする。アグリセンターに隣接して町の畜産基地があり、畜産組合農家が１２０頭の肉牛を育てている。牛糞はこの牛舎から運ばれる。

約40日たつと発酵して良質の有機堆肥と有機液肥ができる。それぞれ「土魂壌《どこんじょう》」「土魂壌の汗」の商品名で町内で販売され、ほとんどが生ごみを出した農家に戻り、再び野菜づくりなどに使われる。

山本さんと山田さんが当番を務めた翌日の夜、「能楽の里文化交流会館」で年1回の環境Uフレンズの定期総会が開かれた。山本さんの奥さんで初代理事長の山本美紀子さん(62)の姿もあった。

「9年前に始めたころは会員は約40人で、人集めが私の仕事でした。みんなごみを回収して資源を生み出す活動に誇りを持っているから長続きする。それにメンバーとのコミュニケーションも楽しみになっている」。資源リサイクルの立役者はこう言ってほほ笑んだ。

食Uターン事業
環境Uフレンズの主力事業。2011年度の実績は、生ごみを年153日回収、回収量は80トン。これに牛糞を投入して堆肥「土魂壌」1万9000袋(15リットル入り)、「土魂壌の汗」約1・7万リットルを生み出した。

「能楽の里」の顔を守る父子

能面づくりに集う人々

池田町は「能楽の里」という顔をもつ。山寄りの志津原《しづはら》地区にある能面美術館がその拠点だ。５月下旬の日曜の昼下がり。美術館に隣接する「古木庵」という古民家に、年配の男たちが集まり、見学する女性の姿があった。能面師、桑田能忍さん（67）、能守さん（36）父子が月に数回、能面打ち（能面づくり）を伝授する教室だ。

弟子たちは全国各地に50人近くいるが、この日は６人が集まった。教室は古民家の２つの部屋をぶち抜いた24畳ほどの広間で、新緑がガラス戸に迫り、近くの渓流の音が聞こえる。その中央奥で一束結びにあごひげ、作務衣《さむえ》を身にまとい野武士然とした能忍さんが目を光らせる。

弟子たちは小さな座卓の前で12、13本の彫刻刀やノミを使って、直方体のヒノキの白木を型紙に合わせて黙々と削る。初心者に助言する一束結びの若い能面師は息子の能守さん。幼少期から父の指導を受け、奈良芸術短大を出て能面打ちの道を歩む。

初代館長の父を継いで能面美術館の館長を務める能守さんは「美術館にきて能面打ちに関心を持つ人も結構いますよ」と柔和な表情で話す。桑田父子に紅一点の伊村元抄さん(62)が講師として指導陣に加わる。

弟子のひとり、山崎慶三さん(71)は福井市からほぼ毎週通う。建設会社の経営から退き、昔からやりたかった能面打ちを始めた。富山県の吉野豊也さん(72)はこの道10年を超す。最近逝った母親の供養に釈迦の能面を彫り、寺に納めるという。

能忍さんの弟子の指導に飽きたらず、直伝の指導を仰ごうと3年前、広島県から福井県越前市に越して来た男性(65)もいる。「能面づくりは彫刻と彩色、毛描き（目や髪を筆で入れる）が一体になった総合芸術」と、能面打ち三昧の日々に満足げだ。

集まった弟子たちに能面打ちを指導する桑田能忍さん（右）と息子の能守さん（右から2人目）

弟子たちに能忍さんは気さくに声をかける。「陰付けは何のためか」「幽玄の陰。舞台効果と位取りのためです」「そう。登場する人の心情を強調させるのだ」……。そんなやりとりを楽しむ。

兵庫県で能面教室をしていた能忍さんがこの町に来て18年になる。「能楽の里」で町おこしをめざした当時の町長が白羽の矢を立てたのだ。能面に縁のある雪深い山里が気に入った。丹波篠山で能忍さんが師事していた能面研究家の中西通さん（故人）は、「能楽ゆかりの地で身も心も本来の能面に迫れ。それは能面史上の鮮やかな一ページになる」と言って送り出した。

能忍さんは「能面は無表情の代名詞といわれてきたが、そうではない」という。「能面にはさまざま思いが沈潜している。能の世界とは鎮魂、魂を鎮めること。歌舞伎の動に対して能は静の瞬間を凝縮している。その瞬間をとらえ、自分の思い、感性を打ち込んで初めて創作になる。それは日本の文化そのものだ」

能忍さんは能楽ファンの芸能人などにも知己が多い。福井県出身の俳優、大和田伸也さん(64)が監督で２０１３年３月に公開する映画「恐竜を掘ろう」に出演して能面の神髄を語り、能楽の里のＰＲにも一役買う。

能楽の里

鎌倉時代、執権北条時頼がこの地で豪雪のため越冬した。村人の田楽の返礼に時頼が能舞を教え「田楽能舞」が始まった。町の田楽能舞は国の重要無形民俗文化財。池田町がある越前は越前出目《でめ》家など面打ち家の発祥の地で、能面美術館では約１００面の能面を展示している。

けもの道行く「天狗さん」

獲物も山菜も自ら調達

6月9日から3日間、町の総社、須波阿須疑《すわあずき》神社で池田大祭が開かれた。初日の雨の合間に境内で開かれた奉納子供相撲。2012年も行司は「天狗さん」が務めた。羽団扇《はうちわ》ならぬ軍配を手にした内藤七郎さん(70)だ。

「天狗さんですって」と声をかけると「いやいや」と手を左右に振るが、まんざらでもない様子。山を飛ぶように駆け巡った大天狗が3年前に亡くなると、行動を共にし小天狗を自認していた内藤さんを、周囲がそう呼び出した。

新しい天狗は「池田の自然を守る山の会」や「天狗の会」の生みの親だ。気の合う山男、山女が声を掛け合っては山菜やキノコ採り、狩猟に出る。山に行く前や下山後によく集まるのは、冠山につながる志津原の「仙松荘」。その主がほかならぬ内藤さんだ。

親戚の古民家を約30年前に移築して今は亡き兄と店を開いた。道路沿いに「猪《いのしし》、熊、鹿肉」の看板を掲げた三角屋根の古民家。中は約40畳の座敷が3つに区切られ、囲炉裏が2カ所ある。

冬場なら予約客にぼたん鍋や熊のすき焼きなども出すが、ふだんは猪や鹿肉、山菜料理が中心だ。予約なしでもあり合わせの材料で田舎料理を出す。「敷居が高く見えるようだが、最近はほとんど銭勘定抜きだよ」と主は笑う。

子供相撲があった晩、内藤さんは仙松荘に友人たちを呼び、記者にも声がかかった。鯖江市から来た大塚六十四さん(70)と料理を仕込み、越前市の夫婦や町内の中高年ら8～9人が集合。大鍋のシシ肉すき焼き、鹿肉のカツ、山菜てんぷらと地酒で祭りの夜の宴は盛り上がった。

山菜、イノシシ、シカなどの珍味で仲間をもてなす内藤七郎さん（右から２人目）

後日、仙松荘を訪ねると、内藤さんは「このあたりの山ならどこに何があるか全部知っている」と話し始めた。山好きは町内で会社を興した20代半ば以来、年季が入っている。中学を出て、武生市などで職を転々とした後、自動車整備士免許を取って自動車修理会社を興した。車ブームの追い風に乗り、一時は若い人を2～3人使っていた。

60歳の時、会社は息子にまかせ、仙松荘を根城に山を巡る悠々自適な生活を決め込む。春から夏は山菜採り。わらびやぜんまいが校庭ほどの広さに群生する場所や十数センチのわさびがゴロゴロある穴場がある。そこに仲間や奥さんたちを連れていけば大喜び。たちまちリュック一杯になる。秋はきのこの季節。大天狗が「これ食えるか」と聞いたほどの〝きのこ博士〟だ。40、50代の時、300ページの原寸大カラー写真入り図鑑を「10年間、枕元に置いて覚え、山で確認した」。冬は狩猟の季節。ウサギやアナグマ、タヌキ……。その数々を射止め、「熊も仲間と今までに10頭位獲った」。

九死に一生を得たこともある。10年前、谷間で雪穴に潜んでいると思っていた大猪が死角から急襲した。内藤さんの頭に飛びかかる寸前、仲間が仕留め、目の前に巨体が崩れ落ちた。危ない思いをしても、「道なき道に入る。けもの道こそ一番歩きやすいんだ。それにだーれも行ってねえところを知るのは愉快だよ」。天狗といわれるゆえんだろう。

福井県の野生動物
池田町など岐阜県境の山岳地帯にはイノシシ、ニホンザル、ハクビシンなどが生息。福井県みどりのデータバンクによると同県内ではツキノワグマ、アライグマ、ホンドタヌキなど48種類の哺乳類の分布が記録されている。

集落の消滅と向き合う

二転三転のダム計画

「ダムができればあの赤い線が水面ですわ」――。町の中心から約15キロ。山深い大本集落に出かけた時、けやき柱の立派な家の裏の山林に紅白２色の目印を見つけた。その家の庭にある木製デッキでくつろいでいた夫婦に「あれは何ですか」と声をかけると、そんな答えが返ってきた。

「わが家もこの集落も水没ということです」。主人の田中良二さん(66)は、高さ10メートル前後の２階建ての母屋を見上げて寂しげに言った。聞けば田中家はこの地で９代、３００年以上続く旧家だという。

ダム建設の話は40年以上前にさかのぼる。初めは大本《おおもと》集落より下流、美山町(現福井市)の足羽《あすわ》川につくる計画だった。が、水没する約２００戸の住民らが反対して頓挫。代わりに12年前、足羽川の支流で田中家のすぐ前を流れる部子《へこ》川での建設が浮上した。

建設促進の機運は２００４年夏の福井豪雨で県内全体に高まった。国や県、周辺市町の包囲網に、池田町長は「苦渋の決断」で建設を受け入れた。その後、２００９年に発足した民主党政権による国の直轄ダム計画の凍結で中断。この７月下旬に凍結が解除さ

先祖から受け継いできた土地が「自分の代でダムの底に沈むのは寂しい」と田中良二さん

れるなど二転三転し、田中さんや集落の人々は翻弄されてきた。

ひところは「一生ここにいよう。好きな林業の仕事しかないから」と思ったが、その気持ちは揺らいでいる。「人と争うことは性分に合わない。みんな年を取っているし反対はしない。でも気持ちは複雑ですよ」と漏らす。

田中さんは関西の大学を出て、京都で友禅の仕事をしていた。奥さんの幸子さん（63）と職場結婚をして35歳の時、大本集落に帰り、2人の娘を育て上げた。初めは「ここで着物をつくれないか」と考えた。だが、約50ヘクタールの山林を所有しており、林業を始めたらのめり込んだ。

山をそれだけ持っていても「林業で生活を確立するのは難しい時期もあった」。だが自然の中での仕事が楽しく、趣味もログハウス造りと徹底している。

気がかりなのは集落の将来だ。大本集落は21戸で40人。独り暮らしも多く、3軒は集落を出て住む人はいない。世帯主の多くは70、80代で「10年もすれば半減するだろう」。

集落の拠り所、八幡神社も宮司は町を離れ、町の宿泊施設、大本渓流館も管理は集落に委ねられている。勢い「いつまでも集落でいちばん若い」田中さんらにお鉢が回ってくる。神社は年7、8回の祭事がある。田中さんは厳冬の元旦に素っ裸で雪の部子川に入る禊《みそ》ぎの行事を先頭に立って守ってきた。

町が建設した渓流館の管理も託され、宿泊の受付を代行している。手作りの料理を出していたこともあるが、今はままならない。これらの施設の管理を将来どうするのか。

以前はダムができても近くに住んで林業を続けようと夫婦で話していたが、凍結されたこの3年近くで気持ちが変わってきた。「町の中心部に移転しようか。老いれば買い物や診療所は近い方がいい」と思い始めた。それに「ダムが出来てもできなくても（集落は）もうすぐ終わるやろ、と言われたら返す言葉がない」。田中さんは集落消滅の危機と向き合っている。

足羽川ダム建設計画

福井市街地を流れる足羽川の洪水を防ぐため、池田町にある支流の部子川に高さ96メートル、貯水容量2870万立方メートルのダムを建設。足羽川などと結ぶ2本の導水路を山中につくり、洪水調整をする計画。

農業で自立めざす青年

派遣された町で生きる

台風4号が列島に上陸した2012年6月19日、池田町も朝から風雨が強かった。どしゃ降りの雨をついて田んぼで仕事をする若者を、滞在するファームハウス・コムニタのベランダ越しに見つけた。

丸石純一さん(25)。緑のふるさと協力隊員としてこの町に2010年4月12日に来た。その日の日記にこうある。「バスが少ない。少なすぎる。駅で池田行きのバス停を尋ねると今日中には帰れないと言われた。1年間は帰りませんと言っておいた」

だが1年が過ぎてもこの町に居続ける。お世話になった長谷川富美子さん(72)の孫で仲良くなった小学生姉弟が「なんで1年でみんな帰っちゃうの」。ついつい「俺は帰らない、と言いたくなった」。

今年、3年目を迎えた丸石さんが台風の日にやっていたのは除草作業。「五百万石」という地酒用の稲田で、かんじきのような田下駄《たげた》を履いて雑草を押し込んでいた。

広島市出身の丸石さんは高校を中退してタイなど海外を放浪。その後、立命館大学の経営学部に進み、ゼミで野菜工場を見学した時、「おいしい野菜をつくりたい」と農業に関心を持った。「農業はおもしろい」という誘いに乗ってふるさと協力隊に応募、この町に来た。

１年目。町の農林公社で「何をしたい」と聞かれ「米作りです」と答えると、役場のすぐ前の水田11アールの管理を任された。周囲の目にさらされる場所で、田植え、水の管理などを見よう見まねでやる。

公社のスタッフに付いて野菜畑を何十カ所も回った。指定通りの有機農法をしているかをチェックし認定する作業。野菜づくりを実地で学んで、自ら栽培もした。

土日は祭りや運動会などの手伝いをして子供たちとも仲良しになり、地域に溶け込んだ。あっという間の１年。米作りも野菜作りも自信はないが、「ここに残って農業で暮らしていく」と決意した。

今ではあまり使わなくなった田下駄で除草をする丸石純一さん

２年目。もう協力隊員ではなく１人の町民だ。空き家の一軒家に住んだが、広くて手に負えず、すぐに町の教職員寮の空室を借りた。農家の主婦が育てる野菜を福井市内で直売する「こっぽい屋」にパートで勤め、農繁期にはコムニタが直営する水田の農作業のパート。冬は町にあるスキー場のアルバイトで生活費を稼いだ。

3年目の今はコムニタが運営する農作業が主な仕事だ。育苗、田植え、水管理、除草、水抜き、溝切り……。コムニタが所有、受託する17ヘクタール、89枚の田でこうした作業をする。半助さんと屋号で呼んで頼りにするコムニタ職員の山崎広美さん(55)がマンツーマンで指導する。

長谷川さんから田を借りて無農薬の稲作にも挑戦している。20アールで10俵の収穫をめざし、家族や友人に売る計画だ。さらに1アールほどの畑で自家用のナス、トマトなど約10種類の野菜を作っている。

青年団活動で、同世代の仲間や年上の人たちとの交流も増えた。地元に親しい女性もできた。稲作シーズンが終わったら「町にはまだない日曜朝市を2人で開き、育てた野菜を売りたい」という。「将来はイチゴ狩りなどの観光農園も」。丸石さんの夢は膨らむ。

緑のふるさと協力隊
特定非営利活動法人(NPO法人)地球緑化センターが若者を農村地域に派遣する事業。月5万円の生活費で農業・地域づくり活動に1年間参加する。池田町は2007年から毎年1、2人を受け入れ、住宅などを提供している。

週末は山小屋風の店の主
還暦移住　夢みてそば打ち

７月下旬の土日曜の２日間、町の中心部や沿道、飲食店の軒先に、黄色いのぼりがはためいた。「いけだ食の文化祭」だ。町のほとんどの飲食店が参加して、地元の食材を生かした特別メニューを手ごろな価格で振る舞った。

猛暑の両日、足羽川《あすわ》渓流沿いの志津原高原に足を延ばす人々も目立った。その一角、土合皿尾《どあいさらお》地区の別荘地にある山小屋風の店では、主人の粕谷典生さん(56)が「池田山賊スタミナ丼と冷たいトマトだしのそば」に腕を振るった。

猪《いのしし》の串焼きと鹿肉カツに、地元野菜と地卵焼きを乗せた山賊丼。そばは特産トマト「越のルビー」と山羊《やぎ》チーズを添えたイタリアン風。２つセット８００円で用意した50セットが両日とも完売の人気だった。

「夢」という看板を掲げたこの店はイベント期間中に限らず、いつも週末の土日曜だけ開く。６月中旬、看板の一文字に誘われてふらっと入ると、木の香りに包まれ、真ん中に大きな囲炉裏、その脇に座卓の長いカウンターがあった。窓越しに杉林の緑が迫り、渓流の瀬音が響いていた。

週末、山に囲まれて暮らすのが粕谷さんの一番の楽しみ

そばを注文すると、作務衣《さむえ》姿の粕谷さんが「今朝採ってきた」というウドの葉、タラの新芽をてんぷらにした。水ブキや、ゼンマイなど具材は山の幸。普段のメニューは手打ちおろしそばとざるそば。それに猪や鹿肉とイワナや地鶏の卵、豆腐など地元の食材を盛る「池田丼」だ。

他に客がいない昼下がり、「看板に『夢』とありますね」と水を向けると、人なつこそうな主《あるじ》は「ここが私の夢なんです」と語りだした。粕谷さんは2年前まで福井市内で「酔虎」という割烹《かっぽう》を営んでいた。日本海の新鮮な魚が売り物で、プロ野球の阪神ファンらで繁盛したそうだ。

ある時、常連の製材会社役員から「別荘でも建てないか」と持ちかけられた。景気は峠を越えていたが、「なじみの客や友人を招く山小屋のような別館を建てたい」。そんな夢があったから「池田か勝山あたりなら」と答えておいた。福井から遠くないし、温泉とスキー場、それにそば打ちにいい水がある。

その人が池田町で探した約360平方メートルのこの土地に10年前、地下と中2階のロフト付きで建て面積140平方メートルのロッジを建てた。しばらくは「酔虎別館」

として来客にイワナの刺し身や山菜料理を出したりした。ロフトには数人が泊まれた。別館の正式名は「夢」でなく「酔虎夢」だ。ところが酔虎の本店が不景気で客足が伸び悩み、土地の契約更新期だった２年前、店をたたんだ。それからは福井市内の会社の社員食堂向けに仕出しをして、週末だけ「酔虎夢」の主人になる。

福井工業大学の電気学科を出た粕谷さんは親類に鮮魚商がいた縁で料理の道を選んだ。すでに長男、長女はそれぞれ東京、大阪で自活しており、「もうけはそこそこでいい。電気、水道代と固定資産税が出れば……」という。

「渓流釣りと山菜採りや狩猟、薪《まき》割りをしてお客をもてなす。あとは同級生だったジャズピアニスト、高浜和英のＣＤや懐かしい音楽を聴く。それが至福の時」。還暦を迎えたら、ここに住もうと決めている。

いけだ食の文化祭

町と実行委が２０１０年から開催。２０１１年から夏秋の年２回に。２０１２年夏の文化祭はそば、すし店など38の飲食店、宿泊施設が参加。２日間に町内や近隣市町から約４０００人が詰めかけた。

集落に人を呼ぶ木工芸術

アトリエ村　動き出す

長谷川浩さん(43)と待ち合わせをしたのは6月下旬、「きこりの」というチェーンソーアート(木材彫刻)の展示館だった。町の中心から約10キロ離れた山間部の千代谷にある。林業の仕事の合間に山からせわしげに下りてきて、すぐ裏山に案内してくれた。直径1メートル近い丸太がごろごろしている林間作業場だ。

歌手の長渕剛のような面構えで、ベストにジーンズ、ブーツのような地下足袋。ギターの代わりにチェーンソーを両手に抱え、体を自在にくねらせて器用に丸太を削っていく。作りかけの丸太が次第に熊の立像に変身していく。

長谷川さんは2011年11月、チェーンソーアートの普及をめざす「あすなろカービング倶楽部FUKUI」を立ち上げた。月1~2回、土曜か日曜に数時間、同好者を集め実習、作品づくりをする。「きこりの」は作品展示の場として翌年4月にオープンした。

翌日の夜、一升瓶を抱えて記者を訪ねてきた長谷川さんと膝を交え、じっくり話を聞いた。長谷川さんには夢があった。約20年前、まちづくり推進大会で提唱した「魚見《うおみ》アトリエ村構想」。町の西端の魚見地区、生まれ育った地に木工芸術などを担う人々を集め地域を盛り上げる構想だ。

小学2年から20歳まで新聞配達をした長谷川さんは、高校時代は峠越えの約20キロを自転車で通い、牛乳配達もしたタフガイ。高校を出て自動車整備専門学校に行き、福井市などで3年間、自動車販売会社に勤めた。

だが、「池田で木を生かす創造的な仕事をしたい」との思いが募り、アトリエ村構想が浮かぶ。ちょうどその頃、財団法人池田屋が木工製品を作る「木の里工房」を設立し、採用された。木工機械を操って家具など木製品づくりを手掛けた。工房は学校向けなど注文が多く繁盛した。

5年ほど勤めた頃、地元で旧家の古民家を県外に移築する話が持ち上がった。「この家は集落の財産だ。借金をしてでも俺が残す」。長谷川さんは1200万円の借金をしてその家を自力で解体、再建した。豪雪対策に1階はコンクリート柱で支え、2階に古民家を復元した。5年間、大手自動車部品メーカーで働きながら奮闘、借金は返済した。

長谷川浩さんのチェーンソーは見る間に熊の姿を削り出していく

寄り道をしてこの古民家に木材彫刻の

工房「Ｋｏｐｐｏ・ｉａｒｔ（こっぽいアート）ぽんた」を立ち上げたのは２００３年。アトリエ村の核ができた。九州の業者からの動物彫刻の大量受注や野外遊具の大手との長期契約もあった。が、「金はもうかっても仕事を縛られるのはいや」という長谷川さんの工房経営はマイペースだ。

一方、集落や近隣に人を呼び込む活動は熱心にした。空き家の持ち主と入居希望者を幅広い人脈で結びつけた。長谷川さんの口利きでこの数年、30代の夫婦らが続々と定住している。富山県出身の溝口文稔さん（34）はこの町で家庭を築き、長谷川さんの工房に弟子入り、今は木工会社で腕を磨く。福井市からは吉田達郎さん（38）が林業で暮らそうと家族で来た。さらに5～6組の夫婦らが待機中という。

「夢が形になりそうだ」。長谷川さんは工房を営み、林業会社で山仕事をする傍ら、「あすなろ倶楽部」で木の彫刻家の育成に奔走している。

あすなろカービング倶楽部ＦＵＫＵＩ

木工芸術の愛好者らがチェーンソーで作品を作る技術を学び交流する。練習会に参加すれば会員で会費は無料。実用小物や木材彫刻作品を「きこりの」に展示し、木に囲まれた暮らしの魅力を発信している。

ハイジのようなヤギ牧場主

今や「宝」のチーズづくり

「アルプスの少女ハイジ」がそのまま大人になったような人だな、と思った。池田町薮田に住み、ヤギ牧場を開いた後藤宝《たから》さん(50)。夫の浩明さん(50)と二人三脚で農業を営み、宝さんが主役のヤギ育て、チーズづくりの話に目を輝かせる。

夫婦は約20年前この町に越してきた。大手ガラスメーカーの社員だった夫の転勤で神戸から福岡へ行き、３年間、自然豊かな暮らしを満喫した。大阪に戻る辞令が出た時、転勤でなく定住を決めた。池田町の「ふるさと十字軍」に応募し、パスしていたのだ。

農業経験ゼロで、町に借りた稲田１枚と野菜畑10アールでスタート。最初の１〜２年は浩明さんが福井市の農業試験場や鯖江市の米農家に通って研修し、教わったことを朝夕２人で実践する。トラクターもコンバインもなく、あるのはスコップとクワだけだ。やがて十字軍の仲間で生産組合をつくり、小型トラクターや田植え機を導入した。

田畑は２〜３年目に２〜３ヘクタールに増え、ハウスでトマトやメロンを栽培した。一時は浩明さんが森林組合や工場勤めもしたが、約10年で田92枚、10ヘクタールの専業農家になった。

日暮れどき、放牧していたヤギを夫の浩明さん（右）と集める後藤宝さん

だがその後米価が下落し、使う肥料などの制約でコストがかさむ有機米づくりは苦しくなった。追い打ちをかけて米のいもち病が発生し収入が半減。無農薬でおいしいと評判のメロンまで根腐れで全滅する事態が2～3年続いた。

苦境の２００３年冬。夫婦と1男2女の家族は肩を寄せ合い、アニメの「アルプスの少女ハイジ」を見ていた。「あ、これだ」。宝さんは雪深い山里で飼う家畜はヤギだと気づいた。寒さにも山道にも強く、草を食べ、その糞《ふん》が土地を肥やす。「有機農業は家畜を入れればうまく回る。これ池田に合うかも」とひらめいた。

「ヤギ飼おうか」。宝さんの提案に、いつもは慎重な浩明さんも「やるなら早い方がいい」と応じ、子供たちは大喜びした。稲作を担う浩明さんを残して、宝さんは3人の子連れで長野や京都まで車を飛ばし、ヤギ牧場で勉強した。

チーズづくりを学ぶために、夏休みの子供たちと北海道まで行った。寝泊まりはいつも車内とテントの冒険旅行。戻ると福井市の図書館に通ってチーズの本や記事を片っ端から読んだ。

こうして２００５年にメス２頭からヤギを飼い始め、今は34頭に増えた。どのヤギにも名前をつけて顔も性格も見分けられる。自宅近くのヤギ牧場と地続きの足羽《あすわ》川の川辺に放牧したり、町内に散在する自分たちの耕作田に放つ。ヤギが草刈りの手間を省き、糞が土地を肥やす。有機農業の循環が回り始めた。

宝さんは２００７年に自宅を改築して「ＴＡＫＡＲＡチーズ工房」を開いた。毎日約50リットル搾乳してヨーグルトとチーズをつくる。ネット販売もして首都圏のレストランなどから注文もくる。２０１２年７月20日にオープンした「いけだまちの駅」でも池田の新名物として人気だ。２０１３年３月、定住して20年を迎え、家と土地は自分たちのものになる。宝さんは「おばあちゃんになってもきっとここでヤギを飼ってチーズをつくっている。そのために始めたんだから」と笑う。

ふるさと十字軍

池田町が「概ね40歳以下の夫婦が家族で定住し、農林、畜産業に就労する生活を20年続ければ、提供する土地、家屋を無償譲渡する」条件で定住者を募集。応募した65の家族を審査し、パスした10家族が１９９２年から１９９５年にかけて入居した。

海外放浪の果て、安住の地

半農半陶で根を下ろす

北米、アフリカ、中南米と十数年の海外生活の果てにたどりついたのが池田町だった――。陶芸家の北永敬一さん(57)は、福井県越前町の陶芸村で知り合った奥さんのなぎささん(43)と２人で古民家を買い求め、４年前の春からこの町で暮らし始めた。

20代で米国に渡り、約10年の滞米生活のうち3年はレストラン経営をした敬一さん。望んだ永住権を得られず、帰国するとアフリカをめざした。コンゴ、ケニア、タンザニアなどを1年余り放浪。そこで見た人々の生き方は「心に響くものがあった」。

明日の食べ物もろくにないのに不安がらず、誰もが明るい。あればみんなでワーッと食べて騒いでケセラセラ。ケニアの建設現場では靴もベルトもない現地人が、いざ危険時には戸惑う日本人技術者を尻目に機敏に逃げる。豊かなはずなのに明日を憂い、いざという時に危機管理が役立たない国との違いを考えさせられた。

その後、メキシコから中米を経てブラジルへ。ユバ農場で農作業と芸術活動が両立する共同生活を見た。そんな牧場の経営を夢見て永住を試みるが、現地の混乱などで今度も土壇場で不首尾に終わる。

「どうしてかな」。日本に帰って母親に漏らすと、「日本で何ひとつ根の生えたことをしてないもの」のひとこと。思えば「海外で永住を望んだのは心地よく生きるためだった。ならば日本で心地よく生きる場所を探そう」。

40代半ばになっていた敬一さんは福岡県の小石原焼の窯元の門をたたき、3年修業。このあと越前町の陶芸村に行く。そこで敬一さんの借り工房の近くに住み、研修所の同窓のなぎささんと出会い、ともに生きることになった。

民家を解体した古材などを積み上げ、窯に火を入れる準備を進める北永敬一さん（左）となぎささん

２人で探した新天地は池田町の西方、金山集落の土地１０００平方メートル、２階建ての大きな古民家。焼き物に使う釉薬《ゆうやく》（上薬）はワラ灰が決め手だが、有機農業が行き渡るこの町なら無農薬のワラが手に入る。かつて亜鉛鉱山があり、瓦業者がいた土地柄だけに粘土もあるはずだ。山には薪《まき》がふんだんにあり、近隣から煙公害のそしりを受けることもない。条件がそろっていた。

いま、北永さん夫妻は新窯づくりに汗を流す。庭先にコンクリート基礎の小屋を建て、新しい窯をつくる。冬場は豪雪で作業ができないが、２０１３年秋には完成させる予定だ。作業の傍ら、山に入って薪を集める。解体した民家の梁など古材をもらって自分で切る。家の周りと庭先に積み上げた薪は中型トラック3台分になる。

夫婦は陶芸をしながら農業を営む「半農半陶」で自給自足する生活を目指す。15アールの水田と1アールの野菜畑で米や10種類の野菜を育て、「自家用の米はほぼまかなえる」ところまできた。なぎささんは「野菜などは近所の施しを受けている」というが、郷土料理も板につき、時々近くの主婦らを呼んでランチを楽しむ。

かつて厳冬期は豪雪でしばしば孤立したこの集落で、人々は蓄えた米、味噌、保存食と薪、炭で暖をとり生き抜いた。「今でもここにはいい水と、食糧、燃料がある。それに近隣の助け合い、安全もある」。北永夫妻にとって終の棲家《すみか》になりそうだ。

越前陶芸村

越前焼は日本六大古窯のひとつ。越前陶芸村は、平安期以来の古窯が多数発見された越前町の山里に約40年前に開設。陶芸などの作品が点在する陶芸公園や資料館、陶芸教室の施設などがある。

総集編

「当たり前」がある幸福

経済力より幸福度――。そんなブータン国民のような心意気で人々が暮らす山里を期待して、福井県池田町に1カ月余り住んでみた。「当たり前が普通にある町」で、住民はリタイアのない農業や山河の恵みを糧に生き生きと暮らしていた。そこには世代も地域も越えた交流と、時代を切り開く「農村力」があった。交流を促す新旧2つの拠点と、それを支え農村力を輝かせる人たちを紹介する。

若者の熱意実った共同体

滞在した「ファームハウス・コムニタ」（コムニタは共同体の意）は、半ドーム型屋根の2階建てが田んぼの中に立つ。6室ある部屋の1つ、厨房付きの洋室で自炊したが、閑散期は孤塁を守った日々もある。だが、日中は住民や小中学生らがイベントや会合に集まってにぎやかだ。

運営するのは農事組合法人農村資源開発共同体。農協職員ら27人が出資し、1996年11月にオープンした。共同体はこの施設の経営のほか、稲作農業法人として約20ヘクタールの水田と野菜畑を営農。米の通信販売や地元産のレトルト食品を製造販売し、農村体験イベントを企画、運営する。

職員6人とパートのまとめ役が佐野和彦さん(47)。出資者の1人で町会議員、米販売の池田町米穀協同屋の役員などを兼ねる。佐野さんは「コムニタは、まちおこしにかけた農家の若者の情熱が生み出した」と言う。

30年近く前、農協の若者が青年部を立ち上げた。「町を盛り上げて面白くしよう」と毎晩のように議論、新米の佐野さんも引きずり込まれた。80年代半ば、都会の人を呼ぶ「体験・ザ・百姓」作戦を展開。ワゴン車2台で大阪へ乗り込み、梅田でチラシをまいた。これが話題になり、都会人が大型バスでやってきた。

春の田植え、秋の稲刈りに汗を流し「水がいい、ご飯がおいしい」と喜ぶ人々。「町には宝物がいっぱいある、と教えられた」

「ここのお土産はあらへんの」「米買えへんの」。にわかファンの声が「ザ・百姓ふるさと便」や特別栽培米を定期的に配達する事業につながった。「だれもが田舎の実家のように農村を楽しむところ」は、都会人と町民、そして町の老若男女の交流の場だ。

◇

ファームハウスを支えるのが3人の女性たち。沢崎美加子さん(45)は池田名産の豆腐店の一人娘で、夫が3代目を継いだ。大阪の歯科衛生士専門学校を出て福井市で歯科医院に勤めた。池田にも診療所ができると聞いて戻ると、故郷では農協青年部の面々がまちおこしに燃えていた。

仲間に加わり、共同体の出資者となって開業以来の職員に。女将として「田舎のホテル」を切り盛りし、郷土料理づくりを担う。「華やかな都会暮らしに憧れたこともあるけど、地元に宝があることに気づいたのは幸せ」と笑う。

神奈川県の製パン会社からトラバーユした橋本智絵さん(31)は2004年夏、会社の研修でコムニタに派遣された縁で、2006年2月から職員に。今は地元の人と家庭を築いている。

米粉の調理パンや小麦粉の食パンなどをつくり、町内の売店や学校給食に出す。パン工房がなく苦労していた橋本さんに朗報があった。パンの売り上げが好調で工房の新設が決まり、ファームハウスの隣に2012年10月末に完成する。

菅野愛美さん(28)は大手IT企業から学生時代にボランティア活動をしたコムニタに転じ、研修生から2009年に職員になった。

滞在者のもてなしから畑仕事まで幅広くこなし、体験交流イベントの企画、運営に熱心に取り組む。2011年は、若い女性らが農家のお年寄りから昔

都会の生活より田園暮らしを選んだ(左から)沢崎美加子さん、菅野愛美さん、橋本智絵さん

話を聞く「いなカフェ」を開いた。「農村の技や習慣など見過ごしていた大切なものを伝えたい」と静かに話す。

有機野菜が人つなぐ

2012年7月20日。町の中心部に「いけだまちの駅」が開業した。新しい交流拠点には「こってコテいけだ」という名の「まちの市場」がオープンした。木を生かし、正面に高い柱が並ぶ神殿風の2階建て。1階に地元産品の売り場と郷土料理の食堂・カフェがあり、談話や交流の場となる。

運営するのは町と地元CATV局などが出資した第三セクター「まちUPいけだ」。新会社は観光商品開発や情報発信なども手掛け、まちの駅を人、モノ、情報の交流拠点にする。

8月中旬の帰省シーズン、町の新名所は連日数百人がつめかけた。「一番の人気は地元野菜。それにかき餅やイワナなどもよく売れました」と店長の宇野嘉秀さん(42)。「あざみグループ」「下池田グループ」「ファーマーズキッチンにし」といった主婦グループが、地元農産物でつくる餅菓子や豆菓子は、帰省客にも好評だった。

人気の定番、地元野菜は60代半ばから80代の農家のばあちゃんたち160人が、庭先や山の狭間《はざま》の畑で育てた有機野菜だ。名産品づくりを支える一人が農林公社の生産開発課長、佐飛充浩さん(38)。

佐飛さんは同僚職員と手分けして春先から秋にかけ毎月1回、約500カ所の畑を見て回る。公社は「ゆうき・げんき正直農業」という有機栽培の処方箋をきめ細かく定めており、それを現場で確認、指導する。

5、6、8月の下旬、佐飛さんたちに同行して集落を回った。ばあちゃんたちは待ちかねたように近くの畑に案内しながら「これ育ちがよくないの」「肥料が多すぎたのかも」などと聞いてくる。農業専門学校を出て種苗会社に勤めた後、故郷に戻った佐飛さんは「金時豆は一株2、3本がいいね。多いとさやが細くなるから」など穏やかな口調でアドバイスする。

どこでもばあちゃんたちはかくしゃくとしていた。5月に常安地区で会った梅田すみ子さん(82)は「膝が痛いし、めまいがする」とぼやきながらも、傾斜地で30種もの野菜を育てていた。6月、野尻地区で会った古川とい子さん(88)は前の年夫を亡くしたが、「もうこれ（野菜づくり）しかせん。楽しみだから」と気丈だった。清水谷地区では10年前に足を傷めた伊藤ミサ子さん(79)が、小さな体を丸めて電動スクーターで畑を行き来していた。

8月、佐飛さんはすっかり日焼けした顔で水海地区の山口千代子さん(77)が育てるミディトマトのハウスなどを巡回。液肥を家の軒先まで配りながら、いつもの口調で「畑仕事はみんなの生きがいだから。しっかり支えていきたい」と白い歯を見せた。

めざすは循環経済

「まちUPいけだ」は「こってコテいけだ」の経営のほか、新しい観光商品の開発にも挑む。担当する溝口淳さん(41)は農水省のキャリア組から池田町職員に転じ、1999年にこの町に来た。きっかけは入省2年目に農村派遣研修で1カ月滞在。その受け入れ先が現町長の杉本博文さん(55)だった。杉本さんら農業でまちおこしに意欲を燃やす人々との出会いは強烈で、その後も何度も町を訪ね、この町で生きることになる。

今は町から新会社に出向中で、地ビールならぬ地サイダーの開発に参画。2012年4月、町の湧水「ままの水」を使った炭酸飲料「いけソーダ」の発売にこぎつけた。「新会社は地域ブランドの創出など官民のニッチを埋める『新たな公共』を担う。あんな面白い会社があるなら池田に行きたいと言わせたい」。溝口さんは資源リサイクルのNPO法人(特定非営利活動法人)環境Uフレンズや、都市の人々と交流する農村力デザイン大学など、町おこし活動の要として活躍している。

まちの駅の開業式典会場で、杉本町長に町と市場の展望を聞いた。答えはこうだ。

「『まちの市場』も売り上げには限界がある。でもこの町は規模の経済を追うのでなく、循環、連携の経済という道を求めたい。町内だけでなく他の地域と連携すれば循環の輪は広がる。顔が見える生産者と消費者が相互に連携し循環する経済……。ここで暮らす人々が失ってならないものを守り、若い人が住みたいと思う。そんなまちづくりは今、緒についたばかりです」

取材を終えて――町の姿　ブータンに重ねる

「幸せ度日本一」を標榜する福井県の山間にある池田町はさしずめ日本のブータンではないか。国是とされる「経済力より幸福度」「文化・精神的遺産の保存」「環境保護」は、この町のまちづくりにも共通する。そんな思い入れは的外れではなかったと思う。

この山里で暮らし、生活は地味でもきらきらした生き方をする人々と出会った。多くは名刺など持たない。できるだけそうした人々の話を聞くことと、長期滞在ならではの取材を心がけた。同じ現場に何回も通い、じっくり話を聞いた。記事で紹介できなかった人や、取材でお世話になった人も含め、小さな町に実に多彩で多才な人々がいた。

この町には昔当たり前だったものが普通にあった。ツバメが人家に巣をつくってひっきりなしに出入りし、田のあぜにタニシがいる。外来の雑草、セイタカアワダチソウのないきれいな田園風景が広がる。時代に取り残されたのではなく、背後には人々の地道な環境保護活動があった。

連載が始まると、こんなメールが届いた。「地域開発を賛美していた記者として『農村力』とは時代の転換、新鮮な発想を強く感じます。まさに時代とともに見失った価値と魅力を再発見する、人間の、そして魂の復活する時代を迎えました」。40年前の駆け出し記者時代の上司、上野啓三さんはこんな感想を残してその約2週間後、83歳の人生を終えて旅立った。

「【福井県池田町】農村力輝く山里に住んでみる」を読んで

地域振興の原点を見せてくれる町、人口減少という課題

解説
藻谷浩介

福井県池田町は、地域振興の原点を見せてくれる町です。平野部から分け入った谷あいで、冬はとても雪深い。2004年夏の大水害で甚大な被害を受け、存続すら難しいのではないかとの声もあった。ですが、復興に向けて町民が一丸となり、市町村合併をしない道を選びました。周囲のどこと合併しても辺境の山村と扱われて、衰退が加速すると見切ったのでしょう。合併しなければ財政制約は強まりますが、あえて自ら厳しい道を進んだわけです。

とはいっても池田町には、広大な山林と、山の養分を存分に受け止めた谷あいの肥沃な農地と、激しい寒暖の差があって、とてもとてもおいしい農産物がとれる。昔から人が住んできた場所には、必ず住む必然性があるのです。そこを活かすべく、他に先駆けて町ぐるみで有機農業を実践し、循環型のまちづくりを進めています。この志の高さは、全国でも例を見ないものです。

ルポにも出てきますが、町が福井市のショッピングセンターに設けた有機農産物の

直売所は大人気で、売り上げもたいへんなものです。他にも多くの皆さんが様々に面白いことをやっていますが、その多くがルポで触れられています。記者が単に山里に通うのではなく住み込むことで、Ｉターンの人や土着の人と深く触れ合っていますね。

そのような池田町ですが、悩みは人口減少に歯止めがかかっていないことです。全国の条件不利な山間部に、地域おこしを頑張っている町村がありますが、それらとの比較でみても、ちょっと減少ペースが激しすぎる。せっかくの直売所の利益も、主として高齢者の貯蓄になってしまっていて、町内の若い世代に循環するルートが細いのではないか。その姿は、地域振興のあり方を考える上で、避けては通れない問題を示しているのです。

どんな町でも、勉強のできる子供ほど進学時に出て行って帰ってこない。その分を補うため、Ｉターンで移り住む人々を日常的に受け入れ続けなければ、地域の活力は維持できません。田舎暮らしは特に30代以下の若者の間で静かなブームになっており、池田町でも試しに住んでみる若者は増えていますが、地元民とＩターン人材とはもともと水と油みたいなもので、放っておいても簡単には交わらない。後者は次々と来て、でも次々と去っていってしまう。だから人口減少が止まらない。

では、Ｉターン者が村を乗っ取るような形で一気に増えればいいか、といえば、コミュニティー崩壊のリスクが大きすぎます。唯一の例外が秋田県の大潟村です。50年前に干拓地の上に人工的につくられた村で、全員がIターン。それでも彼らは半世紀の時間をかけ、ものすごい苦労をしてコミュニティーをつくってきた。東京や福岡といった大都市もIターン者がつくった町でコミュニティーはきちんと形成されていませんが、これから高齢者が激増していく中で、地域崩壊ともいえる苦しみを味わうことになるでしょう。

一般的にIターン者が全体の3分の1ぐらいまで増えると、地域がガタガタになってしまう。そこで、水と油をかき交ぜる「界面活性剤」のような役割を果たしてくれるのがUターン。土着、Iターン、Uターンのバランスがうまくとれると、地域振興はうまくいきます。これだけ努力をしている池田町ですが、Iターン者と、元気な土着の高齢者の姿が目立つ中で、Uターンの人たちの姿があまり見えない感じがします。

北陸の雪深い山村である池田町。助け合いなしに生きてこられなかった場所だけに、各種組織の中にはまだ排他的な部分も残っているのではないでしょうか。Uターン、Iターンが増えて各種組織にも参画するようになり、稼ぎが高齢者の貯蓄ではなく若者の収入に回るような仕組みができ、安定的に人が定住して子供が増えてきて初めて地域振興が成功したといえる。そういう長期ビジョンを持って進まねばなりません。

福井県のみならず、他の地域の振興を考える上でもそれがカギになる。池田町は今まさにこの先を切り開く度量が試されている土地ですね。

第3章

山梨県富士河口湖町

世界遺産・富士山の麓に住んでみる

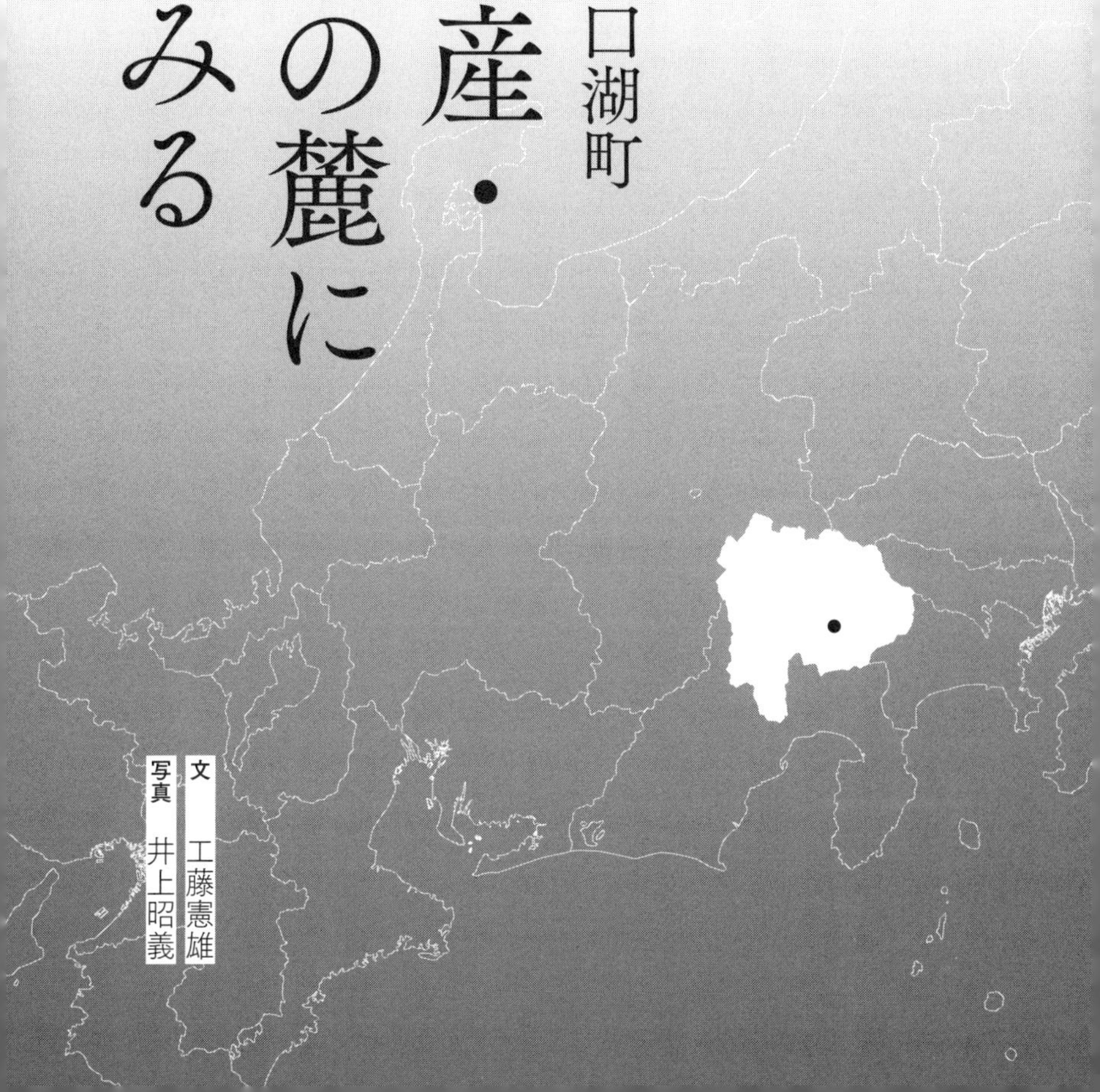

文 工藤憲雄
写真 井上昭義

61歳、隗より始めよ…
まず古道たどり山頂へ

2013年4月、国連教育科学文化機関（ユネスコ）の諮問機関が富士山の世界文化遺産登録を勧告する3週間前。「住んでみる」の新企画を決める会議で私は目立たぬよう小さく「富士山麓」と記載したメモを提出した。しかも「どなたか若い方に」と付記して。61歳、まだ若いではないかと言われそうだが、1カ月の取材で、富士山に最低2度は登らなければならないだろうと考えていた。三浦雄一郎さんをはじめ、竹内洋岳《ひろたか》さん、野口健さんら多くの山の関係者を取材させていただいたが、自分の足で登る山の実体験は、ど素人と言っていい。

懸念していたごとく、ほかのだれも手を上げず、隗《かい》より始めよ、となった。

2011年、娘と富士山にトライしたが、9合目で大嵐に遭遇し退却している。1978年、入社4年目に徹夜で吉田口（5合目）からスイスイ登り、満天の星に感動、ご来光を眺め、砂走りを転がるように下りた。それはもう35年前のことだ。みっともないことはできない、という思いが先にあった。それからというもの埼玉の低山縦走20キロから始まり、筑波山、八甲田山縦走、金時山など時間ができれば登山靴を履いて山を歩き回った。低山とはいえ、山に易しい山はないという教訓が毎回ずしりとのしかかった。

意を決して準備の総仕上げとして挑んだのが、アルパインツアーが企画した田子の浦から村山古道をたどり、富士宮の新６合目に出て富士山頂へ到る全長50キロ、標高差３７７６メートルの登山だった。行動時間は初日17時間、２日目12時間半。富士の麓に住む１カ月前の７月中旬のこと。夜11時にＪＲ東海道線の吉原駅に集合、田子の浦の海水で水ごりをして富士塚で安全を祈って深夜０時にスタートした。

村山古道は１０００年前に修験者の登山道として開かれ、明治に入り廃道となった。最近、畠堀操八氏らによって復活の機運がある。見送る家族も心配顔だった。

舗装道路だけで20キロ、標高５００メートルの村山浅間神社に着いたのが午前5時前。富士山の標高１０００メートルがどれほど遠いことか。雨の中、道無き道を進み、風倒木を乗り越えて行くうちに左足の付け根がしびれて痛みが鋭くなった。

ガイドの一人で富士山登頂１５００回を超える達人

河口湖から望む夜明けの富士山。湖畔の景色も秋めいてきた

の実川欣伸《じつかわよしのぶ》さん(70)は「(痛みは)忘れるんだね」とささやく。「リタイア」を考えたが、このジャングルで隊列を離れるわけにはいかなかった。

江戸末の1860年、英国公使のオールコックもこの道をたどり山頂に至った。その歴史は無言の激励となる。山頂で富士山と金時山合わせて3000回登頂というガイドの都倉洋一さん(70)と抱き合った。0メートルからの登山のしんどさと醍醐味は今もうずく両足の薬指が覚えている。

取材拠点は湖面に映る逆さ富士が美しい河口湖のそばに決めた。住所は富士河口湖町船津。標高860メートル。ここにもかつて栄えた登山道が通り、近くの交差点に「船津登山道入口」の名が残る。交通の発達が富士登山道の栄枯盛衰を生み、町々の歴史を変えてきた。住んでみての実感だ。

73歳でエベレスト登頂の忍耐

畑仕事に汗、合間に登山

同じ富士河口湖町に住むことになり、お隣さんに挨拶をしなければと思ったのが、エベレスト登頂の女性世界最高齢記録（２０１２年5月19日、73歳で）を持つ渡辺玉枝さん（74）だった。「食事でも」と書いたハガキに返事はなかった。少し大胆だったかもしれない。２０１２年11月に「日本経済新聞」夕刊のコラム「人間発見」に登場してもらうため自宅にお邪魔した。

その時も電話でのアポ取りはらちがあかなかった。基本的に目立つことは嫌いなのだ。今回、電話をすると、やはり「ガイドと畑で忙しい」という。「ガイドはいつですか」。こちらもしつこい。8月31日、神奈川方面から来る「渡辺玉枝さんと歩くパノラマ台～烏帽子岳ハイク」のツアーバスに「富士ビジターセンター」で合流するという。

富士山周辺のハイキングツアーでガイドする渡辺玉枝さん

それなら、いっそツアー客として同乗できないか、と旅行社に掛け合うと快諾。玉枝さんも歓迎してくれ、精進湖口から登り、本栖湖に下りる楽しい山登りとなった。「きのうは大根の種まきの準備を朝からずっとやっていました」。１００坪を一人で耕してきたという。

「あすは種まき。まき時は変えられないですから。この辺は高原性でいい大根ができます」。畑仕事の合間を見ては富士の見える御坂《みさか》山塊の三ツ峠や黒岳に頻繁に登る。

父伊太郎氏はかつて栄えた河口地区の御師《おし》の子孫。御師とは富士山の信仰登山に訪れる道者に宿泊所を提供する神職のことで、富士山の神霊と崇拝者の間に立つ者として尊敬された。河口の御師住宅は室町時代に120軒といわれた。時代の変化とともに姿を消し、富士吉田の御師が江戸富士講の中心となっていく。

本来は渋江という名字で、河口十二坊の「上の坊」の家だったという。貧しい家に養子に出された父は、わずかな畑と富士山で荷を背負う「強力《ごうりき》」で5人の子供を育てたが、末っ子の玉枝さんが中学を卒業するときに長年の無理がたたって肋膜炎《ろくまくえん》で倒れた。

玉枝さんは小さいころからマキ拾いやヤギや羊が食べる草を刈るため里山を歩いた。体の弱い母を助け中心となって働いた。「丈夫なのはやっぱり百姓仕事で鍛えたから」。向学心も旺盛で、仕事を終えて6キロ先の定時制の県立吉田高校船津分校に4年間自転車で通った。「子供の頃から自分の思うようにならないのが当たり前と思っていました。あのころの冬は寒かった。冬は歩き。氷点下15度で眉毛もまつげも凍りました。河口湖も全面結氷してましたね」

2003年に43年ぶりに故郷に戻り、家を建てた。2005年には自宅前の川底に落下し、石で腰椎をつぶす大けがを負った。はって家に戻り7時間気絶したまま。救急車は近所に迷惑になるからと呼ばなかった。「辛抱？　そうですね。ふつうの人に比べたらずっと耐えられますかね」

河口湖大橋を越え、あの暑い日に玉枝さんはママチャリで30分かけて約束の場所へやってきた。木陰に置いた自転車が、登山帰りにはかなり熱くなっていた。本格登山の話になって「年金暮らしでお金を使いましたから来年は無理ですけど。80歳、85歳はチャンス。いい区切りです。三浦（雄一郎）さんに負けられないです」と言い残し、段差をものともせずに走り出した。

９月下旬、河口湖から戻ると玉枝さんからハガキが届いていた。「１カ月、過ぎてみればあっという間に感じられますね」というねぎらいとともに「秋の御坂山塊にもお出かけ下さい」と書かれていた。

オウム真理教の跡

「希望の町」へ突破口探る

富士山麓で畜産業を営む矢部訓久さん（73）と15年ぶりに再会した。前の住所は「山梨

オウム真理教の施設跡の公園に立つ慰霊碑。富士山に向き合っている（山梨県富士河口湖町）

県西八代郡上九一色《かみくいしき》村富士ケ嶺《ふじがね》」だったが、２００６年に平成の大合併で上九一色村の村名は消滅している。

村は生活圏で二分され、北部は甲府市に、南部は富士河口湖町に合併された。

朝霧高原に向かい車で30分ほど走ると目印の富士クラシックホテルが見えてくる。矢部さんは元気に５００頭の和牛を育てていた。現在の土地を買ったのは１９８９年８月。オウム真理教（アレフと改称）が上九一色村に土地を購入したのはその一週間前だ。

これがオウムの上九一色村進出の始まりで、村最大の危機となる。翌年5月にはこの「不法・無法の集団」に対し富士ケ嶺地区は「オウム追放住民大会」を開くが、行政機関は慎重な態度をとり、6年間、半ば放置してオウムの肥大化につながった。できた建物は最終的に30余棟に上る。その間、住民は自警団を組織し命懸けで自衛してきた。

富士ケ嶺地区を案内してもらった。観光スポットで、住民の生活拠点でもあったＪＡ富士豊茂Ａコープは２００８年に閉店したまま。富士ケ嶺診療所も閉鎖。働く場所がなく、若い者が希望を持てない。合併して再出発しても明るさは見えないと、矢部さんは嘆きつつ突破口を模索している。

上九一色は武田信玄時代の塩や魚のルートを守る警備隊名の名残だ。駿河口に備えたのが九一色衆で、渡辺の姓が多いという。戦後すぐの1946年から満州(現中国東北部)の引き揚げ者や甲府、長野から300人が入植した。飲み水は天水に頼り、かやぶきの屋根から落ちる雨水でお茶は赤茶色だったという。

水を求めて20年。本栖《もとす》湖から揚水して「雨水よ、さようなら」となったのは1965年。地下300メートルのボーリングに成功するのは、さらに10年後。「乳と蜜が流れる理想郷」は夢のまた夢であった。それでも血のにじむような苦労を重ね、標高1000メートル近い富士北西麓の大草原で、酪農(牛乳生産は県内の6割)と高冷地野菜に活路を求めてきた。

第1上九(2、3、5サティアン)といわれたオウムが最初に施設を造った場所は現在、7000平方メートルの富士ケ嶺公園となっている。富士山と正対して西端に小さな慰霊碑がぽつんと立つ。碑の背後では数頭の牛が何事もなかったように草をはむ。教団施設と道一つ隔てた隣で酪農を営んでいた山口寿広さん(58)の牛だ。

山口さんと立ち話をした。

「地下鉄サリン事件の時は警察が来て恐ろしかった。麻原は目が悪いと聞いていたのに展望台から顔を出してあちこち見ていた。硫酸の池があったという場所から時計や指輪がいくつも出てきて、何人死んだかわからない」

麻原逮捕の日。「庭にテレビ局の中継車が入り、うちの子が車内にテレビがいっぱいあるって喜んでた」。その後、父親も奥さんも亡くし、息子さんと2人で10頭の牛の世話をする。「国民年金しかないし、死ぬまで働かなきゃ」

サティアン跡地の公園には、ルドベキアの一種で日本名「荒毛反魂草《アラゲハンゴンソウ》」というキク科の黄色い花が初秋の風に揺れていた。マリーゴールドを植えたはずが、この外来種の花に占拠された。性質が強く、ヒマワリのように群生化し一挙に勢力を広げ、時に在来種を脅かす。そしてある時、パッと一斉に姿を消す。富士吉田で道の駅の花屋のおじさんがそう教えてくれた。

神秘性追い求め、撮る

概念破る斬新さ・荘厳さ

2009年の夏に東京ミッドタウンで行われた「日本の心　富士山展」を見て度肝を

抜かれた。写真家・大山行男さん(61)の個展だった。冒険家の三浦雄一郎さんが「ぜひ一度見た方がいい」と興奮気味に語ったその作品群は、これまでの富士の概念を破る斬新さと荘厳さに満ちていた。

厳冬期の火口底からのぞいた夜空の星。「こんなことをしたら殺すぞ」と富士に威嚇されたという1枚も印象的だったが、中でも「北斎の『凱風快晴』を見てしまった」という山梨県の乾徳山から撮った作品は金字塔の一つだと思った。北斎が古希を迎えて刊行した通称「赤富士」は朝焼けに染まる富士山の一瞬を捉えた傑作で、いわし雲が静かな一日の幕開けを告げる。

青木ケ原樹海で撮影する写真家の大山行男さん

大山さんの赤富士は、強烈な雲海のアカネ色が、朝まだき富士を緩やかに包んでいく。その色彩の妙が「(現代に赤富士を)見てしまった」という驚きの発見となる。

2013年はカレンダー9本の制作依頼があったという超売れっ子。旧上九一色村の富士ケ嶺に撮影拠点を構える。高台に自分で建てたドーム型の家だ。2・5メートル四方の大きな窓。目の前に遮る物のない富士ケ嶺高原と富士山の大パノラマが惜しげもなく展開する。

19歳の時に1年間だが、家を飛び出し、SLを追いかけて撮影ポイントのそばで働きながら全国を放浪、自由を謳歌した。家に戻り、稼業の上下水道建設業を3、4年真剣にこなし、写真も様々な経験を積んだ。だが、SLの時のような濃密な感動がない。そんな時、富士山と出会った。「おお、何という富士山！　自分の中で知っている富士山は低いところから見た風呂屋の富士山だ。ビリッときちゃって、それからよく山にあがったんです。案の定、これは違うぞと感じたんですよ」

富士山ブームで撮影ポイントはどこも黒山の人だかりだ。大山さんもアマチュア時代、横浜からあちこち8年通ったという。「どうしてもみなさん、きれいな富士山と気持ちがそっちへ行ってしまうわけですね。雲がかかったとか、赤くなったとかね。『私は美人の山ですからちゃんと私を見てください』と富士山はそんなこと言っていないのですが、長い歴史の過程でそうなってしまっている」

「自分の場合、それらを全部排除してきた。富士は変幻自在なんです。固定観念にとらわれていては自在に発想すること、見ること、考えることなどできるはずがない」

撮影で夕闇迫る樹海の中へ同行した。「私の場合、森の中に入るとやっぱり精霊に会いたい。でも、いかんせん生身の人間ですから。でも私がカメラを持って森の中に入るということは、これは祈りにいくわけです。どうか精霊に会わせてください。お願いします、と。自然に対して畏敬の念と敬意を払って入っていく。すると見え方も変わってくる。一瞬、何か気配を感じる。一瞬ですけどね」

固定化された富士とは無縁。未知との遭遇、わけても神秘性との出会いを求めて富士の懐へと分け入っていく。

「昨日居たからって、また行くでしょう。会えないんですよ。昨日は存在感があったのに。今日はもぬけの殻だ、という感じはよくあります」

「富士山は山のパワーが大きき過ぎます。まず、木とか石とか、もっと身近なものと一緒になって、それから（精霊と）出会わせてもらいます。まだまだ私には時間があるんですから。これからです。本当の富士山を撮るのは」

富士講、山じまいの儀

江戸庶民の信仰文化薫る

富士吉田市の北口本宮冨士浅間神社の入り口右にある「元祠《げんし》」（立教の地）で富士講最大の組織である神道扶桑教の山じまいの儀式が始まった。全員が白の行衣、手甲脚半《てこうきゃはん》の装

「山じまい」で北口本宮冨士浅間神社に向かう扶桑教の宍野管長（中央）一行（8月26日、山梨県富士吉田市）

東。富士山で修行を積んだ先達や信者が参集している。

8月26日はもう夏山シーズンの終わりを告げる「吉田の火祭り」の日だった。

「コウクウタイソク　ミョウオウソクタイ　ジッポウ　コウクウシン」

信者が主唱する御神語は、富士講開祖の角行《かくぎょう》が室町末期に富士宮の「人穴」で悟りを開いた信仰の根本。私も伏して聞く。「地底より天空へ息吹なす富士山こそ、天地結霊の御柱・万本の根源である」というのが富士道の教えだ。

江戸・享保18年（1733年）に富士山中7合5勺の岩小屋で角行から六代目の「食行《じきぎょう》身禄《みろく》」が入定（宗教的自殺）したことをきっかけに信者が急増、最盛期の江戸後期には「江戸八百八講、講中八万」といわれ栄えた。

扶桑教の宍野史生管長（50）は、富士講についてこう語る。「当時の江戸は世界で最も繁栄した都市。そこの文化と娯楽なんです。江戸庶民のエネルギーが信仰の形になり、なおかつ、こんな厳しい山でありながら月山や吉野と違って、行者というライセンスの保持者でなくてもだれでも登れた。これが修験道と富士道講社の違いです。これが大きな力になったんです」

「身禄の入定は江戸で衝撃的な事件となりました。吉宗の時代になって緊縮財政で不平不満が高まったところに米騒動が勃発して、身禄は身代わりになったということで人気が高まった。この時代の政治経済はおもしろいですよ。本が書けるくらいです」。管長は大臣秘書や企業勤めから宗教界へ戻った経歴がある。

身禄は31日間、断食をして口伝の「富士のお伝え」を残した。それには「女性はつき物があるから不浄だというが、それは花水《かすい》といって、人が生まれるために必要なものだ」とか「お大名も町民もみな人間として一緒である」と男女平等、四民平等を説いた。爆発的に広まった幕末に禁圧を受けることになる。

その身禄が定宿としたのが富士吉田の大国屋である。新田次郎には身禄が主人公の小説「富士に死す」があるが、宿の御師《おし》、田辺四郎さん(92)は「先生はうちの古文書を調べて書いたんです。よくうちに来られました」という。

明治になって、富士講への禁が解け、大正から昭和初期にかけて勢いを取り戻した。交通機関が発達し短期間で来られるようになり、好景気も追い風となった。御師町の上吉田の金鳥居《かなどりい》から浅間神社へまき銭をしながら講社は富士山に登っていった。威勢のいい時代で、子供たちは歓声を上げてまき銭を拾った。

世界遺産の決め手の信仰文化と深く関わる富士講だが、宍野管長は「我々は世界遺産に取り上げられるほどのものじゃなくて、絶滅危惧種のようなものですから」と笑う。富士山というハードに富士講という絶妙なソフトは「江戸の香りと日本のエッセンス」を詰め込んだタイムカプセルとなって保存される運命にあるのだろうか。

神道扶桑教
江戸時代、各地に富士講が組織されたが、明治に入り多数乱立。鹿児島出身で富士山本宮浅間大社宮司の宍野半《ししのなかば》が富士講を統合し、1882年に教派神道の一派として成立した。開祖角行の鏡が御神宝。

富士吉田市の月江寺界隈

機織りで栄華　夢の跡

河口湖町が周辺の村と合併し富士河口湖町と改名した時、町名を公募したが、誰もが「富士」の字を付けると予想したという。これで全国一文字数の多い町名となった。

隣の富士吉田市は1951年に下吉田町、富士上吉田町、明見《あすみ》町の3町が合併して成立した。富士上吉田町の「上」が取れただけじゃないかと、ほかの町の不満は残ったが、それでもこの地域は「富士」が付かないと収まらない。

富士上吉田町は吉田口登山道の御師《おし》の町として、下吉田町は繁華街、明見町は機織りの町としての顔を持っていた。上吉田在住の御師の田辺四郎さん(92)が解説する。

「この明見という村が、甲州一番の海気《かいき》(甲斐絹と字を当てた。なめらかで光沢のある高級絹織物)の産地です。我々のところは富士信仰をもとに講社を相手にしてまして、子供時分、旧制中学に行く人が多かったからお高くとまっていたかもしれない。明見村は、小学校を出ると家の機織りを手伝って働く人がほとんどだった。そんな風習であった。その真ん中にある町が商業町で、下吉田です」

人通りが少ない富士吉田市の西裏通りの商店街

滞在中、何度か上吉田から富士急行線の下吉田駅まで歩いた。金鳥居から真っすぐ下って、そこで行き当たったのが月江寺《げっこうじ》界《かい》隈《わい》だった。月江寺は富士信仰とも深く結びつく臨済宗の古刹であり、富士急行線の駅名にもなっている。月江寺駅入口交差点を左にそれると「西裏通り」というゲートがある。不可思議な感覚に襲われる領域だった。

これでも衰えたというが、富士山方向からものすごい勢いで湧水が水路を伝って流れていく。昭和30年代をピークに、この町は近隣近在のみならず、日本全国からやってくる人たちでにぎわった。それが今は火が消えたようで、昭和のレトロ感は残るが、町並みは「つわものどもが夢の跡」の遺構のようでもある。

「ここは戦後の復興需要によるガチャマン時代といって、ガチャンと機を織れば万と金になる時代があった。織ればもうかる。よく停電があり、料亭でゲタを探すのに千円札に火をつけて探したとか、そういう逸話があった」と月江寺学園の相談役で富士吉田市役所で長く広報を担当した市村隆男さん(72)が教えてくれた。「昭和40年代半ばくらいまで夜は人通りが多く、歩くと肩がぶつかった。役所の若い連中にそんな昭和のことを話すと『うそじゃないけ』と本気にしない」

1と6の付く日には本町通りを挟む逆の東裏通り(通称絹屋町)に市が立ち、全国から買い付けに集まった業者が商いのあと、娯楽を楽しみ歓楽街で宿をとった。機屋が、訪問するバイヤーの接待に出した食事が名物「吉田うどん」になったといわれる。

真っすぐ歩けばすぐ突き当たる西裏通りだが葉脈のように横道が走り、かつては映画館も周囲に6軒、遊郭があり、飲食店が200軒も集中した。「西裏へ行くだ」を合言葉に御坂峠を越えて甲府市内からも客を呼んだ。1949年創業の月の江書店の前で取材中、おばさんが「何もないでしょう。さびれちゃって」と通り過ぎて行った。「郡内織物」として井原西鶴や近松門左衛門の物語に登場する玉虫色の光沢と繊細な技術は、今もネクタイ生地（全国生産の4割）や洋服の裏地などで全国的に定評がある。ただ、ご多分に漏れずコスト競争や孫請けの高齢化などで明るい話は聞こえてこない。

鳴沢村出身の女性ガイド

定年後に悠々と楽しむ

溶岩流が大木を囲んで固まり、その樹の型が残った船津胎内樹型は世界遺産の構成資産だ。ここへ2時間半かけて往復し、汗まみれで山梨県立富士ビジターセンターにたどりついた。富士河口湖町船津にあるアパートから歩いて10分の富士山の総合案内所だ。「何かお探しですか」と声を掛けてくれたのがガイドの佐藤法子さん（61）だった。「ただ涼んでいた」とは言えず、「自分はこの船津に取材で1カ月住んで富士山のあれこれを書くつもり」と言うと「へー」と驚いた表情。「変わっている人に興味がある」という。田子の浦から歩いて富士山に登ったりする記者は十分に変人らしい。

青木ケ原樹海でガイドをする佐藤法子さん（山梨県富士河口湖町）

私も彼女の仕事に興味を持った。他に青木ケ原樹海の富岳風穴・鳴沢氷穴や富士山５合目のネーチャーガイドをしているという。これ幸いと富岳風穴から樹海への彼女のガイドに便乗することにした。

気温３度、真夏のクールスポットの風穴から出ると外の熱気で眼鏡がくもった。風穴や氷穴、溶岩樹型はこの青木ケ原樹海に多数点在する。

樹海は神秘の自然の宝庫なのに芳しくない評判も。「樹海に入ると磁石が利かないといわれますが、ちゃんと利きます。自殺の名所などといわれるのは心外です。これほど明るいところ。ほとんどがヒノキや赤松で、冬は葉を落としてもっと明るくなります」

樹海の説明で特に力が入るのは佐藤さんが地元鳴沢村出身だからだ。「自殺はよその人がやることで、地元ではキノコや山菜をとるところ。うわさが何で始まり、なぜぬぐい去られないのか。興味を持って（自殺した人のそばに落ちているという）松本清張の『波の塔』を読んでも10分で眠りにつくのでなかなか終わらない」と笑わせる。

佐藤さんは２０１２年、栃木県小山市の施設園芸会社で定年を迎えた。水耕栽培装置の開発を担当していたという。県立吉田高校で生物部の篠原滋美先生（現河口湖南中学校組合教育委員会教育長、81）に連れられて尾瀬や樹海で教科書に載らない生き物の世界を知った。東北大農学部に進学、ワンゲルで蔵王を中心に東北の山々をほぼ登りつくした。「1月1日の住所で税金を払うから12月に鳴沢へ戻ってきました。山梨は貧乏県ですから。でも私の税金だけではダメなようですね。山が多くて生産性の上がらない農業、東京が近いということも大きい。新宿からバスで1時間半。みんな出て行ってしまう」

ガイドの仕事は初めてだが、「ふるさとの山を歩いてお金がもらえるなんてこんな楽しいことはない」という。

鳴沢村は高原キャベツやトウモロコシで有名。そして何といっても私の愛読書、武田百合子の「富士日記」の舞台となった富士桜高原の別荘があった。冬期の酷寒にめげず1964年から百合子が運転して夫の武田泰淳と東京・赤坂の自宅と別荘を往復した。

鳴沢村のガソリンスタンドで給油する場面がよく日記に出てくる。その話を佐藤さんにすると「ああ、そのガソリンスタンド、うちだったと思うよ。製材会社を経営していてオガライト（おがくずで作った固形燃料）や金剛づえも父の会社で作ってました」。

1965年前後の三菱スーパーガソリンスタンドの竣工式の写真を送ってくれた。背景に佐藤製材所の建物が写っている。富士スバルラインが開通、高速道路の建設が始まり、本格的なモータリゼーションの到来を迎える。富士登山も別荘地も大きく変貌していく。

溶岩、料理に風呂に

やんわり温か　山の恵み

「株式会社　富士山」は、富士河口湖町の船津で旅館「熔岩温泉」を経営する会社の商標である。

「熔岩温泉」を営む武井文夫さん(82)は46歳で富士急行を脱サラしてこの地に食堂を開いた。妻の敏子さんが30万円、文夫さんの退職金70万円を合わせた100万円で土地を買い、あとは銀行借り入れだった。野原の一軒家の炭火焼き「巻狩《まきがり》」は最初、苦労したが、次第にゴルフの常連客などでにぎわう。難題は少しでも風が吹くと囲炉裏の灰が舞い上がることだった。

富士五湖の西湖の周辺には平らな溶岩があるから、それを並べてみたらどうだろうと武井さんは思った。溶岩は建設資材として使われてきた。実際に並べてガスで焼いてみるとこれが具合がいい。肉汁が溶岩の穴から出たり入ったりして味が逃げない。料理研究家の土井勝さんが来て「これは味がいい」と激賞する。

誕生した「溶岩クッキングプレート」は遠赤外線効果で、肉が縮まらずふっくら焼ける。油もひかず、煙も立ちにくい。朝の報道番組で取り上げられると電話が1カ月鳴りっぱなし。全国の有名ステーキ店にも採用されていく。

工場を建て、自ら石を切った。その溶岩の端材を家の浴槽に貼ってみた。2日目の風呂は多少汚れるはずだが、冷めずに温かくてきれいだった。一番風呂でないと入らない義母がご機嫌で入る。武井さんも入り心地にびっくりして、なぜだろうと考えた。

これは富士山特有の玄武岩質溶岩がもたらす30種類ものミネラル（金属）が、富士の湧水と溶け合い、遠赤外線効果もあって「平和で気持ちの良いまろやかな湯となる」と思うようになった。それに風呂は長く放置してもカビが生えない。富士山の溶岩には殺菌力もあるのではないか。元日、自宅の風呂に入りながら「おれ一人じゃなくて、たくさんの人に入ってもらいたい」と考え、旅館をつくった。

富士山の溶岩を使った「熔岩温泉」を営む武井文夫さん（山梨県富士河口湖町）

今でこそ隣は富士河口湖高校、夜は富士急ハイランドの圧倒的な照明と喧噪《けんそう》が届く。一直線に延びる道の先はスバルラインの富士山5合目だ。私は富士登山の後に入ろうと溶岩温泉に目を付けていた。

風呂場は、浴槽はもちろん壁面もかなり上まで溶岩で覆われている。柔らかい湯の肌合いと太陽のようなぬくもりは、遠赤外線効果であろう。沸かし湯で、正式には温泉ではないが、湧水にはミネラル分が豊富に溶け込んでいる。女湯が男湯より大きいのは女性に人気があるからだとか。

社長業を息子さんに譲った武井さんは「熔岩研究所」を立ち上げて研究に余念がない。筋骨隆々、髪はふさふさ、話によどみなく、これが82歳の〝老人〟なのかと、その若さにあきれかえった。

武井さんは、検査機関に委託、溶岩や湧水の殺菌効果とミネラル分を分析。その効能を生かして溶岩パウダー（直径2・5マイクロメートルに溶岩を粉砕した）を練り込んだ「富士山溶岩石鹸」（特許登録）をはじめとした商品群を作り上げている。「溶岩繊維」「溶岩マリモ」「土壌改良ミネラル」など続々と現在、特許公開中だ。

勧められて溶岩粉末を焼酎に入れて飲んでみる。淡いルリ色がグラスにサーッと広がり、まるでカクテルのよう。今も時々楽しんでいる。

作曲家の古賀政男さんは、富士に遊び、溶岩プレートで焼いたステーキに舌鼓をうったあと、心弾ませて、色紙に「美しさは　旅の心が　ヨウガンス」としたためた。

太宰を癒やした峠の宿

絶景の地に月見草の碑

滞在も残り少なくなった9月半ば、富士山のビューポイント、三ツ峠の開運山（標高1786メートル）に登った。山頂は、台風の影響もあって視界が全くきかなかった。

昭和13年（1938年）9月のちょうど同じ時期に太宰治も頂上に向かった。井伏鱒二に誘われて登ったのだが、山頂は濃い霧の底であったという。登山服の井伏に対して、太宰は短いドテラで毛ずね丸出し、ゴム底の地下足袋に麦わら帽子という奇態ないでたちで、それはまさに「道化の太宰」であった。

数日前に太宰は御坂《みさか》峠の「天下茶屋《てんかちゃや》」に滞在する師の井伏を頼ってやってきた。すさんだ生活からの再出発を誓い、到着5日後には甲府で石原美知子と見合いをし、結婚の約束をすることになる。

太宰は11月16日まで、天下茶屋に滞在し長編「火の鳥」の執筆に専念する。峠を訪れ、峠を下りるまでの出来事が「富嶽百景」につづられる。

天下茶屋は客でにぎわっていた。河口湖駅からバスで28分。8月24日に訪れた時は、河口湖を抱く笠雲の見事な富士があった。2度目の今回は湖しか見えない。女子高生が

太宰治が滞在した天下茶屋から望む富士山

1時間かけて麓から自転車であえぎながら上ってきた。

御坂山塊に御坂隧道《ずいどう》（長さ396メートル）が開通、甲府盆地と富士北麓を直結する旧国道8号が通ったのが1931年。その3年後、標高1300メートルに天下茶屋は隧道の手前にオープンした。1967年に真下の標高1000メートルに新御坂トンネル（長さ2778メートル）ができるまで観光道路の大動脈だった。

甲府から富士山は、険しい御坂山塊に遮られて頭しか見えないが、太宰の視野には、御坂隧道を抜けた途端、右前方にいきなり富士の全容と河口湖が視野に飛び込んできたはずだ。トンネル口の上には笛吹市側は「御坂隧道」、富士河口湖町側は「天下第一」と書いてある。この地が天下の絶景という意味である。

茶屋の2階にある太宰治記念館は、1983年に新築された際に設置されたものだ。隧道入口の左側には、太宰の「富士には月見草がよく似合ふ」（1953年建立）の碑がある。2013年も6月16日に山梨桜桃忌がここで行われた。茶屋の二代目、外川満さん（69）は「昔は、この道路1本しかない幹線でしたから冬もお助け茶屋ということで、24

時間開いてました。今も冬に数は多くないですけれど、卒論のテーマにと、富嶽百景を読んで学生が来たりするんです」

「母のヤエ子はこう言ってましたね。『太宰はね、この辺の田舎の青年とオーラが全然違ってた。背も大きいし、インテリそのものの顔をしていた。たばこは山ほど吸ったけど酒はあまり飲まなかった。静かでねえ』と」

１０５０円のほうとう鍋を食べた。その量と味に圧倒された。太宰もこの名物、ほうとう鍋を食べたのだろうか。

「食べたどころじゃなくて昔はこの寒村では米もあまりとれないし、夜はほうとうということになっている。早い話がうどん雑炊だね。太宰も一応お客さんだから、お膳を２階に持って行ったら、１人で食べるのは寂しいからと下りてきて一緒に食べた。それでもう家族になった。お客さんとかじゃなくて。それが気に入って寒くなかったら1年でも2年でも居たかったらしい」。この地のほうとう文化で太宰は癒やされたのだ。

世界遺産について尋ねると外川さんは「何も変わらない。ここはこの景色で」と言いかけて「でも、やっぱり太宰はすごいや」と声を上げた。

身延山からの眺望

聖地を照らす光の道筋

年に2度、春、秋の彼岸の中日に身延山《みのぶさん》の飛び地である七面山《しちめんざん》・敬慎院（標高1714メートル）からご来光を拝むと富士山の真上から太陽が昇り、そのご来光の光は随身門をくぐり、七面大明神のご神体に当たるといわれている。

いわゆる「ダイヤモンド富士」のことである。この日の太陽は千葉県の太平洋上から昇り、富士山、七面山、琵琶湖、そして出雲大社を通過する。この光の道筋のことを「レイライン」という。光が一直線に進むように聖地を貫くことからそう呼ばれている。

パワースポットとしての富士山らしい。松本学昭師（京都・明徳学園理事長、87）は、自坊の身延山の蓮華寺でこのダイヤモンド富士のことをこう説明してくれた。

「お彼岸というのは、仏様がこっちへ下ってこられる日で、その中日に日本の象徴である富士山の頂上から生命の根源というべき太陽が昇ってくる。そして、ぐるっと半年たってまたそこから同じように昇る。だから日蓮聖人は天文学も学ばれ、それを知ってこの身延に入られたのではなかったか。偶然と言えば偶然。宗教的なことを言えば、必然の中に偶然が生まれるのだけれど、その偶然は神秘的なものがありますね」

毎日、見上げる富士の大きさに圧迫されていた。少し離れて富士を眺めて見ようと、かねて行ってみたかった日蓮宗の聖地・身延山にＪＲ身延線に乗ってやってきたのだ。身延山といえば、長く相撲記者をつとめた私の思いは横綱双葉山に至る。日蓮宗の熱心な信者であった不滅の69連勝の双葉山がしばしば訪れたのが総本山久遠寺だった。

１９４１年、本堂に参内した双葉山は、足の悪かった83世法主、望月日謙師の車いすを押す。すると「横綱、君は右目が悪いのか」とだれにも明かさなかった秘密をずばり看破される。以後ますます信仰心をあつくし、精神修養につとめたといわれる。

身延山山頂から見た富士山に太陽が昇る「ダイヤモンド富士」

松本師は、その双葉山を知る数少ない一人である。「双葉山はダイヤモンド富士を見たことがあるでしょうか」という私の愚問に「身延山の奥之院も七面山も登ったとは聞かない。でもだれかが横綱にお話ししたかもしれませんよ」と言ってほほ笑まれた。

三門をくぐり、直登する２８７段の石段。大汗をかいて一気に上り、本堂をお参りした後、開業50年の身延山ロープウェイで7分、１１５３メートルの山頂奥之院駅に着いた。２時間ほど辛抱してやっとそれと分かる富士と出合ったうれしさ。この展望台では、お彼岸から少しずれて9月30日から10月２日にかけ、ダイヤモンド富士鑑賞会が行われた。当日は日の出に合わせ5時からロープウェイが動いた。

列島を縦断した台風18号が通過した9月17日、北口本宮富士浅間神社から古道をたどり富士山を登った。中ノ茶屋、馬返《うまがえし》辺りで引き返そうと思ったが、台風一過の抜けるような青空が高みへと誘った。

登山道は、さすがに台風の傷痕が残り、６合目（標高２３９０メートル）から上は崩落の危険があるという。私は十分に満足した。眼下の１カ月暮らした河口湖の町が懐かしく思える。周囲は日蓮聖人由縁の霊域「富士山経ケ岳」であった。文永６年（１２６９年）、日蓮聖人が富士登山をし、６合目で立正安国を祈念し、法華経の一部経を納経したとされる。姥《うば》ケ《が》懐《ふところ》といわれる洞窟や心経塚、日蓮像など伝承の聖人の足跡を歩き回った。

空を見上げると竜のような一筋の雲が流れていた。

目指すは登頂2230回
山のすべてを知り尽くす

今や富士登山を、この人を抜きには語れない。

実川欣伸《じつかわよしのぶ》さん（70）の2013年の富士山登頂目標はなんと260回だったが、12月20日現在202回（1日2登頂が57回）にとどまっている。世界文化遺産の決定でマスコミのインタビューが殺到、さらに10月以降、台風や天候不順、特有の強風で「思うように登れなかった」と残念がる。

11月に6年連続年間200回登頂という快挙。それにもかかわらず悔しさがこみ上げるのは2014年、7大陸最高峰登頂の仕上げとしてエベレストを2連登で締める壮大な計画があり、260回登頂という目標には理由があった。

それは梶房吉さんという富士山頂測候所の強力《ごうりき》が50年間で富士山に1672回登ったという伝説があり、2012年まで1417回登頂の実川さんは、これを抜いてすっきりした思いで最後の難関に向かおうと数年前から気力、体力の限界に挑んできたからだ。

山仲間は「気にする数字ではない。必ず頂上まで往復しているとは限らない」というが、

富士山に登り続ける実川欣伸さん

その数字を聞いた以上は収まらない。会社の中国人留学生を富士山に案内して、感涙する彼らの純粋さに打たれたのがきっかけで富士山の魅力にとりつかれた。定年後は登頂回数を追い、それが「フジサン」と読める2230回という大きな区切りまで登り続けようとしている。

実川さんとは、7月中旬に田子の浦から村山古道を一緒に登った。8月末に富士吉田口から登った時に、富士宮からお鉢をグルリ回って待っていてくれた。9月4日の宝永山の火口取材でも6合目の雲海荘で会うことができた。この日は豪雨でだれもが途中で下山した。実川さんは2登目を断念したところだった。

富士山は9月2日で山梨・静岡両県のガイドラインにより冬山期間に入り、登山道は閉鎖され、登山は「原則禁止」となっていた。しかし、実態は山小屋は営業しており、登山者も後を絶たない。

目の前で登山ゲートは工事業者によって人がやっと通れるくらいに狭められた。数日後またその半分になった。

実川さんは滑落事故があった3日後の12月4日も登っていた。「どこの山でも登っちゃいけない山はない。富士山だけシーズンオフは進入禁止、そんなことをやる。それは富士山の登山道が県道だからうるさい」という。「5年くらい前からだんだん厳しくなった。世界遺産という話が持ち上がってきてから。ケガとか高山病などシーズンオフに入って事故が多くなったことがある。今の人は、甘いというか、ちょっとしたことですぐ携帯で救助を依頼する。それで件数が増える」

かつては正月も県道だから除雪して5合目まで行くことができた。「世界遺産で萎縮して、まず規制ありきで、やるべきことをやっていない。役人の発想だ」と手厳しい。

沼津が自宅の実川さんは富士宮口からがメーンルート。「富士吉田は落石防止で要塞のように人工的な山になった。あれでは自然遺産になれるはずがない。下山道もひどい。富士宮は石ひとつでも動かせない厳しさがあるのに、吉田口は何でもやってしまう。世界遺産は、現状を認められたわけだから、人の過剰な手入れは必要ないと思う」

毎日登るから分かることがある。過剰報道によって2013年の登山客は公表以上に減っていたという。郵便局の行列や駐車場の空き具合。山小屋やトイレの管理人、山岳警備隊からの話。富士登山の真相は実川さんには伝わる。

総集編

神の山、利害超え共生を

富士山の取材中、「昔、遠足で富士山に登った時、蒸気の出ているところで卵をゆでた」「噴火口はもっと浅かった」などと年配の人から面白い話を聞いた。富士スバルラインができて間もない頃、作家の深田久弥氏を5合目に案内すると「富士山をこんな観光の道具にしやがって」とものすごいけんまくで怒ったという。今や5合目まで「鉄道を」という話もある。世界文化遺産となった富士山だが、いつの時代も話題は尽きることはない。

渡辺豊博氏（都留文科大教授）に聞く――国による一元管理必要

渡辺豊博教授(63)は都留《つる》文科大で「富士山学」を教える一方、静岡県三島市でNPO法人グラウンドワーク三島の専務理事を務め、源兵衛川再生など富士山の環境保全に取り組んできた。世界遺産の富士山の課題を聞いた。

◇

富士山の湧水が巡る水の都・三島の源兵衛川や桜川は私の子供の頃の遊び場だった。23年前、静岡県庁で係長をしていたころ、冬の渇水期、川はヘドロとゴミで悪臭を放っていた。川は全部農業用水路。環境は悪化の一途だった。そこから市民、NPO、行政、企業が連携してドブ川の再生活動が始まった。

こうなったのも三島の湧水量40万トンのうち、上流にある地下水利用企業が半分近く吸い上げたのが大きい。多くの井戸を掘り、本格的に稼働させたことにより水位が下がってしまった。地域住民を雇用し、多額の法人税を払う企業に今更やめろとは言えず、工場で使った冷却水を放流してくれと3年かけて交渉した。今では冬場でも900トンの水が供給され、ホタルが乱舞し、水中花・三島梅花藻《ばいかも》が復活、子供たちが遊ぶ水辺の自然環境が整備された。

世界文化遺産登録は信仰の山としての歴史的な評価だ。富士山に畏敬の念を持ったのは荒ぶる山として火の山、水の山としての鎮魂の念からだ。だが、いま信仰の山だと思っている人はどれだけいるのか。昔は御師《おし》とともに森の中を登り、はげ山の5合目を経由して富士の壮大な美しさを知り、人間っていかに小さいか、富士はとてつもない神の山だという認識があった。

類いまれな自然美がベースにあって、自然遺産の要素の上に文化遺産がのっている。それがユネスコの共通の評価だ。実際の富士山が汚いことも危険なことも指摘されている。そこにやや目をつぶってくれたのだと思う。あまりにも富士山がすごいからだ。

10年前からバイオトイレに取り組んだ結果、富士山の山小屋には環境省の頂上と8合目のトイレを除き42カ所、49基となった。その8割以上がおがくずを使った循環式で分解を促進させている。基本は1基1日100人。おしっこが多いと塩分過多で濃度が下がり分解率が落ちる。壊れて取り換えると約100万円かかる。ペットボトルなどを捨てる利用者も多い。節電のため午後7時になると発電機を止める山小屋もある。そういうところは山小屋の既存のポッチャン便所と併用し、これまで同様に垂れ流している。

山小屋は42軒あり、最盛期の2カ月間、1日平均200人宿泊すると仮定すると、朝食付き8000円として160万円、2カ月で約1億円くらいの収入があると考えられる。一番大事な宿泊数とか海外の人がどれくらい泊まっているのか、山小屋でどんな問題が起きているのか、また起こしているのか、トイレの実態も含めて行政は的確な情報を把握していない。全部がグレーゾーンであり、対策が不十分なのである。

静岡県と山梨県が一体的に連携していけるかどうか、私は富士山においては難しいと考えている。静岡県では富士山を「恵みの山」とか「母なる山」と評価している。飲料用水や工業用水の供給源として。山梨県では「銭の山」としての評価が優先する。住居との距離が10キロもなく、身近な山として生活が一体化し、富士山が経済活動の糧になっている。利害や思惑の違いがあるのに一緒になり、世界文化遺産の統一的な管理・運営ができるのか。だから「富士山庁」をつくり、国による一元管理が絶対に必要だ。

2020年の東京五輪には世界中から富士山に観光客が押し寄せる。だが、両県による管理・運営では環境保全や登山者の安全確保が不十分であり、事故の多発化が想定される。世界基準に見合わない無秩序で危険な山として屈辱的な評価を受ける危険性がある。経済的振興を優先せず、抜本的な改善なくしては世界の富士を日本人は守れない。共生の知恵が試される。

北原正彦氏（山梨県環境科学研究所研究管理幹）――草原は希少種の聖域

富士山の麓には生物多様性という観点から、環境省のレッドデータブックに載る希少種が多数温存されている極めて重要なエリアがある。富士山は氷河期の後に噴火して完成した新しい山で、高山帯は意外と生物が貧弱だ。5合目以上は溶岩の噴出物（スコリア）に覆われ、我々は火山荒原と呼んでいる。

日本アルプスに比べ氷河期遺存種は全くない。お花畑も高山チョウもいない。ハイマツもない。その代わり、カラマツが下から登ってきて大きくなれないので、アルプスのハイマツのように風の方向になびいている。富士山は生態遷移の途中なのである。

チョウは富士山を特徴づける。絶滅危惧種に指定されているヒョウモンチョウやゴマシジミは南アルプスに全くいない。それは富士の裾野のような広い草原がアルプスにはないからだ。青木ケ原樹海や本栖高原の麓に富士山らしさがある。

日本列島で一番減った環境というのは林ではなくて草原だ。都市化で住宅になったり、ゴルフ場になったり。もうひとつ大きな要因は、里地・里山の社会構造が変わってしまったからだ。雑木林はかつては薪炭林だった。カヤ場といってススキやカヤを屋根や炭俵に使っていた時代は終わり、いまはみな荒れ放題だ。

静岡県でもヒョウモンチョウは絶滅寸前だ。皮肉にも一番残っているのが山梨県の梨ケ原の北富士演習場。モンシロチョウに似た絶滅危惧種のヒメシロチョウがたくさんいる。入会権を行使して春先に野焼きをすると、草原がリセットされるからだ。

富士山の文化遺産を育んできたのは富士の自然だ。自然と文化を一体化して、保全管理していかないと真の世界文化遺産の維持継承にならない。それにはニホンジカの食害や外来種の問題、人間の管理の衰退など生態系の景観維持が大きく関わってくる。日本全体の目で見ると、絶滅危惧のあるものが、富士山の麓に残っている。富士山の麓の草原は最後のとりでなのだ。

宝永山が噴火を語る

山梨県環境科学研究所の「富士山溶岩観察会（宝永火口観察）」という企画に参加したが、あいにくの豪雨で予定は変更になった。富士宮口5合目に向かうバスでは「世界の火山」というビデオが上映され、決死の覚悟で煮えたぎる火山に接近して撮影するフランスの火山学者モーリス＆カティア・クラフト夫妻の姿にくぎ付けになった。

コンゴ民主共和国のニイラゴンゴ山頂の溶岩湖では、1000度以上のドロドロの溶岩がはじけて身に降りかかろうというのも構わずカメラを向けている。硫酸の湖にも2人でボートを漕ぎ出す。世界の１５００もの活火山のうち日本には１０８もあり、有数の危険地帯だが、クラフト夫妻は何度も来日、１９９１年、雲仙普賢岳の火砕流で落命したことをビデオの最後で知った。日本経済新聞社の黒田耕一カメラマンほか消防士ら43人が同じ火砕流で犠牲となった。

富士山は１７０７年の宝永の大噴火から３００年以上も沈黙を続けているが、堂々たる活火山だ。大きな爆発は貞観６年（８６４年）が有名である。日本三大実録によると、溶岩は本栖湖を埋め、「せの海」は西湖と精進湖に分かれ、河口湖にも迫ったとある。溶岩流は北西麓一帯を覆い、後に青木ケ原樹海とよばれる原生林となる。樹海は誕生してまだ３００年の歴史にすぎない。最近の湖の発掘調査で、溶岩層はビルの30階に相当する１３５メートルの高さまで堆積していることがわかった。

宝永の噴火で、１００キロ離れた江戸の町は昼も行灯《あんどん》をつけなければいけないほど火山灰が降り暗くなったという。隆起した宝永山、中腹に開いた3つの火口が、今も爆発の大きさを伝える。御殿場ルートと富士宮ルートをつなぐプリンスルートとして人気があるが、火山の富

富士山の中腹に大きな火口を広げる宝永山

士山をこの宝永山登山で観察してほしい。

取材を終えて——自衛隊射爆場の問題も

富士山の北麓、富士河口湖町に1カ月間仮住まいし、世界文化遺産に登録された富士山を伝えようとしたが、そのあまりの大きさに圧倒され続けた。登ること3回。それでは何も伝えられない。数少ない8、9月の晴れた日、アパートから見る富士はデーンと構えて、どこからでも書いてみなと言うのだが。

8月15日、富士河口湖町に入る前に義父が93歳で亡くなるということがあった。第56期陸軍士官学校卒。輜重《しちょう》兵として満州（中国東北部）などを転戦した。そのアルバム「留魂」を見ると、秀麗な雪を頂いた富士山の写真が二重橋や相武台の碑とともに兵を鼓舞するように並ぶ。また富士を背の集合写真もある。その裾野での野外演習は主要行事で、「秀麗の地で練武することは、武人の気宇志操の涵養《かんよう》につながる」。

偶然、取材のスタート（8月25日）が、静岡県東富士演習場で行われた陸上自衛隊の「富士総合火力演習」であった。2万8000人の観衆が迫撃砲や最新鋭の10式戦車の機動力を見つめた。着弾する草原の全面に富士山があるはずだが、冷たい雨が降り続け、顔を出すことはなかった。富士山の大きな課題とされる東富士の自衛隊射爆場問題に一言も触れることができずに終わることになる。

「【山梨県富士河口湖町】世界遺産・富士山の麓に住んでみる」を読んで

圧倒的な存在である富士山、その麓に「仮住まい」する人々

解説
藻谷浩介

日本を代表する山、富士山。通り一遍の取材記事であれば、神秘的な自然のガイドで終わってしまうところです。ですが、ここに「住んでみた」記者は、この山麓３６０度で繰り広げられてきた多重多層の人の営みを、少しでも奥深く食い込んで伝えようと奮闘しています。

毎朝毎夕、そびえ立つ富士の景観に圧倒される生活だったと思うのですが、そこにはあえて触れない。「富士には月見草がよく似合ふ」というのは太宰治の負け惜しみなのですが（月見草というのは圧倒的に小さく地味なものの象徴です）、記者も各所に咲く月見草を掘り起こして記述します。その結果はどうか。依然として全体像は茫洋たるものであり、富士山は上からの俯瞰《ふかん》を決して許さないことが分かる。富士山のそういう本質が、期せずして描き出されました。

富士山の北麓、いわゆる富士五湖地域は、奈良時代の大噴火で大溶岩流に埋まって

できた場所ですから、そこにある人の営みもいったん断絶して一から作り直されたものです。日本では比較的歴史の浅い土地なのです。そんなことは忘れているはずなのに、住んでいる人々にもどこか「仮住まい」させてもらっているという感覚がある。最近のIターン組も、江戸時代以前からの土着民も、自分たちは霊峰の力にとらまえられて流れ着いて来た者であるという記憶を、どこかしら共有している。そのことが、記事を通して浮かんできます。次章の長崎県の対馬の人々がどうしようもなく「土着的」だとすれば、富士山の麓に住む人はどうしようもなく「仮住まい」感覚を逃れることができないのです。

記者も実感されたことと思いますが、富士山の存在があまりにすごいので、住んでいるうちに、意識、生活の半分が「富士山」になってしまう。富士山に圧倒される中で、人間のちまちました営みの先行きなど考える気が失せてくる。だから逆に、今をどう凌いで暮らすのかだけが関心事となり、富士山を金儲けの手段だと考える人も出てくる。逆にお金などどうでもいいと、自分と自然が対峙する世界に浸る人も増える。ですがこれでは、なかなか人同士の横のつながりが出来上がらない。

富士河口湖地域が一大織維産業地帯であったことは、「富士吉田市の月江寺界隈」の記事によく出ています。富士吉田市は江戸時代に富士講の宿場として発展し、明治以降は絹織物で栄えました。今の富士急行線は2代目の新線で、初代は、道路沿いに大月―富士吉田―山中湖―籠坂峠を結び、御殿場にまで連絡した馬車鉄道でした。明治時代のことです。標高１０００メートルを超える峠に至る路線をつくることができる資本があった。富士吉田市の街の中に、その残り火があることを、記者は掘り起こしています。

富士吉田が日本一標高の高い市であって、標高差百数十メートルの傾斜に数百段のひな壇を造成して築かれた町であることや、先端産業を担う伝統は世界有数のロボット生産基地である忍野《おしの》村のファナックに受け継がれていることなど、触れられていないこともありますが、とにかく多様な営みがばらばらにありすぎて、スペースが足りなかった様子がありありです。

富士山は世界自然遺産ではなく、世界文化遺産です。富士山を取り巻く人間の営みこそが世界遺産なのです。もし10年後に同じ連載を書くなら、世界文化遺産指定後の富士山の山麓の営み、変わったもの、変わらないものを、さらに深く浮き彫りにすることになるでしょう。またそういう機会のあることを願っています。

第4章

長崎県対馬
国境と歴史の島に住んでみる

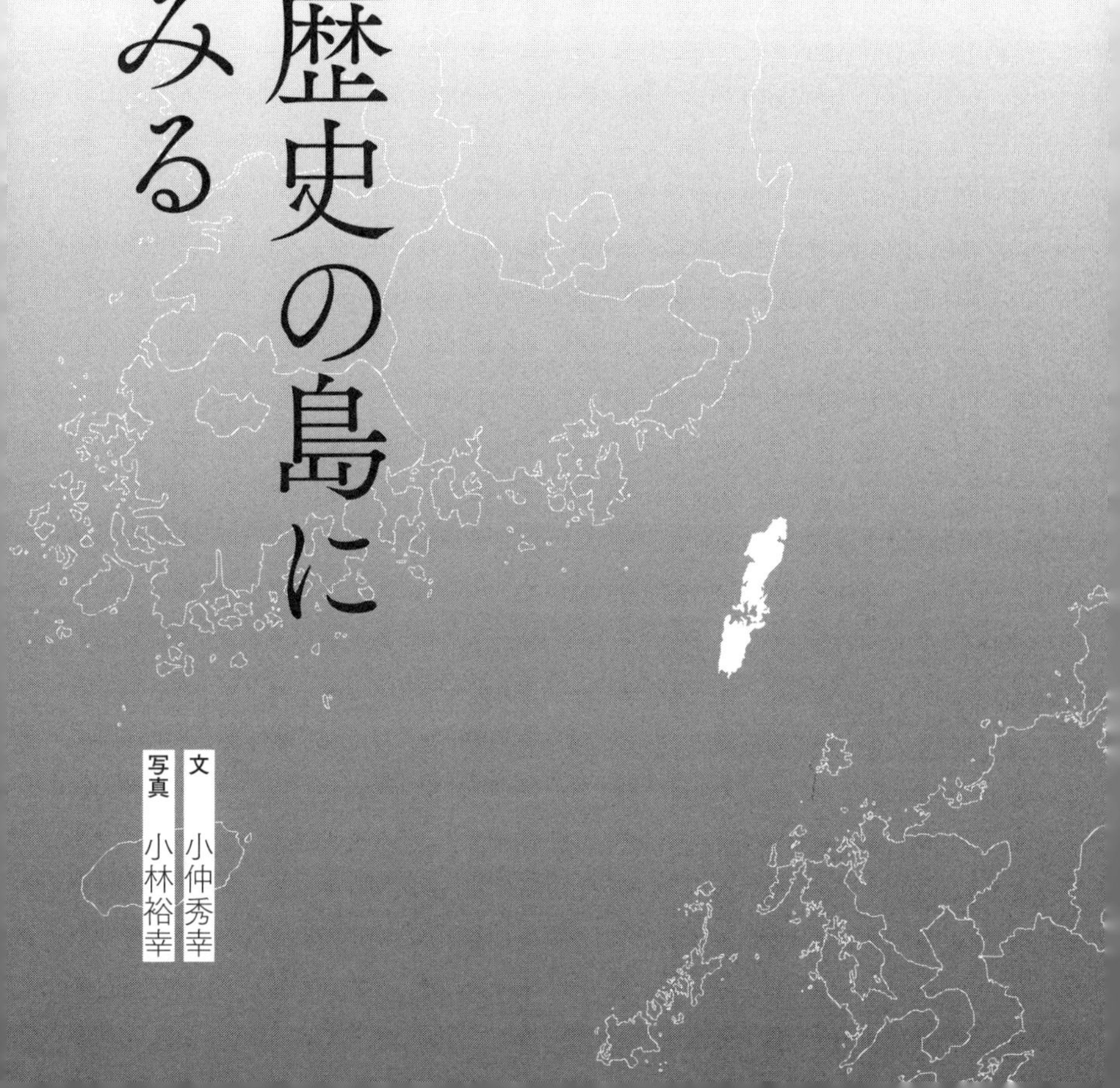

文　小仲秀幸
写真　小林裕幸

訪問韓国人は年15万人

船で2時間　隣町感覚

とにかく韓国の人が多い。

対馬《つしま》市厳原《いづはら》を訪ねた最初の印象だ。旧対馬藩府中（城下町）の小道を歩く。出会う人の大半は、団体や家族連れの韓国人観光客だ。2012年の来島者は約15万人。週末、土産店周辺には観光客があふれる。

釜山・対馬間にはJR九州高速船、韓国の未来高速など3つの船会社が就航。厳原まで高速船なら2時間だ。釜山からは1万円弱の日帰りツアーもある。「異国情緒が手軽に味わえ、気分転換になる」（母親と来た女性会社員、30）、「歴史に関心がある。自然が豊かで町がきれい」（農業の男性、40）。登山や釣りも好まれ、対馬は「安・近・短」な観光地と親しまれる。隣国というより隣町感覚だ。

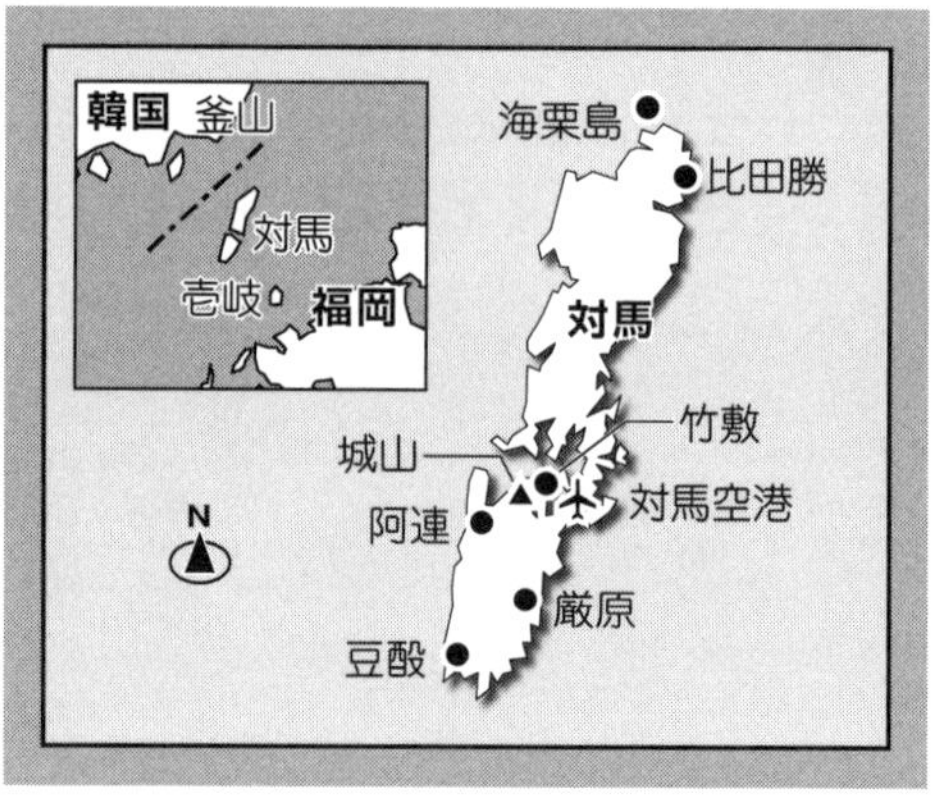

もう一つのお目当ては免税ショッピング。韓国出国前に釜山のロッテ百貨店などの免

税店で化粧品などを購入し、そのまま対馬を観光して帰路につく。「3万円ほど免税店で買い物をした」と釜山在住の女性会社員(27)。私も釜山へ取材で赴いた帰途、オーデコロンを買ったが、女性店員(31)は「年に2回は買い物で対馬に行く」と話した。

また、厳原港に近い土産店では「馬油、セラミックス製の包丁などが人気」(朴真佑《パクジンウ》店長、32)だそうだ。

ただ、韓国人観光客は決まったコース、飲食店、ホテルなどを利用するケースが多く、一般商店や飲食店の売り上げには直接つながらない。言葉や習慣の違いもある。島にいる間、通ったある飲食店は「韓国人客が多くなると、逆に邦人客から敬遠されかねない」と打ち明けた。観光客の賑《にぎ》やかさとは裏腹に、島の一部にはどこか冷めた視線がある。

それでも島の活性化を目指す市は状況打開に知恵を絞る。例えば、観光情報や飲食店のメニュー、値段などを写真付きで見られるスマートフォン用韓国語アプリを長崎県観光連盟と共同で２０１２年秋に開発。現在、対馬全体で約１６０の店や観光スポットの紹介を始めている。

韓国人観光客で混み合う厳原の中心部

日本語がわからなくても、画面を見たり指さしたりすれば事足りる。「以前はうどんしか注文しなかった観光客が最近、すしや天ぷらを頼むようになった店もある」（長瀬賀宣・市観光物産推進本部主任、36）。一定の効果は出始めているようだ。

ところで私が住んだアパートは修善寺という寺のそば。江戸時代、島の農政などに寄与した陶山訥庵《すやまとつあん》の墓があることで知られるが、辺りは寂しく、邦人客はほとんどいない。だが、ここがいつも韓国の観光客で賑わっている。不思議に思って聞くと、李氏朝鮮の儒者で、明治時代に抗日運動を展開して軍に捕まり、対馬で殉国した崔益鉉《チェイッキョン》ゆかりの地と知った。監禁中、島の人々は差し入れをし、柩《ひつぎ》が国に帰る際は見送ったともいう。対馬には他にも韓国の人が好んで訪れる場所があり、日本人があまり知らない過去も息づく。歴史のしじまは、訪れる者に何かを饒舌《じょうぜつ》に語りかける。

◇

韓国に近く、古《いにしえ》から朝鮮半島と交流があった対馬で1カ月余り暮らした。「国境と歴史の島」の素顔を報告する。

軽々と海を越える新世代

日本で「韓国」を学ぶ

「アンニョンハセヨ。緊張しないで。料理は楽しく作るものです」。２０１３年の5月末、対馬市厳原《いづはら》町の長崎県立対馬高校を訪ね、国際文化交流コースの出張講義を見学した。講師は前年まで対馬市内で韓国料理店を開いていた金貞淑《キムジュンスク》さん(57)だ。

この日のメニューはプデチゲという鍋料理と、対馬産のアオサを入れたチヂミ。三角巾とエプロン姿の1～3年生28人が、おぼつかない手つきで野菜などの材料を刻み、調理にかかる。「もう火をつけていいかな」「チヂミがうまくひっくり返らないよ」。実習室に賑《にぎ》やかな声が響く。

1時間余りで料理ができあがると、ちょうどお昼時。あちこちで「おいしい(マシッソヨ)」と声があがった。

私とカメラマンもお相伴にあずかった。プデチゲは辛めの調味料がよく効いて、「これぞ本場の味」という感じ。ちなみにプデチゲは「部隊《プデ》チゲ」とも書き、軍隊の見張り当番が小腹がすいたときに交代で作って食べた料理だそうだ。

国際文化交流コースは２００３年にスタートした長崎県の「離島留学制度」の一つと

生徒に韓国料理を教える金貞淑さん（手前右）

して設けられた。普通の授業のほかに、韓国語や韓国文化が学べるのが特色だ。韓国人の先生もいる。同制度には若者を島に呼び込む狙いも込められており、ほかに五島高校（スポーツコース）、壱岐高校（東アジア歴史・中国語コース）がある。

対馬高校の場合、例えば同コースの3年生だと1週間で5時間の韓国語のほか、韓国語会話を2時間、韓国時事教養を2時間学習する。

「これまでに90人が卒業した。韓国の国立大学である釜慶《プギョン》大学のほか、私立の釜山外国語《プサンウェーグゴ》大学などに進学した生徒も多い」（松尾修教頭、49）という。

県内だけでなく、全国から入学できるのも特徴だ。熊本県の中学を出て、島で下宿生活を送る2年生の蓮田なつみさん（16）は、「もともと韓国が好き。向こうの大学に進んで、韓国で働きたい」と目を輝かせる。同じ2年生の一瀬華乃さん（17）は、「韓国の大学で学んで、語学を生かして日本のホテルで仕事をする」のが夢だ。

同コースでは、授業の一環として韓国への短期の語学留学やホームステイなども行っている。それもあってか、生徒たちにとって韓国は地理的にはもちろん、心理的にも身近な存在のようだ。

釜山で、釜慶大学に２０１３年春進学した３人に話を聞いた。東京都下から対馬高校を経て食品栄養学を学ぶ阿部千恵美さん（18）は、野球部のマネジャーも務める。「日本語を話せる若い人が意外に多い。韓国の人と日本人は外見も変わらないので、異国に来た感じはあまりない」

長崎県出身で、経営学部の中川悠華さん（18）は「韓国語だけでなく、英語も勉強して、将来は貿易の仕事をしたい」という。経済学部の田中花保里さん（19）は「こちらで生活して、服などは日本の商品の質がいいと思った」と、逆に日本の印象の一端も語った。

対馬でも、同校から韓国の大学に進み、Ｕターン就職した人に会う機会があった。観光関連会社に勤める押田海香さん（23）は「とにかく外に出て、新しい世界を体験してほしい」と後輩たちにエールを送る。

若い世代は「国境」を意識せず、軽々と海を越えていく。その視野は対馬から世界に広がり、外から日本を評価する確かな目も養われているように思えた。

古文書の宝庫

郷土史保存し読み解く

2013年4月、対馬市峰町の永留家旧宅で、襖《ふすま》の下張りから古文書約500点が見つかった。江戸時代末期、1800年代初めから明治維新頃までの文書で「宗門人別改帳」など様々だ。同家の永留史彦さん(59)は「襖を張り替えようとしたら見つかった。状態も良い。保存が必要な史料は長崎県立対馬歴史民俗資料館に寄託したい」と話す。

戦災などを免れた対馬の旧家には古文書の類《たぐい》が数多く残る。中国大陸や朝鮮半島由来の品々なども各地にあり、研究者からは「宝の山」「生きた博物館」と言われる。「『家にある古文書をどうしたらいいか』との相談に乗ることも多い」(同資料館学芸員の山口華代さん、35)そうだ。

中でも旧対馬藩主、宗家の文書・記録類は圧巻だろう。この「宗家文庫史料」の保存作業に当たっているのが同館だ。1977年に開館、史料の散逸を防ぎ、保存・収蔵する目的で調査を進め、目録を作成。2012年、1万6667点が国の重要文化財に指定された。江戸時代、漢城(ソウル)と江戸などを往復した朝鮮通信使の応対を詳細に記録した文書や、藩主の動向、折々の政治的決定などを記した「御在国毎日記」「御留守毎日記」などがある。

とはいえ、文書類は古いだけに埃《ほこり》が付着し、しわや折れ、虫食いなどがある。椎葉徳子さん(59)、〝弟子〟役の山本久美さん(35)らスタッフ3人は、専用の道具を駆使し、国の指導の下で一つずつ丁寧にクリーニングと保存作業を続ける。根気のいる仕事だが、「まだ全体の数パーセントしか作業は進んでいない」(山口さん)という。

古文書が物語る郷土の歴史を知ろうという市民グループの動きもある。

その一例が「対馬古文書研究会」(早田和文会長、66)。同館主催の古文書を読む会から発展、2012年発足した。山口さんを講師役に、月2回ほど例会を開き、候文の宗家文書を読み解いていく。取材時のテキストは「松浦弾正改易一件覚書」。旧対馬藩の江戸家老が政争に巻き込まれ、蟄居《ちっきょ》させられた経緯の記録だ。

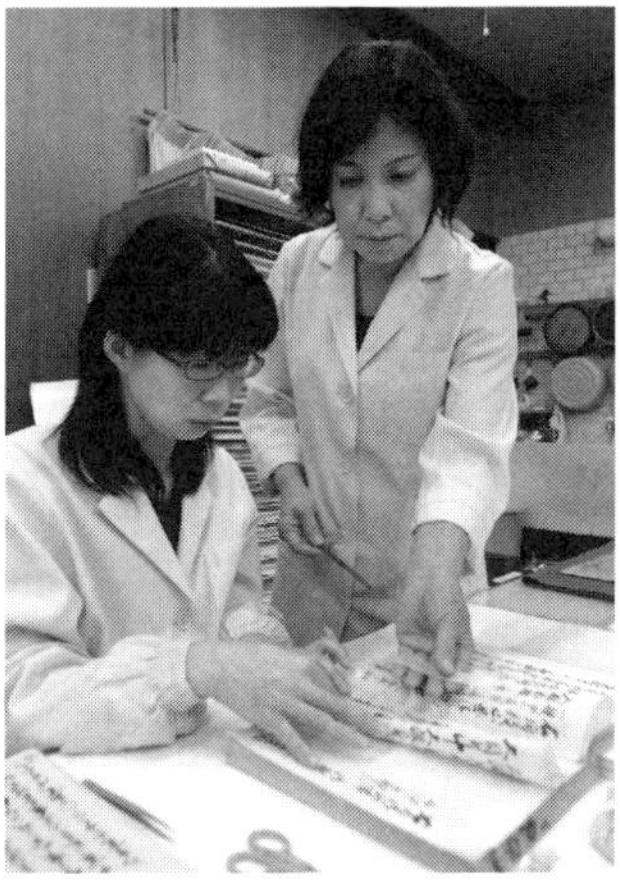

対馬歴史民俗資料館で古文書の保存作業が進む(対馬市厳原町)

「古文書は時代背景などがわからないと理解できないが、知った地名などが出てくると、親しみが湧く」(参加者)という。

同研究会は、これまでの活動を2013年春、1冊の本にまとめた。『幕府巡検視が視《み》た対馬』。8代将軍吉宗の時代の1717年に使節が対馬を訪れ、石高や人口、牛馬の頭数、対馬から見える朝鮮の風景まで、何を聞かれ、どう答えたかなどを記録した文書を読んだものだ。「当時の統治機構や物産、習俗などの実情を知るのに参考になる」（早田さん）

宗家文庫史料を巡ってはさらに深い研究も始まっている。史料にはハングルと漢字混交の「朝鮮書簡」が約100点ある。今まで内容がわからなかったが、2013年から2年間かけ、日本と韓国の大学の研究者が合同で調査することになった。同館によると、調査によって近世の日朝外交史研究の発展などが期待される。新しい〝宝〟が見つかるかもしれない。

宗家文庫史料

鎌倉時代後半から明治維新までほぼ600年間にわたり対馬を治めた旧対馬藩主、宗家の文書類など全約12万点のうち、長崎県立対馬民俗資料館が所蔵する約8万点の藩政史料類。明治期に藩庁記録の大部分と釜山にあった倭《わ》館記録、江戸藩邸記録の一部などが集められて保管。昭和の初め以降は、宗家の菩提寺、万松院（厳原町）境内の「御文庫」に置かれていた。

仏像盗難事件の波紋

通信使行列の中止「残念」

毎年８月初めに対馬市で行われる恒例の「厳原《いづはら》港まつり」のハイライト「朝鮮通信使行列」が、２０１３年は中止になる。仏像盗難事件が原因だ。前年までついていたサブタイトル「対馬アリラン祭」の表記も外し、「対馬厳原港まつり」として行う。

朝鮮通信使は江戸時代の約２００年間、漢城（ソウル）から江戸などの間を12回訪れた、最大で５００人規模に及ぶ外交・文化使節のことだ。日朝外交の窓口だった旧対馬藩は代々護衛などを引き受け、多数の文物のほか、医術や学術、各種技術など多彩な知識が往来した。港まつりの行列はその再現で、市民の手で30年余り続けられてきた。

「残念の一語に尽きる。涙をのんで（中止決定を）受け入れた」と語るのは、同行列振興会顧問の庄野伸十郎さん（69）。父の代から20年間、同会会長として再現行列の発展に尽くしてきた。「これまで何百人もの市民が汗を流し、韓国の人たちとは強い絆で結ばれてきたのに……」

仏像が盗まれた観音寺は、島の臨済宗の中本山、西山寺の末寺。西山寺の前住職、田中節孝さん（66）は「盗んでおいて、もとは自分たちの物だという。対馬の優しさを逆なでしている」と憤る。同寺はかつて旧対馬藩宗家の朝鮮との通交に深く関与していた歴史もあり、「末寺に渡来仏像が安置されていても不思議ではない」(田中さん)。

「厳原港まつり振興会」の山本博己会長(51)も「来年のことは未定だが、仏像返還がない限り、行列の復活は難しいのでは」と話す。財部能成市長が先月、韓国文化財庁に提出した仏像返還の署名は、島の人口の半数を超える約1万6900人に達した。

日韓交流は草の根からと、舞台稽古に力が入る「漁火」のメンバー（対馬市交流センター）

韓国側にも憂慮の声がないわけではない。釜山のある寺の僧侶(60)は「仏像は返してもらいたいが、盗んだのはよくない。合法的に返還されるべきだ」と述べた。しかし対馬の波紋は収まらない。

直接声を上げないまでも、一連の経緯に胸を痛める人は多い。草の根の活動として日韓友好などをテーマにした演劇を自主上演している市民劇団「漁火《いさりび》」のメンバーも、今の島の雰囲気を懸念する。

劇団は、若い人に郷土の歴史を知って自負を持ってもらおうと、2009年に結成された。2011年に初演した「ミュージカル対馬物語」(作・脚本＝ジェームス三木)は、豊臣秀吉の朝鮮出兵で一時は断絶した日朝関係が曲折の末に復活、江戸時代に朝鮮通信使を迎え入れるまでの旧対馬藩の苦難の道を追体験する物語だ。韓国の人も共演。２０１２年５月には釜山でも公演した。

「内容や、日本語での公演ということで受け入れられるか不安だったが、喜ばれた」（劇団員で病院職員の俵雄大さん、24）。日韓のつながりを実感できたという。

それだけに劇団員の橘八寿子さん（68）は「平和な時代に互いが背を向け合ってはいけない。仏像はきっと返ってくる。韓国の人がロープを受け取ってくれと言う時には、呼応しないと」と語る。

朝鮮通信使行列は、対馬が語り伝えてきた歴史の叙事詩だ。人々の心の痛みが癒え、行列が再びよみがえるのはいつだろうか。

仏像盗難事件

２０１２年10月、対馬市内の海神神社の国指定重要文化財「銅像如来立像」と、観音寺の県指定有形文化財「観世音菩薩《ぼさつ》坐像」が盗まれた。仏像は韓国で見つかり、窃盗グループの主犯らに２０１３年６月、韓国の地裁が実刑判決を下した。日本政府は仏像返還を求めているが、観世音菩薩坐像については韓国・瑞山市の浮石寺が「14世紀に同寺で作られ、所有していた」と主張している。

神々が棲む里

祭祀に息づく生命の力

「先祖から守ってきた伝統神事を絶やしてはいけない。地域で継承していってほしい」。海を望む対馬市厳原《いづはら》町豆酘《つつ》の赤米《あかごめ》神田。6月上旬、しめ縄が張り巡らされた女人禁制の「男田」で、五穀豊穣《ほうじょう》などを祈る赤米神事の田植えが行われた。

白装束に身を包み、丁寧に苗を植えたのは、地域で唯一、一連の神事を継承する主藤《すとう》公敏さん(63)。神事の後の直会《なおらい》では、昨年とれた炊きたての赤米と海藻や野菜の酢の物が振る舞われた。赤米は遠い古代の素朴な味がした。

「対馬豆酘赤米神事を存続させる会」事務局長の佐護哲也さん(68)によると、赤米は9月上旬、稲穂の先端部分が赤くなるのが特徴だ。その風景は、古《いにしえ》を彷彿《ほうふつ》とさせる美しさだという。「神の米」として現存しているのは、豆酘のほか、鹿児島県の種子島と岡山県の総社市の3カ所。文献上は、約1300年前、天平年間に記録がある。豆酘の神事は、代々集落の仲間で受け継がれてきた。

神事では年間12の儀式がある。最も重要なのは、旧暦1月10日、前年に赤米作りを受け持った家「晴れ頭《とう》」から、その年に受け持つ家「受け頭」に儀式を引き継ぐ「頭受《とうう》け」と呼ばれる神事だ。真夜中、「御神体」である赤米俵が厳かに家から家に渡御し、祭られる。この間、誰もが終始無言だ。

このほかに、寒中に体を清める「潮あび」や、取れた赤米をはじめていただく「初穂米」などの重要な神事がある。「神事の時は仕事も休み、近隣への振る舞いも必要。負担は大きい」（佐護さん）。1990年には頭仲間が10戸あったが、農業離れなど様々な事情から、今では継承者は主藤さんだけになった。

赤米の苗を植える主藤さん（左）（対馬市厳原町豆酘）

今年は、宮中で行われる新嘗祭《にいなめ》に豆酘の赤米が献穀されることになり、長崎県の行事としても隣接地で賑々《にぎにぎ》しく田植えが行われた。が、例年は主藤さんと「存続させる会」の関係者でひっそり守られている。

赤米神事以外にも、対馬には独自の祭祀《さいし》が今も息づいている。厳原町阿連《あれ》に伝わる「御日照り様」もそのひとつだ。

御日照り様は、日本中の神様が出雲に集まるとされる旧暦10月の神無月、地元の雷命神社の氏神様が留守の間だけ、集落を守ってくれる女神様だ。

代々この神事を伝えているのは、神職の橘《たちばな》一門さん(65)の家。「79代目」という。5月末の日曜、電話で取材をお願いすると、奥さんが「ちょうど次の日曜日は、お祭りに詳しかったおじいさん(お父さん)の5周年祭で、皆が集まります。これも何かのご縁じゃけん、家に来て拝んでください。その時、良いお話が聞けると思います」と応じてくれた。

当日、お宅にお邪魔し、お祭りに参列。宴会でごちそうになりながら、橘さんから説明を受けた。「御日照り様」神事は、出雲に行った氏神様が戻り、逆に山に帰る女神様を送る「本山《もとやま》送り」などを指すという。

祭り当日は夕方、集落の老若男女が背中に御幣《ごへい》を立てて行列を作り、「いざや、いざや、とのばらや、とのばらや、とのばらを、もとやまにお送り申す……」と繰り返しながら、ホラ貝を吹き、鉦《かね》、太鼓をたたいて女神様を小さな祠《ほこら》まで送り、お札をするのだそうだ。

対馬には至る所に神社などがあり、神々が棲《す》む。島を巡り、日本人がかつて心の奥に持っていた信仰の原点を感じ、脈々と続く生命の力を授かった気がした。

「辺要の地」の記憶今も
国防担った戦争遺跡群

「対馬の嶺《ね》は　下雲あらなふ　可牟《かむ》の嶺に　たなびく雲を見つつ偲《おも》はも」（万葉集巻14、詠み人知らず）

海を背景に馬を連れ、遠く離れた恋人を思う寂しげな若い防人《さきもり》の姿。この歌を題材に万葉画家、鈴木靖将氏が描いた「防人の島」が、対馬市厳原《いづはら》町の同市交流センターに掲げられている。

対馬には、東国などから集められた防人が置かれた古代の城から、太平洋戦争時の砲台跡まで、戦争遺跡が今も残る。５月25日、それらを歩いた。ガイドは陸上自衛隊ＯＢの小松津代志さん(65)。「要害」としての対馬の地理や史実に詳しい。

朝８時。島中央部の金田城《かなたのき》（城山）を目指し、厳原町を出発した。金田城は、６６３年に唐・新羅《しらぎ》の連合軍と百済《くだら》・倭《わ》国の間で起きた「白村江《はくすきのえ》の戦い」での敗戦を機に６６７年、国防の最前線として筑紫、壱岐とともに築かれた山城だ。日本書紀に記述がある。危急を煙で知らせる烽《とぶひ》は、壱岐を経由し、九州の太宰府までリレーできたという。

明治時代、城山を要塞化する目的で旧陸軍が造った幅３メートルの軍道に車で入り、登山口に到着。ここからは徒歩だ。周囲は鬱蒼《うっそう》とした森。所々にダイナマイトで発破《はっぱ》をかけ、岩を崩した跡がある。苔《こけ》むした旧軍の道標。道は狭くなり、勾配もきつくなる。防人の時代には道もなかったはずだ。

金田城跡を案内する小松津代志さん（対馬市美津島町）

　金田城の三ノ城戸（城門）跡から二ノ城戸跡へ。見上げるような城壁跡の石垣がそびえる。５メートル近くもあるだろうか。途中、道の脇に陸上競技で使う砲丸のような大きな丸い石が幾つもある。「谷を上ってくる敵に投げるためだったんでしょう」と小松さん。

　健脚の小松さんに必死について歩く。一ノ城戸跡を経由し、道らしい道も徐々になくなる。私もカメラマンも汗びっしょり。歩き始めて約3時間、やっと山頂に到着した。標高２７６メートル。麓から頂上まで石垣が途切れながら続いているのがわかる。水平線まで続く真っ青な海。防人たちはこの風景に何を思ったのか。

　山頂近くには、明治期に造られた「城山砲台跡」などの旧軍施設があった。当時はここから朝鮮半島側、浅茅湾入り口の方角を警戒した。対馬には日清・日露・太平洋各戦争期の砲台跡が計31カ所あり、一部は太平洋戦争時に砲撃したこともあったという。

次の日、小松さんに誘われ島北端の上対馬町西泊の「日露友好の丘」で行われた「日露・対馬沖海戦追悼慰霊祭」に参列した。翌27日は１０８年前、まだアジアの小国だった日本の連合艦隊が対馬沖でロシアのバルチック艦隊を迎え撃ち、激戦を制した「日本海海戦」の日にあたる。

対馬歴史顕彰事業推進委員会の武末裕雄委員長(69)によると、この戦いで沈んだロシアの巡洋艦から、水兵１４３人がボートで西泊付近に上陸。島人は彼らを井戸に案内し、民家に分宿させ、食べ物や衣類を持ち寄り、負傷者を看護した。慰霊祭は海戦の戦没者５０００人余りを追悼し、逸話を語り継ごうと毎年、民間行事として行われている。「上対馬の70代以上の人は『こないだの戦争』といえば対馬沖海戦を指す」(武末さん)。日露戦争とその時代といえば、まず司馬遼太郎の『坂の上の雲』だろう。が、水兵を助けた島民の逸話は広くは知られていないのではないか。

時代を超えて「辺要の地」であり続ける対馬。刻まれるべき記憶は多い。

現代の防人たち

国境の海　緊張みなぎる

対馬の北端に位置する海栗島《うに》。亀の甲羅のような直径10メートル余りの球形のレーダーが水平線をにらむ。航空自衛隊西部航空警戒管制団第19警戒隊だ。韓国・釜山までは49・5キロ。季節や天候が良ければ、ビル街などの夜景、車のライトまで見えるというほど近い。島に住むのは隊員だけ。「離島の離島」だ。

所属隊員は約160人。主任務はレーダーによる対空警戒監視などだ。レーダーは24時間体制で運用されており、万一、国籍不明機などを探知すれば、近くの基地から戦闘機がスクランブル(緊急発進)することもある。

「国境に近いので、隊員はいつ何があっても対応できるよう、緊張して警戒任務に従事している」(同警戒隊長の明石泰三2等空佐、45)。隊員や家族の最大の楽しみのひとつは、休暇に車で片道およそ2時間かけ厳原《いづはら》町に行き、島で唯一のファストフードショップ「モスバーガー」で食事をしたり、店で買い物したりすることだそうだ。

対馬には、陸海空の自衛隊が拠点を構え、700人余りが勤務する。国内で一般住民が住む島のうち3自衛隊があるのは「沖縄と対馬ぐらいでは」(地元関係者)という。

6月上旬、陸上自衛隊対馬警備隊「通信小隊」の教育訓練に、夜明け過ぎから同行取材した。道もない山中での通信線敷設訓練だ。島全体が山がちの対馬では、無線は届きにくい。「通信線確保は命の次に大切」（対馬警備隊長の仲川剛1等陸佐、47）。このため、山の稜線《りょうせん》を縫うようにケーブルを張り巡らす。

訓練とはいえ、ヘルメットに迷彩服姿の十数人の隊員たちの表情は真剣そのもの。「敵襲！」「後方警戒！」。爆竹や砲弾飛来の音が鳴り、地に伏せる。ケーブルをつなぐ作業なども、本来はすべて無言で行うという。前夜から皆ほとんど不眠状態といい、中には疲労の色が濃い隊員もいた。

山中で通信線敷設の訓練を行う陸上自衛隊員

訓練が終わったのは朝7時過ぎ。緊張がゆるむと、隊員たちも普通の若者だ。山頂では、皆が笑顔を見せた。対馬で育ったという小田祐二3曹（24）は、「自衛隊は現代の島の防人《さきもり》であり、生まれ育った地を守る幸せを実感している」と話してくれた。

自衛隊と並び、国境の最前線で日々活動する組織としては海上保安庁もある。厳原港近くの対馬海上保安部で、領海警備の現状などを聞いた。

海保の主な業務は、警備のほか、外国漁船の違法操業の摘発、海難救助、それに沿岸の環境保全などだ。100人弱の体制で任務に当たる。

このうち韓国漁船などの違法操業は、韓国側の指導もあり2011年、2012年は年間1桁の件数にとどまっている。年間20〜30件あった1980年代に比べて減少傾向だという。

逆に最近は、船舶の火災や衝突などの海難事件が多く、「交通事故より死者が多い」(同保安部)。漁業の島ならでは、か。

実は対馬に行く約1カ月前、東京の本庁を通じ、事前に「領海警備の現状を紹介するため、乗船取材をしたい」と申し入れ、当初は了解を得ていた。が、一週間前になって突然キャンセルになった。

「ぜひ見てもらいたかった」と担当者。理由は分からないが「本庁の指示」という。当時ちょうど報じられた、北朝鮮の日本海へのミサイル発射などの影響だろうか。

「国境の海」。最前線に漲《みなぎ》る張り詰めた緊張を感じた。

ツシマヤマネコ非常事態

絶滅回避へ環境づくり

「交通事故ゼロ記録218日」。対馬市では厳原町《いづはら》や対馬空港、一部のガソリンスタンドなどにこんな看板が立つ。道路には「飛びだし注意」の標識も。

といってもこれは人ではなく、ツシマヤマネコの話。環境省対馬野生生物保護センター（同市上県町《かみあがた》）によると、統計を取り始めた1992年度以降、2012年度は最多の15件の事故が起き、13頭が命を落とした。同省、県、市は共同で非常事態宣言を発令。これまでゼロ記録が続いている。

ツシマヤマネコは主に島の北半分、上対馬地域に生息。夜行性で用心深く、なかなか目にできない。5月下旬、一般公開している同センターを訪ね、実物と対面した。飼われているのは雄の福馬君（9歳、約4キロ）。人間なら50歳くらい。福岡市動物園で生まれ、対馬にやってきた。

昼の餌やりの時間。この日のメニューは馬肉80グラムと生きたハツカネズミなど。飼育員の川口誠さん（39）が餌を置くと、あっという間に飛びついて食べる。写真を撮るのが難しいほど素早い。

飼育員から餌をもらうツシマヤマネコの福馬君
（対馬市上県町の対馬野生生物保護センター）

同センターの自然保護官、西野雄一さん（36）によると、野生の雄の場合、冬は１頭で約１６００ヘクタールの縄張りを持ち、単独で行動。普段はネズミなど小型哺乳《ほにゅう》類や鳥類、カエルなど両生類や、爬虫《はちゅう》類、昆虫などを捕食している。寿命は６～９年。１９６０年代には２５０～３００頭くらいいたと推定されるが、田での農薬使用による餌の減少など生育環境の悪化で数が減った。

現在は「継続的に増やす試みを続けている段階」（西野さん）。環境省は同センターに加え下対馬地域に「野生馴化《じゅんか》関連施設」を造る計画を２０１２年度から進めている。ここでは、動物園で生まれたツシマヤマネコを自然に帰す訓練を施すプランなどを想定している。

ただ、自然に帰しても自力で生きていける環境がなければ意味がない。対馬では、こうした問題意識から、新たな模索も始まっている。

その一例が、センターと地元４軒の農家などで４年前から取り組んでいる減農薬でのコメ栽培だ。化学物質を減らすことで、餌となる動物や昆虫が生息できる環境を作る。できたコメは「佐護《さご》ツシマヤマネコ米」ブランドで販売。「2012年にとれたコメはすでに4トン以上売れている」（事務局の佐護ヤマネコ稲作研究会）。

他の試みもある。NPO法人「ツシマヤマネコを守る会」（山村辰美会長、69）は、給餌や水やりの仕掛けを山中に作る一方、生息地域の山林などを購入し保全する活動などを続けている。餌付けには異論もあるが、「絶滅の危機にある以上、まず救うべきだ」と山村さん。さらに繁殖適齢期が短く高齢化もあって「動物園での自然繁殖が最近はない」と危機感を募らせる。

ツシマヤマネコが暮らせる自然環境は、実は人間にも優しい。その意味でツシマヤマネコは、対馬の「今」を示すひとつの〝バロメーター〟といえるかもしれない。

ツシマヤマネコ

対馬市にのみ生息するネコ科の野生動物。ベンガルヤマネコの亜種で、約10万年前、当時陸続きだった大陸から渡ったと考えられる。国の天然記念物。現在、推定約100頭が野生で生存。1994年に国内希少野生動植物種に指定された。環境省のレッドリストの中で、ごく近い将来、野生での絶滅の危険性がきわめて高い「絶滅危惧ＩＡ」に分類される。対馬の保護センターを含め、国内10カ所で飼育されている。

都会とは違う「豊かさ」

自然の恵み　分かち合う

対馬市は、厳原《いづはら》町中心部こそ市街地だが、車で数十分も走れば山林が広がり、野生の鹿に出会うことも珍しくない。イノシシも多い。島のありのままの暮らしを知りたいと6月上旬、農家に一晩泊めてもらい、話を聞いた。

お世話になったのは、厳原町から車で1時間半ほどの上県《かみあがた》町佐護南里に住む神宮《しんぐ》正芳さん(68)。「過剰宣伝にならなければ」と、2度目の依頼でやっと引き受けてくれた。家は築150年。広間が幾つもある立派な建物だ。農園と民泊を営む傍ら、自家用に海で魚なども取る。食はほぼ〝自給自足〟だ。対馬ではこうした「半農半漁」の生活は普通だという。

夕方、到着すると神宮さんが出迎えてくれ、お茶を頂きながら普段の暮らしを説明してくれた。

お宅では6・3ヘクタールの田を持ち、アスパラガスなども栽培。田はコメの収穫のほか、コメができる前にイネを刈り取って牛の飼料にし、そこから出る堆肥を活用。「自給自足、循環型の農業を目指し、実践している」(神宮さん)。2012年からは「田んぼのオーナー制度」も始め、東京など都会の人と交流を深めるほか、島の子どもたちに対馬の自然の良さを伝える活動なども積極的に行っている。

日用雑貨などの購入は、車で約30分のスーパーなどで間に合う。離島のためガソリン代などは高めだが「医療や福祉は他の地域と格差はないと思う。年金があれば、海や川、山の恵みを受けて暮らせる」（同）。

やがて夕食の時間になった。奥さんの教子さん（62）の手料理がずらりと並ぶ。大皿に盛られたクエ（アラ）、サザエ、ウニ、小型の伊勢エビなどの刺し身類、自宅で取れた野菜の煮物や揚げ物。それに魚や地鶏、野菜を入れた対馬の郷土料理の鍋物「いりやき」など。すべて自家製、地元産だ。都会ではちょっと味わえない豪華さである。

蜂洞の様子を確かめる神宮さん（対馬市上県町）

生魚が苦手な小林カメラマンは残念そう。別に用意してもらった、豚肉をニンニクなどのタレに漬けて焼いたご当地料理をほおばっていた。

「遠慮せず、飲んでください」。ビールの後に出てきたのは、ハチミツを混ぜて水で割った特製のハチミツ焼酎。

対馬では野生のニホンミツバチが集め

るミツをとるため、家々で庭や山に太い丸太をくりぬいて作った蜂洞《はちどう》と呼ばれる仕掛けを置く。秋に1度だけ収穫するが、その時、ハチが越冬できるよう一定量のミツは残す。「自然の恵みを分かち合う」(同)知恵のひとつだ。

直接なめてみると、甘さの中に独特の酸味があっておいしい。対馬のハチミツは希少で、島外にはあまり出回らないが、1升当たり2万〜3万円の価格がつくこともあるとか。プレミアム焼酎並みだ。

勧められるままにお代わりし話し込むうち、いつしか記憶が薄れた。田に響くカエルの声だけが耳に残っている。

翌朝。鳥のさえずりが響く中、神宮さんの案内で農園や、放牧の赤牛などを見せてもらった。途中、山椒《サンショウ》の葉をちぎって味わったり、山桜桃《ユスラウメ》の実を口に含んだり。やがて、神宮さんの蜂洞にたどり着いた。ニホンミツバチが忙しく出入りしているのがわかる。

「お、これは入っている。秋が楽しみです」と神宮さん。

自然と共存し、自給自足と持続性を保つ島の暮らし。都会とは違う確かな「豊かさ」を見つけた。

育まれた伝統食

「郷土の味」で地域　元気に

２０１２年10月、北九州市で開かれたご当地グルメによる町おこしの祭典、Ｂ－１グランプリ。この催しで、対馬市上対馬町の若者グループ「対馬とんちゃん部隊」が２位のシルバーグランプリに輝いた。

出品したのは「上対馬とんちゃん」。ニンニクなどのタレで味付けした豚の肩ロースの焼き肉だ。ビールのつまみにも、ごはんのおかずにもなる。戦後、対馬在住の韓国の人から広まったという。

同隊事務局長の比田勝努さん(37)によると、特徴はタレ。ニンニク、しょうゆ、味噌、ごま油のほか、果汁類など約10種類以上をブレンド。店や家ごとに〝秘伝〟があり、味も微妙に違う。「レシピは頼んでも教えてもらえない」

このため、隊としての味を研究。しょうゆや味噌の塩梅《あんばい》などに工夫を凝らしている。6月上旬の取材時は、やや辛めのものを目指してさらに試行錯誤を繰り返していた。

隊の活動目的は、名物料理による島北部の活性化。「厳原町《いづはら》だけでなく、北部の上対馬町比田勝《ひたかつ》に来る観光客に味わってもらって知名度を上げ、食で地域を元気にする」

新しい味付けの肉を焼き、試食する対馬とんちゃん部隊のメンバー（対馬市上対馬町）

（同）。あえて名前に「上対馬」を冠するこだわりも、それゆえだ。

ほかにも対馬には、独特の料理類がある。地形が山がちで耕作地が少ないため、古くから飢饉《ききん》対策として考案された保存食などだ。

例えば、やせた土地でも栽培できるサツマイモを原料にした料理。イモを砕き発酵させるなど複雑な手間をかけ澱粉《でんぷん》を取り出して乾燥させ、団子状にした「せんだんご」から作る「ろくべえ」。黒っぽく短いうどんのような麺だ。同じく、これをそば打ちの方法で麺にした「せんそば」、それにお菓子の「せんちまき」などだ。

「対馬市生活研究グループ連絡会」のメンバーで、対馬の伝統食に詳しい美津島《みつしま》町今里の森山多恵子さん(76)の自宅を訪ね、これらの料理の作り方やいわれを聞いた。

せんだんごは、作るのに「千回くらいも手間をかける」ことからその名があるともいう。ろくべえは、せんだんごに水を加えてこね、「ろくべえせぎ」という専門の道具で麺の形にひしぎ出してゆであげ、地鶏や魚の出汁《だし》と共に食べる。農繁期のエネルギー補強食としても重宝された。

ろくべえは「六兵衛」とも書き、考案した人の名前ともいわれる。今でも対馬市の飲食店のメニューにあり、厳原町のある店では1杯650円だった。麺はコシこそあまりないが、プルプルした食感が乙な味わいだ。

また、せんだんごを水で戻し、白玉粉などを混ぜた上、餡《あん》を包んでユリ科の山帰来《サンキライ》の葉で巻いて蒸したのが「せんちまき」だ。

このようにサツマイモは様々に役立つことから、対馬では「コウコイモ＝孝行芋」と呼ぶ。ちなみに、サツマイモは韓国語で「コグマ」というが、これは江戸時代、朝鮮通信使が対馬からコウコイモを朝鮮に持ち帰り、その発音がなまったものという。

こうした料理は、かつてはどの家でも普通に食べられていた。生活研究グループ連絡会は、古い伝統食を残そうと若い人々に作り方を指導。「今でも時々、料理の作り方などの問い合わせがある」（森山さん）。

記者として数々の地に赴任してきたが、どの地方にもその土地なりの歴史から生まれ、育まれた「味」がある。対馬に住み、その感をまた深くした。

新風おこす若者協働隊

外部の視線で〝資源〟再生

対馬には、島を元気にしようと島外から移住し、汗を流す若者たちがいる。総務省の「地域おこし協力隊」の対馬でのプロジェクト「対馬市島おこし協働隊」だ。隊員は8人。生物多様性保全、レザークラフト、植物資源活用など得意分野を生かし、島の各地で活動。「外部の視線を活用して地域作りを進める」(市地域再生推進本部)狙いだ。過疎対策への期待も込められている。

6月上旬、2年前から島北部の上県《かみあがた》町志多留《したる》に住み込んでいる木村幹子さん(34)を訪ねた。北海道大学大学院を修了した環境科学博士だ。「研究だけでなく、実践する側に回りたい」と島に飛び込んだ。

約束の時間に現れた木村さんは泥だらけ。聞けば、田植えの準備の真っ最中だという。現在、25アールの土地を借りて、近所の人に教わりながらコメ作りに勤《いそ》しむ。2012年は4アールで収穫90キロと「普通の半分強」しか作れなかった。苦労と奮戦ぶりが浮かぶ。

木村さんは古民家の再生にも挑戦。今後、移住者を増やすには、まず住居が必要と見越してのことだ。築約110年の古い家を借り受け、仲間と「古民家再生塾」を結成し、家造りに取り組む。

雨水を生活用水に使うほか、薪《まき》などを燃料にする熱効率の良いロケットストーブ、それにオンドルなどの暖房装置、微生物を利用し堆肥を作るおがくずトイレなどを設置。環境にできるだけ負荷をかけない家にする。年内に完成する見込みだ。

同地区はかつて500人近く住民がいたが、現在はわずか64人。65歳以上の高齢者比率は61％だ。典型的な「限界集落」である。志多留は教育熱心な土地柄で、子供を都会に送り出すなどしてきた結果、人口が減少。労働力が減って耕作放棄地が増え、生態系なども変わってしまった。その図式は、1960年ごろから人口流出が始まり、現在約3万3700人に半減、今後30年でさらに半減が予想される対馬全体の姿とも重なる。

古民家の手入れをする対馬市島おこし協働隊の木村幹子さん（対馬市上県町）

木村さんは、数々の活動を通じて、環境を保全しながら、自給自足、循環型、持続可能なライフスタイルの確立を目指そうとしている。

山下遼さん(25)はレザークラフトが専

門。高校卒業後に学んだ技術で、対馬に多い野生の鹿やイノシシの皮を使い、しおりやストラップ、名刺入れなどを試作した。鹿やイノシシは対馬では厄介者扱いだが、それを逆手にとり、新たな地域ブランドを立ち上げるのが目標だ。島内のハンターに依頼して、皮を調達するルートも作った。

対馬で細々と栽培されていたブルーベリーに目をつけ、「島の瞳」ブランドでご当地サイダーやアイスクリームなどを開発したのは須澤佳子さん(35)。東京大学大学院を修了、理学博士号を取得し、いったんは民間会社に就職したが、「植物資源で島おこしを」と対馬に移り住んだ。

山下さんや須澤さんは開発した商品類を、地元の仲間と2012年に作った任意団体「對馬《つしま》次世代協議会」を通じ、土産店やネットで販売。販促ルート作りも工夫する。

対馬には探せば眠った〝資源〟が豊富にある。外部の新鮮な視線がそれを発掘し、呼び覚ます。彼らが吹き込む新風は、過疎に悩む島にとって強力な〝カンフル剤〟だ。

3年の任期でがんばる協働隊の若者たちと、活動を見守る島の人々。いつまでも彼らを、島で言う「旅の人」扱いしていてはなるまい。そう思った。

知られざる伝説・伝承

「お告げ石」や美女の里

「男はつらいよ」第27作「浪花の恋の寅次郎」の冒頭。主人公の寅さん（渥美清）が竜宮城に遊び、夢から覚めるシーンがある。これは対馬市豊玉町の和多都美《わたつみ》神社が舞台だ。映画は、マドンナ役の松坂慶子が対馬のすし店に嫁いで終わる。

竜宮伝説がある同神社は、豊玉姫命《とよたまひめのみこと》と「海彦山彦」の神話で知られる彦火火出見尊《ひこほほでみのみこと》を祭神とする。海辺に連なる3つの鳥居は、大潮の満潮時には水面に浮いて見え、神話の世界を思わせる幻想的な美しさという。

対馬には各地に様々な伝承、伝説が今も生きている。6月中旬、島の伝承などを収集している阿比留《あびる》敏洋さん（61）らと一緒に島内を歩いた。

まず訪ねたのは対馬市厳原《いづはら》町曲《まがり》地区。ここは石川県能登、三重県伊勢などと並ぶ「裸海女の里」だ。この集落に「お告げ石」と名付けられた大きな石がある。昔から「集落がどうしても越えられない難儀に遭ったら、石を開けよ」と伝えられてきた。

人々は、過去何度も困難に直面した。が、その都度「こんなものは難儀に入らない」と自身らに言い聞かせ、石を開けずにきた。中に何があるのか、今も誰も知らない。「こ

竜宮伝説が今に伝わる和多都美神社（対馬市豊玉町）

の話を公にするのも初めて」と、案内してくれた梅野昌宏さん（51）。

この日、私たちのために集まってくれた梅野桂子さん（81）をはじめ同地区の海女さん４人らの話によると、曲の祖先は、一説には筑前鐘ケ崎（現福岡県宗像《むなかた》市鐘崎）から対馬藩主宗家を守って島に移り住んだといわれる。その恩賞に島全域での漁を許され、それ以降、海女たちは手漕《こ》ぎの「家船」で島を巡り、海上生活を送ってきた。動力船が建造された１９５０年代半ばを最後に、裸海女、家船とも姿を消した。

「島ではよそ者を受け入れる習慣がなく、昔は苦労も多かったはず。お告げ石の伝承は、先人の苦労と我慢強さを象徴するものでは」と阿比留さんは想像する。

そう考えると、曲の地名が外から来た祖先が土地を「間借り」したことに由来するとの説も頷《うなず》ける。

翌日。島南部の同町豆酘《つつ》に美女伝説を訪ねた。ここは「豆酘美人」という言葉があるほど昔から美人が多いという。島でも「鹿児島の言葉に近い」とされる独特の「豆酘弁」

と呼ばれる方言が残る地区でもある。

伝説では、この地に中央の朝廷から采女《うねめ》を出すよう命令があり、「鶴」という美しい娘が選ばれた。古里を離れ難かった鶴は、道中「集落に二度と美人が生まれぬよう」との願いを残し、自害した。しかし願いは叶《かな》わず、かわいい娘が生まれ続け、豆酘は「美女の里」と知られるようになった。自害の地には石塚が立つ。

以来、豆酘では女性が美しい姿を隠すため布の端切れを縫い合わせた「はぎとうじん」という野良着を身につけるようになり、１９５０年代まで使われていたという。竹岡博信さん(74)が営む美女塚茶屋には、今も実物が残る。

このほか13世紀の元寇《げんこう》の時に知恵を出し、いったんは集落を救いながら「禍《わざわい》を招いた娘」として命を奪われた哀《かな》しい〝和製ジャンヌ・ダルク〟の話もある。阿比留さんが伝承を民話に仕立てた。

対馬には切なく哀感を湛《たた》えた伝承や伝説も多い。そこからは、歴史のはざまで幾たびも苦難や悲しみを味わってきた島の「知られざる素顔」が覗《のぞ》くようでもある。

総集編

日韓「誠信の交わり」今こそ

対馬に実際に住み、ふだんあまり意識しない「国境」や「過疎」の現実と向き合った。辺境の離島ゆえ、現状が一層リアルに見えてきた。また対馬が日朝、日韓のはざまで揺れながら、時にしたたかに、時にしなやかに生き抜いてきた歴史も知った。「島は日本の縮図」と言われる。島のありようを思うことは、国の自画像を描くことにもつながる。準備を含め半年近くの取材と連載で、島の人々と共に、対馬と日本の将来を考えた。

「よそ者」が島に息吹

対馬には「対馬市島おこし協働隊」のほかにも、島に移り住む人たちがいる。「希少な生物を守りたい」「新たなスタイルの漁業をしたい」など理由は様々。彼らは島に新たな息吹を吹き込む。

篠原由美恵さん(36)は対馬に31頭だけ生存する「対州馬」のトレーナーだ。3年前に移住、対馬市上県《かみあがた》町の目保呂《めほろ》ダム馬事公園で調教などに取り組む。

対州馬は日本在来馬の一種で、特別に保護されているわけではないが、絶滅危惧種のツシマヤマネコより数が少なく、「絶滅の危機に瀕《ひん》している」(篠原さん)。

もともと千葉県の乗馬クラブで働いていたが、ある講習会で「対馬で対州馬の調教師を探している」という話を聞き、見学に来島。対州馬のかわいらしさと頭の良さに惹《ひ》かれた。

対州馬は小柄だが力があり、昔は島で農耕や荷物の運搬などに活躍していた。機械化、モータリゼーションの流れの中で数が減ったが、篠原さんは「馬に世話になって今の対馬がある。若い人の中には知らない人もいるが、なんとか残したい」と日々の世話と調教に余念がない。

島に来て13年目の細井尉佐義さん(41)は、上対馬町の漁師だ。経験はなかったが、「一本釣りの漁師になりたい」と家族と共に移住した。年間180日ほど海に出て漁をする。主にサバやアジ、タチウオ、サワラなどを取る。

一本釣りにこだわるのは「巻き網や底引き網の漁では、水産資源を根こそぎ取ってしまい、資源の枯渇を招く」と考えるからだ。「一本釣りならば持続的な漁業が可能」という。釣ったサバやアジは「神経締め」という脊髄を〝破壊〟する方法で鮮度を保ち、インターネットなどで販売。2013年10月には仲間と新しい販売の仕組みも立ち上げる。「価格が高めでも、自分たちの〝管理型〟漁業の思想に賛同してくれる人に販売したい」

冨永健さん(40)は東京・霞が関での20年余りの官僚生活に終止符を打ち、2013年6月から島暮らしを始めた。「特技はない事務屋」と謙遜するが、協働隊の木村幹子さん(34)らと意気投合。木村さんらが立ち上げた地域づくり関連のコンサルタント業務などを行う団体「MIT」の事務局長を引き受けた。「事務も必要な技術。半農半漁ならぬ〝半農半事務〟で食べていければ」と屈託がない。

彼らは夢を追い、人生のチャンネルを自在に切り替えている。「よそ者」「若者」ゆえの〝特権〟かもしれないが、彼らの活動が過疎の島に活力を注ぎ込む。

仏像盗難事件越え前へ

対馬の歴史を語る時、忘れてはならない人物がいる。雨森芳洲《あめのもりほうしゅう》だ。

1990年、国賓として来日した当時の盧泰愚《ノテウ》・韓国大統領が宮中晩餐《さん》会の席上、天皇陛下のお言葉への答辞で、芳洲が唱えた「誠意と信義の交際」の精神を語り、日韓の相互尊重と関係発展を望むスピーチを行った。芳洲が一般に知られるようになったのは、この時からだ。当時、宮内庁担当記者として取材した。

芳洲は木下順庵門下で、新井白石と同門。江戸時代前半、22歳で対馬藩に仕え、朝鮮外交に貢献。儒学者として対馬の学問の興盛にも尽くした。8回目と9回目の朝鮮通信使の対馬－江戸間の往復にも接待役として随行している。

今回は「仏像盗難問題」が影を落とす中での取材だった。島の人々からは、どちらかといえばネガティブなニュアンスの話も時に聞いた。そんな折、芳洲のいう「誠信」の意味を改めて考えた。

朝鮮通信使研究の第一人者である京都造形芸術大学客員教授の仲尾宏さん(77)によると、

「誠信」の言葉は1617年、2回目に訪れた通信使がもたらした「国書」の中に見える。

芳洲は晩年、藩主などへの提言として著した「交隣提醒《ていせい》」の中で、「誠信の交わり」について「互いに欺かず、争わず、真実を以《もっ》て交わること」と説明した。しかも、これは「当時の人々が『誠信』という言葉を知りながら、無用な欺きや争いをしていることへの警告」(仲尾さん)の意味が込められているそうだ。

対馬市では2013年夏、恒例の「厳原《いづはら》港まつり」で長年続けてきた「朝鮮通信使行列」が中止になった。盗まれた仏像が韓国側から返されない現時点では、島民感情は収まらない。「静かな島の大きな怒り」は、先方にも伝わったろう。

しかし、朝鮮通信使は江戸時代の約200年間に12回、両国が平和裏に信《よしみ》を交わし、維持してきた稀有《けう》な〝文化遺産〟だ。通信使が通った沿道では庶民との交流も多々あった。滋賀県近江八幡市には「朝鮮人街道」も残る。そうした歴史の再現を、対馬がやめてしまって、誰が受け継ぐのか。

仏像問題は、両国の間に刺さった小さく鋭いトゲかもしれな

朝鮮通信使行列絵巻「正使」(写真左)と、「清道旗」＝ともに長崎県立対馬歴史民俗資料館提供

い。だが、いつか抜ける時は来る。幸い、港まつりは来年以降も続く。受け皿は用意されている。

一衣帯水の対馬と韓国。日韓関係が冷え込む今こそ、芳洲の「誠信の交わり」の精神をもう一度思い起こし、一人ひとりが互いの信頼を高め合う〝民際交流〟を前進させるきっかけにしたい。そう願う。

財部対馬市長――「辺境」に優位性見いだす

対馬市での取材を終え、財部能成市長(55)に島の抱える課題などについて、2回にわたって聞いた。

――なぜ今、国境離島の振興が必要と考えるのか。

「国境離島が過疎などで廃れていくと、就労者も減り、やがて国土の管理ができなくなってしまう。外国とどう付き合い、連携していくのか。国境にある離島では、それを実験し、新たなモデルが作れる。そのためにも東京と同じ基準ではなく、島が生き抜くために、例えば特区など各種の規制緩和を要望している」

――対馬市は韓国に最も近く、観光客も多いが。

「国境を接しているだけに、様々な軋轢《あつれき》や摩擦はある。しかし、常に糸電話のようにコミュニケーションしていれば問題は解決できる。うまく付き合っていかないと、ただの日本の端っこ、『辺境』で終わってしまう。地理的な優位性を考えて知恵を出し、『辺要』にならなければ。再来年の２０１５年は日韓基本条約締結、国交正常化から50年。釜山の行政責任者らとは、さらに密な交流関係をつくろうと話し合っている」

――対馬市島おこし協働隊などの活動をどう見るか。

「都会から若者たちが来てくれて、島に住んでいる人たちに良い〝小石〟を投げ込んで波紋を広げ、刺激を与えてくれていると思う。よその人が入ってくることで、島の人にも気づきが芽生え、新しい動きが出る」

取材を終えて――外資の土地購入、実際はわずか

対馬で確かめたいことがあった。「対馬の土地が外国資本に次々買われている」と一部で伝えられる話の実態だ。

ある観光業関係者は「高齢化で後継者もおらず、立ち行かなくなった釣り宿などが買われている例はないわけではない。が、そういう宿は、業界の団体にも入らないし〝名義貸し〟などのケースもあり、実態はわからない」と語った。

山林など土地については、地元大手の対馬不動産（厳原町桟原）の中田洋社長(57)が、「一部買われているところはあるが、概算で対馬全体の面積の０・０１４％程度」と説明した。これは単純に計算すると、阪神甲子園球場のグラウンド（約１万３０００平方メートル）の中の１・

5メートル四方分に満たない面積だ。

対馬市美津島町竹敷にある海上自衛隊対馬防備隊の隣接地が韓国企業に買われ、リゾート施設になっているのは事実だった。

同隊司令の鈴木亨1等海佐(53)は「一般論として、隣接地に外国人が出入りするのは警備上問題はある」とした上で、「ただし、外国人に限らず警備は十分」と話した。

1カ月余りの滞在中、取材でお世話になった島の関係者は100人超。取材終盤の6月中旬のある夜、協力者が集まってくれたビールパーティーや、個別の懇談の席では、様々な本音も出たが、「島が買われているというイメージが独り歩きする」ことへの懸念の声が大きかったと思う。

国境にありながら日本のルーツともいえる島の新たな息吹

『【長崎県対馬】国境と歴史の島に住んでみる』を読んで

解説
藻谷浩介

対馬の北端から、韓半島までは50キロメートル弱。わが国で最もユーラシア大陸に近い場所なのですが、阿麻氐留《あまてる》神社以下、天照大神系の神様を祭る古社が多数存在することにも明らかな通り、歴史的、文化的には一貫して日本そのものです。同じ長崎県でも五島列島が、国府も置かれず、室町時代には日本人と中国人が雑居していた場所であるのに比べ、対馬には飛鳥時代から防人《さきもり》が置かれ、11世紀の「刀伊《とい》の入寇」や13世紀の元寇では、主戦場になっている。

記事で紹介されている「赤米」は、対馬から何者かによって持ち出されて、「古代米」として全国に広がったのですが、日本最古級の歴史を持つだけに、こういう誰も知らない「ブレークアウト前の資源」が、まだまだ眠っています。

ところが対馬は、政治・外交的には、朝鮮ないし韓国と日本の間の「汽水域」のような場所でもあります。まさに「国境と歴史の島」。驚くほど自然が濃密な島なのですが、高台からは大都会・釜山の灯が見え、国境の島ならではの独特な雰囲気が味わえます。

韓国との関係について地元の人がどう思っているのかは、住んでみないと分からないことです。韓国の人がたくさん観光などで訪れて来ても、住民の「一部にはどこか冷めた視線がある」と記者は書いているけれど、でも「来てもらわないと困る」とも思っているかもしれません。アンビバレントなところは、大昔から変わっていないでしょう。ですが少なくとも東京とは、考え方の深さも角度もまったく違う。

もし仮に対馬と壱岐《いき》が逆の位置にあったら、ひょっとすると、壱岐までは朝鮮になっていたかもしれません。壱岐は平坦な丘の島で、江戸時代は平戸藩の穀倉と言われていました。一方、対馬はどうしようもないくらい平地がない、奄美大島と双璧の深山幽谷の島です。絶滅危惧種のツシマヤマネコが生き残っているくらいですから。

半島側から見ると対馬が壱岐の手前にあります。朝鮮の人たちは、「何も作れない対馬に行ってもしょうがない」と考えたでしょう。しかも対馬は、中世には倭寇の根拠地の一つになっていた。上島と下島の間に入り組んだ浅茅湾《あそう》があって、まるで海の迷路のようになっています。いったんそこに逃げ込んでしまうと、捕えようがない。だから、半島側から見ると「あそこは異界」とされた。「対馬とその先に手を出すのは無用」っていう状況だったわけです。

一方で、釜山あたりから水平線を眺めると、対馬は見える。対馬まで来ると、今度は壱岐がぎりぎり見える。壱岐から唐津まではあと一歩の距離です。

何も見えなければ、その先に島があるとも思わないけれども、見えるから古代から渡ってくる人がいた。対馬を経由して、仏教を代表とする朝鮮経由の文化が日本に徐々に広がりました。渡来人と一緒に、いろんな神様も対馬を経由してやってきました。耕地に乏しい対馬は大陸との交流で食いつないできたし、旧対馬藩の宗家も巧みな外交戦略で鎌倉時代から江戸時代まで生き残ってきた。対馬の高校から韓国の大学に留学する高校生が増えているということは、この記事を読むまで知りませんでしたが、長い伝統は確かに今に生きているのだなと感じます。

対馬は今、かつてない危機に直面しています。かつてあったのは「侵略される」とか「作物がとれない」とかという危機でしたが、今は「人口減少」。しかしこれくらいエッジの立った特色のある場所に関心を持つ島外の若者がいないはずはありません。記事は最近ようやく増え始めている、若い移住者にもスポットを当てています。多年観察している私から見れば、韓国からの観光客増加も、Ｉターン者の流入によるある種の文明開化も、ごくごく最近の現象です。この新たな息吹がどこまで吹き抜けることになるのか、いま特に注目すべき地域といえるでしょう。

第5章

コタンのある町に住んでみる

北海道平取町二風谷

文　木戸純生
写真　嵐田啓明

アイヌ民族の心のふるさと

木彫が伝統工芸品に

かつて「アイヌの都」と呼ばれた北海道道央の平取町《びらとりちょう》二風谷《にぶたに》。大きなコタン（アイヌ語で集落）があり、昔からアイヌ民族の心のふるさとだった。2013年3月8日、例年になく深い積雪に悩まされていた二風谷に、待ちに待った知らせが届いた。

アイヌ工芸品である二風谷イタ（木彫の盆など）と二風谷アットゥシ（樹皮から作る反物など）の2品目が、伝統的工芸品産業振興法に基づく伝統的工芸品に指定され、官報に公示された。木彫、織物作家14人で構成する二風谷民芸組合が十数年来、指定に向けて運動し続けてきただけに、アイヌの人々は心から快哉《かいさい》を叫んだ。

何しろ1974年に成立した伝産法で、都道府県では北海道がこれまで唯一の指定空白区。これで全都道府県の215品目が指定を受けた。「北海道で真っ先にアイヌ工芸品が認められたことがうれしい。作家が高齢化しており、後継者の育成などに補助金を活用したい」と、代表理事の貝沢守さん（48）は喜びを隠せない。

指定を受けるには、100年以上伝統的な原材料が使用され、伝統的技術・技法で作られていることを証明する必要があった。ところがアイヌ民族は文字を持たず、はっきりと書かれている文献がほとんどない。今回、二風谷を研究する山崎幸治北海道大学准教授らが奔走、１００年以上前に、米国人フレデリック・スターが収集したアイヌ工芸品の資料や、英国人イザベラ・バードの著作『日本奥地紀行』などで、２品目が紹介されていることを再発見したことなどが奏功した。

１９６０、70年代の北海道ブームでは、二風谷のアイヌ工芸品も売れに売れた。木彫品やアットゥシ織りを並べた民芸品店は60軒を数えた。しかしブームが去り、木彫りのクマがほとんどの家庭に行き渡ったといわれる現在、二風谷の民芸品店は６軒が残っているだけ。その１軒を経営する貝沢徹さん(54)は、この日も黙々とノミを動かしていた。

木彫作家の第一人者。明治時代に活躍した曽祖父の貝沢ウトレントクは名工と呼ばれ、宮内省が作品を買い上げた。徹さんもコンテストでは優秀賞受賞の常連。作品の「イタ」「樹布」などが英国スコットランド王立博物館で常設展示され、オタワにあるカナダ国立美術館で２０１３年５月に開かれた世界の先住民族によるアート作品展に唯一、日本から出品。海外での評価も高い。

アイヌ工芸品の一つ、木彫の技術を受け継ぐ貝沢徹さん

代々、木彫作家の家系。父親の背を見て18歳から自然と木彫りを始めた。若い時はシマフクロウやクマなど動物の創作的な作品が多かった。だが、30代のある日、曽祖父の作品を見直す機会があり、伝統的工芸品のイタを彫るように。「先人が営々と築いてきた技術の伝統を守ることが大事だと気づいたから。アイヌの精神、アイデンティティーを大切にしたい。同時に創作も続け、アイヌ民族が進化していることを証明したい」

◇

二風谷コタンのある平取町に、2月後半から1カ月余り暮らした。知られざるアイヌ民族のいまをルポする。

伝統工芸品「アットゥシ織り」

次世代に技術つなぐ

「アイヌ民族の心そのものが認められたようで、本当にうれしい」――。アイヌ民族出身で初の国会議員だった萱野茂(2006年没)の妻、萱野れい子さん(81)は、二風谷《にぶたに》の自宅でアットゥシ織り作業の手を休め、記者にほほ笑んだ。イタとともに二風谷アットゥシが3月、伝統的工芸品産業振興法の伝統工芸品に指定されたことを心から喜んだ。

「二風谷に住むアイヌの男性が皆、木彫りをしたように、アイヌの女性は誰でもアットゥシを織っていた。オヒョウなどの樹皮から作った糸から、自分の衣服は自分で織った。これを機に若い人が一人でも多く、アットゥシ織りを覚えてくれるといいねえ」

北海道奥尻島で生まれ、すぐに両親の故郷である二風谷に移って育つ。近所に住んでいた茂と19歳で結婚。アイヌ民具の収集に明け暮れる夫を横目で見ながら、20代後半から本格的にアットゥシ織りを再開。1970年代からは二風谷で後進を指導するようになった。今も月2、3回はアイヌ民族と和人（大和民族）の愛好家グループに教えるために札幌市に出かける。

オヒョウの樹皮でアットゥシ織りを編む萱野れい子さん

大阪の国立民族学博物館の依頼で、サケ皮を使った着物制作に挑戦したことでも知られ、2着が大阪に、1着は自宅近くの「萱野茂二風谷アイヌ資料館」に展示されていた。サケ皮を織るのに、皮を柔らかくする技術があると聞いて、ウィーンまで単身で習いに行くほどの、大変な努力家でもある。

「手足が動く限り、織り続けたい」と、フチ（アイヌ語でおばあさん）は口を引き締めた。

れい子さんの1世代後で指導的立場にあるのが藤谷るみ子さん（64）。問屋からの注文が殺到、東京・銀座ではるみ子さんのアットゥシ織り名古屋帯が高額で売れている。

子ども時代に母親が織るのを見て育ち、糸作りを手伝った。中学生の冬休み、母親の入院中に織り残しの製品があるのを家で見つけ、完成させると、問屋が買ってくれて「お金になることを知った」。以来、仕事としてアットゥシ織りを始め、１９８２年から30年間、萱野茂二風谷アイヌ資料館の横に復元、設置されていたチセ（アイヌ民族の伝統家屋）で、実演販売をしていた。

旭川市出身で二風谷の木彫りに憧れ、木彫作家、故貝沢守幸に弟子入りした和人、藤谷憲幸さん（２００７年没）とのオシドリ夫婦としても知られ、チセで仲良く木彫りとアットゥシ織りを実演する姿がほほ笑ましかった。

「夫はアットゥシ織りのよき理解者。5月から10月まで、訪ねてくる観光客に2人で説明しながら会話するのが楽しかったわね。アイヌ文化への理解が乏しく、『コタンには電気が通っているんですか』とか、『アイヌの人々はお風呂に入っているの』とか平気で聞かれ、一つひとつ答えたこともよい思い出だわ」と話す。そのチセも２０１２年8月に全焼、4月末、二風谷に自分の店を開く。

るみ子さんも職業訓練指導員の資格を持ち、苫小牧市の職業能力開発校で教えている。名声を聞いて道内外から教えを請いに来る女性も多い。「大変な作業だけど、織っている時が一番幸せ。伝統的工芸品の指定で、ブランド化や、次世代の担い手をたくさん育てることに励みたい」と、意欲を新たにしている。

アイヌの声を国会に

父の遺志継ぎ議員めざす

「今なお続く差別をなくし、先住民族の権利を回復したい」――。国会議員だった萱野茂の遺志を継いで、2012年1月に結党した「アイヌ民族党」の代表は、二風谷《にぶたに》に住む萱野志朗さん(54)。茂の次男。夏の参議院選挙で、議席獲得を目指すが前途多難だ。

3月18日、米エール大学の学生7人が、二風谷にあるアイヌ民族党本部を訪問、志朗さんに面談を求めた。インターネットで、先住民族の権利回復や、脱原発の推進などを柱とする同党の基本政策を読んで、研究課題にしたいと考えたようだ。志朗さんは結党のニュースが国際的な関心を呼んだことを素直に喜んだ。

米学生の質問は米国でも政治問題になっている先住民族の日本での位置付けに集中し

外国の客に二風谷アイヌ資料館を案内する萱野志朗さん（中）

た。志朗さんはアイヌ民族の現状を説明。人口は3万人以下で、日本の総人口の0・1％にも満たない。それでも大和民族と並んで日本国籍を持つ日本人。アイヌ民族は北海道日高地方に特に集中して住んでおり、二風谷コタンを含む平取町は「人口5500人のうち約1000人がアイヌ民族。最も人口密度が高い自治体だ」と強調した。

しかし、明治政府により、アイヌ民族を旧土人と定義した北海道旧土人保護法（1899年成立）などで、同化を強いられ、アイヌ語の使用を禁止された。今なお大学進学率が低く、生活保護率が高い。職場や学校で差別された経験も多く報告されている。

現在、アイヌ民族の国会議員は皆無。北海道でも町村議会議員が数えるほど。志朗さんは「アイヌ民族の思いを実現するには、国会や地方議会で政治的発言力を強めるしかない。少数者を尊重し、自然を大切にする考えはアイヌプリ（アイヌ民族の習慣）そのものだ」と胸を張った。

父親の茂は、散逸するアイヌ民具を収集、1972年に二風谷アイヌ文化資料館（現在の萱野茂二風谷アイヌ資料館）を設立したり、1983年に二風谷アイヌ語塾（アイヌ語教室の前身）を創設するなど、アイヌ文化の継承、普及に生涯をささげた。菊池寛賞を受賞した『ウエペケレ（アイヌ語で昔話）集大成』やアイヌ語辞典の完成も大きな功績だ。

日本社会党の要請で、1992年の参院選に同党比例代表として立候補したものの、次点で落選。比例代表上位の議員が急死したため、1994年に繰り上げ当選、アイヌ民族として初の国会議員を4年間務めた。

1997年の、北海道旧土人保護法の廃止、アイヌ文化振興法の成立も、茂が国会議員として活躍したからこそだ。志朗さんは茂の第2秘書として、茂の政治活動をつぶさに見てきた。だから、アイヌ民族の政党活動が絶対に必要だと考えている。

だが、現実のハードルは高い。2013年夏の参院選で全国比例区に候補者を出すには最低10人を擁立しなければならず、1人600万円の供託金は6000万円が必要。「選挙対策費用などを考えると最低1億円は調達しないと。全国から寄付金などを募ってはいるが、非常に厳しい」と、記者に打ち明けた。

ただ、志朗さんは将来を見据えて、二風谷での地道な地域活動も怠らない。事務局長としてアイヌ語教室を支える一方、2001年から、月1回のミニFM放送「エフエム二風谷放送」で、アイヌ文化の普及、啓蒙を続けている。このラジオ放送も茂が開局。遺産の一つだ。

白老町に国立アイヌ博物館

民族の文化復興努力実る

二風谷《にぶたに》を取材中に、北海道白老《しらおい》町に世界初の国立アイヌ民族博物館が数年内にもオープンするという話を聞いた。有力対抗馬だった平取《びらとり》町の住民は歯がみして悔しがっている。アイヌ民族の中心地といったら二風谷だと認識していたので、不思議に思って3月5日、約80キロ西にある白老町に向かった。

町役場を訪ねると、蝦名勝徳アイヌ施策推進室長が丁寧に説明してくれた。「白老町は人口の1割以上をアイヌ民族が占め、昔からアイヌコタンが多かった。ポロト（アイヌ語で大きい湖）湖周辺には、アイヌ民族が自ら運営する財団法人のアイヌ民族博物館が40年近く前から存在した。町も2007年にアイヌ施策基本方針を策定、アイヌ民族との共生を推進してきた」

特に白老町は海（平取町には海岸がない）、川、山がそろい踏みで自然に恵まれ、札幌市や新千歳空港にも近いという地理的条件の良さが決め手になった、と力説した。

政府は2012年7月、アイヌ政策関係省庁連絡会議を開き、「民族共生の象徴となる空間（象徴空間）」の基本構想を決めた。要はアイヌ文化の復興、発展の中心となる拠点を新設するということだ。その目玉がポロト湖畔に建設する国立アイヌ民族博物館。現在、国立博物館は東京、大阪、京都、奈良など主要都市中心に７カ所にしかないから、北海道の小都市での立地は画期的だ。

政府は決定に先立ち、アイヌ民族代表を含む作業部会を設け、平取町をはじめ札幌市、旭川市、釧路市など北海道８市町を調査。結局、白老町に白羽の矢が立った。ポロト湖畔に博物館、中央広場、体験・交流の３ゾーンを設ける土地利用計画が既に固まっており、２０１３年夏に具体的な計画をまとめる。

国立アイヌ民族博物館が建つ予定の白老町のポロト湖畔

新設する国立博物館には、現存する博物館の収蔵品や人材を最大限活用することが決まっており、蝦名室長は「アイヌ文化の中心地として、白老町の発展が期待できる」と話す。「ポロトコタン」の愛称を持つ現在のアイヌ民族博物館を案内してくれた専務理事の村木美幸さん(53)も、「この地で何十年と、アイヌ民族自らの手で博物館を運営、アイヌ文化の伝承活動を続けてきた努力が報われた」と歓迎する。

村木さんは白老町出身。民間会社の事務員やガソリンスタンドの従業員として働いたあと、同博物館には

1985年、受付担当のアルバイトとして入った。その後、努力して大学や文化庁などの研修を受け、学芸員の資格を取得。

アイヌ民族の出自は自覚していたが、学校で「アイヌのくせに」といじめられ、差別の現実を悟った。アイヌという言葉が嫌いで、アイヌ民族であることをひた隠しにしていた。ところが28歳の時、アイヌはアイヌ語で人間という意味であることを初めて知った。以後、「アイヌ民族として誇りを持って生きていこう」と、生き方を変えた。

ポロトコタンでは復元した5つのチセ(伝統家屋)で、毎日数回のアイヌ古式舞踊公演や、ムックリ(口琴)製作、アイヌ文様彫刻、刺しゅう体験学習を実践している。バブル期には年間87万人を数えた入場者数は最近、15万人程度。国内の大人の団体旅行客が減り、修学旅行生や海外からの観光客が中心。「国立博物館設立で観光客が増え、アイヌ文化への理解が深まれば」と、村木さんは期待している。

沙流川の自然、和人が番人

アイヌの聖地　共に守る

二風谷《にぶたに》を流れる沙流川《さるがわ》流域では、縦割り行政の影響で国のいくつもの開発計画が並行して進んでいる。林野庁の国有林再生計画、国土交通省の平取《びらとり》ダム建設、文化庁などのイオル（アイヌ民族の伝統的生活空間）再生事業……。複雑で錯綜《さくそう》しているが、二風谷に住む一人の和人が影の調整役として走り回る。

平取町アイヌ文化環境保全調査室の学芸員、吉原秀喜さん（55）。金沢市生まれだが、北海道大学で教育史、比較教育学を学んだあと、1984年に平取町教育委員会に就職。アイヌ文化伝承に生涯をささげた元国会議員、萱野茂と20年近く行動をともにし、1992年の町立二風谷アイヌ文化博物館の設立に貢献、2003年からはアイヌ文化の環境保全調査を主導している。沙流川流域の開発計画には必ず顔を出す町のブレーン。

3月下旬、二風谷にある吉原さんの職場を訪ねると、「国にアイヌ政策を統括する強力な窓口がない以上、各省庁が独自の政策をばらばらに提案してくる現状は致し方ない。我々はそれを利用して、クラスター（房）を形成、それぞれをたわわに実らせればいい」と、事もなげに語った。

4月17日、林野庁の地方機関、北海道森林管理局が、町、北海道アイヌ協会平取支部との間で、「21世紀・アイヌ文化伝承の森再生計画」について協定を結んだ。町には4万2000ヘクタールの国有林があり、その一部で可能な限り、アイヌ民族の暮らしと文化に役立つような森づくりに努めるという内容。アイヌ民族の守り神であるシマフクロウのアイヌ語名を使って、「コタンコロカムイの森づくり」という副題がつく。「シマフクロウが帰ってくるような森を復活させたい」という願いを込めた。

二風谷のコタンを縫うように流れる沙流川

「その昔この広い北海道は、私たちの先祖の自由の天地でありました」――。知里幸恵が日本語に編訳した「アイヌ神謡集」の有名な序文にある通り、アイヌ民族には明治以降、自分たちの土地を和人に奪われたという思いが強い。今回の協定も国の開発計画へのアイヌ民族の不満をそらすため、という印象は拭えない。ただ、同平取支部の木村英彦支部長(49)は「二風谷イタ、アットゥシ織りや丸木舟などの材料をつくるのに欠かせない森の再生が進むことを期待する」と指摘、実利を追求する構えだ。

サルウンクル（アイヌ語で沙流川アイヌ）を自称する二風谷のアイヌ民族が残念に思っているのは、１９９８年に二風谷ダムが稼働し、祖先の貴重な遺産がダム湖に沈んだことだ。萱野茂を中心にアイヌ民族は反対したが、国はダム建設を強行した。

二風谷ダムと同時に計画されながら、完成が延び延びになっている平取ダムが現在、沙流川流域開発の焦点になっている。２０２０年ごろの完成を目指して沙流川支流の額《ぬか》平川《びらがわ》に建設中。ダム本体は民主党政権の「脱ダム」方針で3年間凍結されたあと、自民党の政権復帰で建設が近く再開される。容認派もいるが、反対派のアイヌ民族は再びアイヌの聖地が湖底に沈むことを心配する。

吉原さんにとっても平取ダム建設は最大の関心事。「額平川流域には有形、無形のアイヌ文化遺産が豊富。今のうちに調査を急いで、今後のアイヌ文化振興に役立てなければ」と話す。「この地に骨を埋める覚悟で、二風谷の再生を見守りたい」と、口を引き締めた。

消滅危機のアイヌ語

学びの場　次へ受け継ぐ

「パウチョーチョ・パフムフムフムー」。３月６日、平取《びらとり》町立二風谷《にぶたに》アイヌ文化博物館の前に復元された古いチセ（アイヌ民族の伝統的家屋）で、民族衣装に身を包んだ木幡サチ子さん（82）が囲炉裏の前で、アイヌ民話「キツネのチャランケ」を独特の節回しで語り出した。アイヌ文化を研究しようと二風谷を訪問した米ハワイ大学の教授、学生13人は木幡さんの回りを囲んで熱心に聴き入った。

木幡さんは数少ない二風谷のアイヌ語語り部の１人。国内外の観光客や研究者など二風谷の訪問者がアイヌ語に触れたいと希望、町役場から連絡を受けると、嫌な顔も一つせず、少し内陸に入った貫気別《ぬきべつ》の自宅から自ら運転する車で駆けつける。

木幡さんの人生は波乱に富む。貫気別生まれ。多くのアイヌ民族と同様、貧困にあえぎ、農家の子守や造林業の作業員小屋の食事係などで生計を立てた。作業員だった現在の夫と結婚したあとも、自ら山林伐採作業員として働く。保険勧誘員や居酒屋の経営者など何でもこなした。

転機は１９９０年。祖母がアイヌ語しか話さず、幼少時にアイヌ語を聞き慣れた体験があったことから、その年2月の二風谷のアイヌ民族の祭典であるシシリムカ（アイヌ語で沙流川《さる》）・アイヌ文化祭でカムイユカラ（神謡）の語り部として出演を頼まれた。当時、労災でけがが、入院中だったが、大部屋の病室で布団をかぶって必死にユカラを覚え、文化祭で見事に演じきった。

流暢《りゅうちょう》なアイヌ語は話せなかった。「アイヌ語をもっと勉強しなくては」とその時、反省。退院後、１９８７年に萱野茂らが二風谷に開設したアイヌ語教室に通い始めた。それから10年間、月2回開かれる教室に皆勤。マイカーにはカムイユカラやウエペケレ（昔話）の録音カセットテープを搭載、どこに出かけるにもアイヌ語漬けの猛勉強をした。

萱野茂に頼まれ、今度は二風谷アイヌ語教室大人の部の生徒から講師に。今も続ける。

アイヌ語でアイヌ民話を披露する木幡サチ子さん

語り部として全国各地に呼ばれる機会も多い。「23年前にシシリムカ文化祭に出演しなかったら、アイヌ語と真剣に向き合うこともなかった。アイヌ語を勉強する場を国がもっと作ってほしい」と、木幡さんは話す。

２００９年、ユネスコ（国連教育科学文化機関）はアイヌ語を世界で消滅寸前の言語の1つに指定、言語消滅の可能性を指摘した。アイヌ民族もアイヌ語存続には危機感を強めており、北海道では現在、約15カ所でアイヌ語教室が開かれている。しかし、明治政府のアイヌ民族同化策でアイヌ語使用を禁止された歴史から、アイヌ語を自由に話せるアイヌ民族はほとんどいなくなった。アイヌ語を習得した和人がアイヌ民族にアイヌ語を教えるという奇妙な例も少なくない。

二風谷でアイヌ語教室子どもの部を担当する講師の関根健司さん(41)もその1人。兵庫県宝塚市出身。15年前、オートバイのライダーとして北海道を放浪中に二風谷でアイヌ民族で工芸家の真紀さん(45)と知り合い、結婚。造林業に携わる傍ら、アイヌ語教室で猛勉強、今や真紀さんと一緒に子どもたちにアイヌ語を教えている。「子ども時代に触れていれば、きっと大人になってもアイヌ語の勉強を続けるアイヌ民族が増える」と、関根夫妻は教育に熱を入れる。

アイヌ古式舞踊を守る
和人と共に、復元にも力

二風谷《にぶたに》のアイヌ民族の祭典であるシシリムカ・アイヌ文化祭が2月17日、平取《びらとり》町中央公民館で開かれた。1990年に始まった文化祭は2013年で24回目。二風谷アイヌ語教室の生徒らによるアイヌ語劇とともに、平取アイヌ文化保存会踊り部会のメンバー24人が日ごろの練習の成果を披露しようと、アイヌ古式舞踊を踊った。

演じたのはアマツバメが雨上がりの空を飛び交う様子を表現した「アマツバメの舞」、大空を1羽のツルが飛ぶ姿と、湿原で複数のツルが交歓する様子を描いた2種類の「鶴の舞」、男性が弓を使って踊る「弓の舞」の4演目。萱野れい子さん(81)や木幡サチ子さん(82)などのフチ(アイヌ語でおばあさん)が伴奏代わりの歌と手拍子役を務めた。民族衣装をまとった踊り手に、町内外から集まった約200人の観客から温かい拍手が送られた。

保存会は萱野茂らが1983年に設立。1984年に国がアイヌ古式舞踊を重要無形民俗文化財に指定する受け皿として、北海道各地のアイヌ民族8団体(現在は17)の一つとして結成。2009年、ユネスコ(国連教育科学文化機関)が無形文化遺産に登録、世界

白老町のポロトコタンでは職員がアイヌ古式舞踊を実演してくれる

的にも評価されている。

3月18日、二風谷に住む、踊り部会の部会長、木村弘美さん(46)を訪ねた。北海道アイヌ協会平取支部長である木村英彦さん(49)の妻で、20代の3人の母親。

「アイヌ民族は歌や踊りで喜びや悲しみを表現した。どんな時でも人々が集まれば歌い、踊った。葬式でさえ踊る。北海道各地の観光地でアイヌ民族が古式舞踊を公演しているが、二風谷に古くから伝わる踊りとかなり違っているようにも見える。伝統的な踊りが消滅しないように、子孫に伝えていく責任がある」。きゃしゃな弘美さんの表情は優しかったが、固い意志を感じた。

定期練習は月1回約2時間。昔の踊りには現在のアイヌ民族がもはや誰も知らないものもあり、古い記録映画などから見よう見まねで復元することも重要な使命。保存会が現在、演じることができる踊りは17種類程度だが、このうち復元した踊りは6種類ある。

平取町の町民であれば誰でも保存会に加入できる。踊り部会のメンバーも約半分は和人。弘美さんの親友、尾崎直子さん(58)はその一人。二風谷のアイヌ民芸店で働いていたが、15年前に誘われてアイヌ古式舞踊を始めた。「楽しいから続けている。アイヌ民族ではないが、民族の魂を込めた踊りを追究したい」と話す。

弘美さんは「シシリムカ文化祭は平取アイヌ文化保存会にとって最大のイベントだが、毎年、北海道各地や東京でのアイヌ民族の祭典に呼ばれて踊っている。過去のカナダ、フィリピンに続いて、2013年は3回目の海外公演として11月にインドに呼ばれている。男性の踊りが少ないので、男性メンバーを増やして演目を増やしたい」と、目を輝かせた。

北海道各地には約200種類のアイヌ古式舞踊が伝わり、それぞれの土地特有の踊りがある。しかし、アイヌ語同様、手をこまぬけば消滅の恐れもある。白老町のポロトコタン（アイヌ民族博物館）や釧路市阿寒湖畔の「アイヌシアターイコロ」などでは、アイヌ民族が観光客に毎日、実演披露することで次世代に伝承しようとしている。

アイヌ民話、人形劇で

飛ぶ・潜る　自在に表現

二風谷《にぶたに》滞在を前に情報収集していると、「アイヌ文化を語るならぜひ会うべきだ」と、

阿寒湖畔のアイヌコタンでアイヌ文化について語る秋辺日出男さん

複数の専門家に薦められた人物がいる。釧路市阿寒湖畔にある阿寒アイヌ工芸協同組合の専務理事、秋辺日出男さん（53）。北海道アイヌ協会理事や、アイヌ民族党副代表などを務める論客だ。

3月12日、雪に覆われた阿寒湖畔のアイヌコタンの一角にある、秋辺さんが経営するアイヌ民芸店を訪ねた。「デボの店」。子どもの頃から「ヒデボウ」と呼ばれていたため、覚えやすい店名をつけた。長髪に顔中を覆う濃いひげ。相手を見透かすような大きな黒目の容貌は一度見たら忘れられない。「イタリアのテノール歌手、パバロッティに似ていますね」と正直に言うと、「海外の検問所で、アルカイダと疑われて尋問されたことがある」と笑い飛ばした。

「今、我々が力を入れているのが人形劇」と話す。大型の人形を、文楽の黒子のような黒装束の人間が舞台を所狭しと走り回って操り、アイヌ民話劇を演ずる。２０１２年４月、コタンの中にオープンしたばかりの阿寒湖アイヌシアター「イコロ（アイヌ語で宝物）」（座席数３３２）が常設の公演会場。冬季を除いて毎週末、夏休みの間は毎日上演している。

イコロの舞台監督が秋辺さん。実演を見たいと思ったが、冬は休みと聞いて諦めかけたところ、4日後の16日に岡山県の倉敷音楽祭特別イベント「アイヌの民族音楽」で上演するという。意を決して倉敷市に飛んだ。

演目は「ふんだりけったりクマ神さま」。「アイヌ神謡集」を日本語に編訳した知里幸恵の伯母に当たる金成《かんなり》マツが記録したウエペケレ（昔話）を原作にした民話。クマのカムイ（神様）がカムイの世界や人間界で経験する様々な失敗と教訓を45分にわたってユーモラスに描く。イヨマンテ（クマ送りの儀式）も登場、アイヌ民族の世界観や、カムイとアイヌ（アイヌ語で人間）の関係などがよく分かる。

阿寒湖畔のアイヌ民族は、伝統的にアイヌ古式舞踊と並んで、ユーカラ（口承文芸）劇でアイヌ文化を伝承してきた。1968年、演劇を通じて古いアイヌ文化を研究しようと、アイヌコタンの若者有志が劇団「阿寒湖ユーカラ座」を立ち上げた。1976年にパリのユネスコ（国連教育科学文化機関）本部で開かれた日本文化祭で上演したことから脚光を浴び、以来、国内外で公演してきた歴史がある。

阿寒湖畔生まれの秋辺さんは、15歳のころ、劇団員だった父親に誘われて観劇、アイヌの精神世界を雄大に描くユーカラ劇のとりこに。24歳のころユーカラ座に入団、香港に遠征して初舞台を踏んだ。その後は主役を務めるなどリーダーとして活躍。2004年からは阿寒アイヌ工芸協同組合によるユーカラ劇を上演、脚本、演出などを手掛ける。

２０１２年、イコロ開業を記念して人形劇を創作。萱野茂と協力して二風谷でアイヌ文化を研究してきた本田優子札幌大学副学長の助言で、「人形劇なら大人も子どもも分かりやすい」と考えた。「操る人間と人形の一体感。人形は空を飛んだり、水に潜ったり自由に動き回れる。人形劇の方が可能性は大きい」と秋辺さん。「イコロを北の宝塚（劇場）に発展させたい。団員養成学校、ひいては世界中から集まった先住民の子弟が芸能文化を学ぶ先住民族大学も阿寒湖畔に」と、夢は広がる。

伝統的生活の場「イオル」

若い力で文化・自然再生

３月４日、二風谷《にぶたに》の平取町アイヌ文化情報センターの中にあるイオル推進事務所を覗《のぞ》くと、藤谷誠さん（40）、川奈野利也さん（31）、原田祥吾さん（23）の職員３人が、国の伝統的工芸品に指定されたばかりの二風谷イタ（盆など）の木彫り作業をしていた。

イオルとは、衣食住だけでなく儀式などをするにも欠かせないアイヌ民族の伝統的な生活空間全体を指す言葉。イオルの再生事業を担う彼らにとって、自らアイヌ工芸家として一人前になることは必要条件だ。貝沢徹さん(54)ら二風谷で活躍する木彫名人５人に各11日間ずつ弟子入り、木彫技術を教え込まれている最中だった。「木彫りは楽しいし、才能があればプロの木彫師になってもいい」。リーダー格の藤谷さんは控えめながら、自信を秘めて語った。

藤谷さんは、木彫師の故藤谷憲幸さんとアットゥシ織りの名人、るみ子さん(64)の次男。２月の北海道アイヌ伝統工芸展で藤谷さんの彫ったイタが最優秀賞を受賞した。

復元した伝統家屋、チセの前で談笑する(右から)藤谷さん、川奈野さん、原田さん

生まれも育ちも二風谷の藤谷さんは、高校を卒業すると「外の世界を見てみたい」と、北海道各地で土木造園業に携わった。しかし、２００８年、平取町でイオル再生事業がスタート、職員募集を知ってＵターンを決意。「自分の知識や技術が二風谷の再生につながれば」と話す。平取町出身の川奈野さんと原田さんも地元の建設会社を辞めて参加。「手仕事は得意。毎日が勉強」と、明るく答えた。

２０１３年で6年目を迎えた平取町のイオル再生事業は大きく分けて３つある。1つはコタンの再現。アイヌ文化情報センターの前の広場に、古老の力を借りながら、アイヌの伝統的家屋であるチセを5棟復元した。アイヌ民話の語りやアイヌ古式舞踊の披露など観光客の学習や文化伝承の場に使われている。

2つ目はイオルの森づくり。木彫の素材となるエンジュやカツラ、アットゥシ織りの素材となるオヒョウなどの樹木を育てる。二風谷ダムのダム湖であるにぶたに湖の北側山麓210ヘクタールが対象地域。木材を活用できるまでには最低数十年はかかる。3つ目は森づくりに必要な苗木、アイヌ民族の食料であるギョウジャニンニクなどの野草、ヒエ、アワ、キビなど雑穀類の栽培といった畑仕事。町の成人や小学生を対象にした体験学習にも利用している。

3人の仕事はこれだけではない。二風谷で開かれるアイヌ民族の祭典では中心になって働く。例えば毎年8月、沙流《さる》川で催されるチプサンケ(舟下ろしの祭り)では、儀式に必要な民具などを自ら作って準備する。

イオル再生事業は1996年、政府が新しいアイヌ関連施策の目玉として提唱。2002年、国土交通省、文化庁などが白老に中核イオル、札幌、旭川、釧路、十勝、平取、静内(現・新ひだか町)に地域イオルと、合計7地域で整備することを決めた。事業は白老町、平取町で先行、札幌市、新ひだか町が追随している。

平取町のイオル再生計画は当初は壮大だった。2002年に北海道アイヌ協会平取支部などがまとめた構想では約5000平方メートルのイオル文化センターをはじめ、食文化体験施設や迎賓館の新設、世界の先住民族の民族村の再現などが盛り込まれていた。しかし、国が白老町に国立アイヌ博物館設立を決めたため、平取町はハコモノ整備を断念、自然再生が中心の事業に変更した。

夢は全国区、特産トマト
「長老の恋人」コクが自慢

平取《びらとり》町に向かって沙流川沿いの国道２３７号線を北上すると、赤いトマトに添えて「ニシパの恋人」と大書した立て看板があちこちで目に付く。最初は判じ物だったが、後で町特産のトマトの宣伝だということが分かった。

ニシパとは、アイヌ語で長老や旦那、金持ちなどを意味する。アイヌ民族の長老が、健康のためにトマトを恋人のように愛して毎日食べたという言い伝えに基づき、ＪＡ平取町が１９８６年、トマトジュースの本格的生産に乗り出すのにあわせて、ニシパの恋人と命名。現在ではトマトをはじめ、規格外トマトから製造するジュース、ピューレ、ジャムなどにも共通の商品名として使っている。

ビニールハウスでトマトを育てる萱野久彦さんとひとみさん

3月21日、二風谷よりもさらに沙流川上流にある長知内《おさちない》でトマト農業を営む萱野久彦さん(48)を訪ねた。ビニールハウスで妻のひとみさん(48)と2人で、トマトの苗の植え付けに汗をかいている最中だった。まだ積雪の残る寒い時期なのに、ハウスの中は真夏のよう。「かがんでする作業が多く、腰が痛い」と言いながらも笑顔を見せた。

アイヌ民族の血を引く萱野さんは長知内の米作農家の生まれ。建設や運送会社に勤めたが、不況のあおりで転職を検討、JA平取町がトマトに力を入れていたことから、7年前に「アイヌ名をブランドにしたトマト農家になろう」と決断した。国や北海道などの補助金に加えて約2000万円の融資を受け、13棟のハウスを建てた。

父親の米作農地の一部約6000平方メートルを転用したが、「平取町では中規模以下」だという。トマトの収穫は5~11月。夏場が最盛期。早朝から日暮れまでのほとんど休みなしの肉体労働だが、「自分の子どもを育てるようなもの。手をかければ、それだけよく実る」と、2人は苦にしない。2012年10月にはまな娘を授かった。借金も

2013年で完済の予定だ。「あと20年はトマトで頑張る。ニシパの恋人をもっと消費者に知ってほしい」と、言葉に力を込めた。

JA平取町は減反政策により、米からトマトへの転作を模索。1972年、6戸の農家が試験的にハウス栽培を始めた。40周年を迎えた2012年には農家数166戸（一部日高町を含む）が119ヘクタールで約39億円の生産高を記録。全国的にも有数の市町村で、北海道では生産高トップだ。ニシパの恋人は大玉の「桃太郎」という品種の改良型。糖度と酸味のバランスが良くコクがあり、腐りにくいと評価されている。

本町のJA平取町事務所で仲山浩組合長(60)に会うと、「私自身、小学生時代から親の農業を手伝ってきた根っからのトマト農家。都会のサラリーマンには負けたくないと、土仕事に打ち込んできた」と誇らしげに語った。ただ案の定、農業には若者が集まらず、後継者問題が深刻。平取町への移住者に期待、2012年来、やっと2人の新規就農者が見つかった。同時に、2003年から中国人研修生を受け入れており、現在では約100人がトマト栽培を手伝う。萱野さんのハウスにも1人派遣されている。

4年前にはトマト大使6人を任命、全国的な宣伝に拍車をかける。元サッカー日本代表監督の岡田武史さん、女優の杉田かおるさん、芥川賞作家の加藤幸子さんなど。「関西では知名度があるが、東京市場が弱い。ニシパの恋人を日本中に広げたい」と、仲山さんは期待する。

豊かな森、再生へ植林

ダムは不要、自ら実証

初対面の時、それほどの高齢ではないのに、この人の川底をのぞいたような深く沈んだ瞳と、幾筋も刻まれた顔のしわは一体何なのだろうかと思った。二風谷に住む貝沢耕一さん（67）。自宅を事務所にする環境保護ＮＰＯ法人（特定非営利活動法人）「ナショナルトラスト・チコロナイ」の理事長。名刺には百姓と書いてある。

耕一さんを一躍、全国的に有名にしたのは故萱野茂と連名で起こした、二風谷ダム建設のために土地収用を強行した北海道収用委員会に対する行政訴訟。１９９７年、札幌地裁は「アイヌ民族は先住民族」と、国の公的機関として初めて認めたうえで、収用を違法とする判決を下した。ただし、ダムは既に完成していたため、公共の福祉を理由に収用取り消し請求は棄却した。

父親は二風谷ダム建設に萱野茂とともに最後まで反対した貝沢正さん。北海道ウタリ協会（現・北海道アイヌ協会）副理事長を務めた実力者。耕一さんは、正さんから「戦いは10～20年続くから、後を頼む」と告げられ、「任せてくれ」と軽い気持ちで引き受けたのが最初。１９９２年、正さんが病死、遺志を継いで１９９３年に行政訴訟を起こした。

豊かな森の復活を目指し、オヒョウなどの苗木を育てる貝沢耕一さん

3月24日、ダムを間近に見る自宅を訪ねると、耕一さんは開口一番、「二風谷ダムができて、いいことは何一つない」と、吐き捨てるように言った。耕一さんによると、ダムの完成で霧が多くなり、気温が下がるなど気象の変化が激しくなった。「ダム湖は流入する土砂で半分以上埋まり、治水能力はない。むしろ沙流川下流では水害が目立つようになった」と主張する。

ナショナルトラスト・チコロナイの設立は、「アイヌ民族がかつて暮らした自然林の再生にダムなど不要だということを自ら実証しようと考えた」ためだ。1994年に地元有志で任意団体として発足、植林活動を続ける大阪の市民ボランティア団体の協力を受けて本格的な活動を開始。2001年にNPO法人化した。

チコロナイとはアイヌ語で「私たちの沢」という意味。沢を中心に森に暮らしたアイヌ民族の豊かな森を復活させようという願いを込めた。現在の会員は道内、道外半々の約100人。寄付金などを基に二風谷の森を約30ヘクタール取得、「チコロナイの森」と名付けて、伝統的工芸品アットゥシ織りの素材となるオヒョウやカツラ、イタヤなど約3万本をこれまでに植林。会員は毎年5月の連休に植林と森の手入れ、10月の連休に苗木の植え付けなどをしている。

「和人が開発と称して100年で破壊した森を再生するには300年かかる。しかし、やればできるということを示したい。微力だが、1人でも多くの人が賛同してくれれば」

同時に、耕一さんは現在、平取アイヌ文化保存会の事務局長として、二風谷を中心にした古式舞踊などアイヌ文化の伝承、振興に力を発揮している。さらに、沙流川支流の額平川に計画中の平取ダムの文化環境保全調査の指導員として、ダム予定地の調査に走り回る毎日。

「完成して15年もたつ二風谷ダムで、地域の生態系がどう変わったかなど影響調査がほとんど実施されていない。平取ダムの対象地域にはチノミシリ(アイヌ民族の祈りの場)をはじめアイヌの聖地が多く含まれる。文化保存と環境保全のために、悔いのないように調査を急ぎたい」と強調した。

総集編

関心が共生の第一歩

2月後半から3月後半まで1カ月余り、北海道平取町《びらとり》に住み、二風谷《にぶたに》のアイヌ民族の暮らしと文化を取材した。長期滞在で何が見えたか、最後に語りたい。

改善の裏でアイヌ差別なお

政府が2008年、「アイヌ民族は先住民族」と初めて認めて以来、日本でのアイヌ民族の位置づけはかなり改善した。しかし、差別はなお存在するし、国民の無関心は相変わらずのように思えた。

アイヌ民族の今を語った新聞連載には、1991年、日本新聞協会賞を受賞した北海道新聞の「銀のしずく」や、1992年の朝日新聞の「コタンに生きる」などの労作がある。日本経済新聞では今回が初めてだろう。コタンのある町をルポしたいと考えたのは、5年前に北海道浦河町で田舎暮らしの取材をした時の経験が契機だ。

「アイヌの語り部」として知られる遠山サキさん(85)と出会い、浦河町姉茶の自宅を訪ねて話を聞いた。遠山さんは幼少時代、「土人学校」と呼ばれた小学校に通い、和人の子どもや大人からひどい差別を受けたこと、貧乏にあえぎながら家族を育てたことなどの半生を涙ながらに語った。それでも和人との共生を願う一方、アイヌ文化の伝承普及に努めている。

記者にはアイヌ民族について、学生時代に旅行した阿寒湖のアイヌコタンでクマの木彫りを売っていた男性の容姿に驚いたこと、劇場でアイヌ古式舞踊を初めて見たことしか記憶になかった。北海道に進出した大和民族の祖先がアイヌ民族にしてきた略奪や差別の歴史を知れば知るほど驚き、自分の無知を恥じた。浦河町で開拓農民の子孫の老人に取材した時、「ここらにも土人が多く住んでいてなあ」と平然と言うのを聞き、問題の根深さを認識した。

連載中にも周囲から「コタンには電気やガスは通っているのか」「普段から民族衣装を着て生活しているのか」といった素朴な質問を繰り返し受けた。連載を始める前に、「今なぜアイヌ民族を新聞で取り上げる必要があるのか」と仲間に問われたこともある。アイヌ民族がどのように暮らし、何を考えているのかを伝えることが、まず必要なのではないかという思いが日増しに高まった。

民族問題が絡むだけに、取材は困難かもしれないと身構えたが、アイヌの人々は取材を快く受け入れてくれ、困ったことはほとんどなかった。ただ、連載に登場した人物は地元では名を知られた人ばかり。アイヌ民族の出自を隠し、光が当たらない人々についてこそ報道すべきだ」と、アイヌ民族に詳しい専門家に助言を受けたこともある。

帰京直前の3月23日、二風谷のアイヌ民族でエカシ（長老）と敬われる川奈野一信さん（78）

に自宅に呼ばれた。元国会議員の故萱野茂に頼まれ、今も二風谷アイヌ語教室の運営委員長を務める。萱野茂を「神様のような人物だった」と尊敬する。

「小学生時代からシャモ（アイヌ語で和人）の子どもとケンカばかりしたが、教師はアイヌの子どもだけを罰し、汚い言葉で罵倒した。毛深いために、和人と一緒に風呂に入ることもなかった」と話す。若い頃は造林業の現場作業員として働きながら、「貧乏人の子だくさん」と自嘲するように、６人の子どもを育てた。大型トラックの運転免許を取得、酒もたばこも断って50年間、自営のダンプ運転手として最近まで働いた。

「アイヌ民族のことを正しく伝えてほしい」という言葉には実感がこもっていた。

差別についてアイヌ民族の若者に尋ねると、「親の世代から聞いていたほどには、差別を受けた経験はない」という答えが多かった。１９９７年に北海道旧土人保護法が廃止され、アイヌ文化振興法が成立した頃から、事態は改善しているのかもしれない。ただ、平取アイヌ文化保存会の貝沢耕一運営委員長(67)は、「アイヌ語教室に通っていた子どもたちが中学生になると参加しなくな

「アイヌ民族のことを正しく伝えてほしい」と話す二風谷コタンの長老・川奈野一信さん

る。和人の仲間が増えて、アイヌ民族と分かると差別されることを肌で感じるからだろう」と話す。差別問題はなかなか死なないようだ。

平取が「崖の間」、二風谷が「木の茂る場所」を意味するアイヌ語が語源であるように、北海道の地名の8割以上はアイヌ語に由来する。北海道ばかりか、東北など日本全土にアイヌ語を語源とする地名が見られるという学説もある。日本固有の文化としてアイヌ文化を知ることは重要ではないだろうか。

「まずアイヌ民族と文化について関心を持ち、理解を深めよう」というのが記者の結論だ。連載はいわば基礎編。今後はアイヌ民族の心に寄り添い、深い分析を試みたいと思う。

橋渡し役、和人が奮闘
観光イベントや地域活動

二風谷に住むアイヌ民族と共生を目指し、支え合って暮らす和人は多い。積極的に活動する人々を紹介したい。

「イザベラ・バードの道を辿《たど》る会」事務局長の窪田留利子さん。二風谷より沙流川下流の去場《さるば》にある自宅を事務局にする。バードは世界各地を探検した英国人女性で、1878年、東北、北海道を旅行、著書『日本奥地紀行』の中で、平取で出会ったアイヌ民族の文化や暮らしについて詳しく述べている。同書で語られていることが、アットゥシ織りが2013年3

月にアイヌ民芸品で初めて国の伝統的工芸品に指定される決め手の一つになった。

窪田さんは自分が生まれた去場の歴史を調べるうちに、去場を通ったバードのことを知り、辿った道を歩いた。さらにバードの旅行記を読み、「平取町にとって、バードの足跡は貴重な史実」と理解。2007年、有志数人で「辿る会」を設立、白老町や函館市、室蘭市など北海道でのバードの旅路を踏破するとともに、平取町にバード関連の案内標識を作り始めた。

これまでに平取町と、南に隣接する日高町のバードの辿った道に28本の標示柱、2枚の解説板を設置。「案内標識をさらに増やしたり、観光客を対象にしたイベントを企画、アイヌ民族にゆかりの深い平取町の地域おこしに役立てたい」と張り切っている。

平取町の山間地にある豊糠《とよぬか》で、バリアフリーの農家民宿を営む熊谷厚子さん(58)もウーマンパワーを発揮する。豊糠生まれながら、夫の勤務に同行、25年間も海外生活を送った国際人。米国でアメリカ・インディアンと白人の関係をつぶさに観察した経験から、アイヌ民族との共生に心を配る。

平取アイヌ文化保存会の会員として、道内外から訪れる観光客とアイヌ民族との橋渡しを買って出ている。「豊かな自然の中で、アイヌ文化を体験してほしい」と語る。地元では同世代の有志でボランティアグループを結成、パソコンクラブ、英会話サークルなどの地域活動にも力を入れる。

二風谷に住む、びらとり自然観賞クラブ代表、船越光次さん(65)はボランティア観光案内人として、平取町の自然の美しさをPRしている。徳島県出身の開拓農家の子孫だが、アイヌ民族がカムイ(神)のいる山としてあがめる幌尻岳の現地案内人として活躍した。

平取町には住民でさえ知らない自然の美しい景勝地がたくさんあることを発見、カメラで記録し始めた。2013年4月にはえりすぐりの作品約80点を集め、町内で3回目の写真展を開催。同時に、渓谷などを中心に11のトレッキングコースを考案、町内外の自然愛好家に提案している。

アイヌ政策推進会議委員　常本照樹氏
道外含めて総合策必要

アイヌ民族に関わる政策や国民意識の現状は。政府のアイヌ政策推進会議委員を務める常本照樹・北海道大学アイヌ・先住民研究センター長(同大大学院法学研究科教授)に聞いた。

——政府のアイヌ政策は十分だと考えますか。

「2008年、衆参両院の全会一致の国会決議を受けて、官房長官がアイヌ民族を先住民族として認める談話を発表するとともに、「アイヌ政策のあり方に関する有識者懇談会」が設置された。2009年には内閣官房にアイヌ総合政策室ができると同時に、官房長官を座長とするアイヌ政策推進会議が設立された。アイヌ民族の固有文化に深刻な打撃を与えた国の責務は重いとして、その文化の復興のために総合的な政策を進める必要があると国は考えている」

「例えば文部科学省は学習指導要領で、アイヌ民族について教科書を充実させるように求め、教育面ではある程度、改善した。2013年の大学入試のセンター試験の日本史で、アイヌ文化に関わる設問が出されたのは画期的なことだ」

——具体的にどうアイヌ政策を進めていくのですか。

「主に3つある。第1は白老町に設置を決めた『民族共生の象徴となる空間（象徴空間）』。アイヌ文化の継承、発展の拠点で、国立博物館や交流体験の場などが2020年までに完成するはずだ。第2は北海道以外に住むアイヌ民族に対する政策の推進。7年ごとに実施している道の調査以外に、2011年には道外に住むアイヌの実態調査が実施され、これらを踏まえて総合的な政策を検討していきたい」

「第3に、アイヌ民族についての国民の理解を深める努力をしていくこと。何百年も前にアメリカ・インディアンやマオリ族と条約を結んで先住民族として認識、入植してきた米国やニュージーランドなどと異なり、日本がアイヌ民族を先住民族と認めたのはたかだか5年前。時間が必要だ」

——国民がもっと関心を高める必要がありますね。

「アイヌ民族は少数民族におとしめられ、国策により文化に深刻な打撃を受けた。国民はこのことに少なくとも関心を持つべきであり、アイヌ民族を理解、さらに応援すべきだ。アイヌ文化を知る手掛かりはすでにたくさんある。例えばインターネットを使えば、政府、道、北海道大学などのウェブサイトで情報はいくらでも得られる。マスコミの対応も改善してほしい。アイヌ民族のニュースが全国版に載ることは限られている。特に明るい話題がもっと広く報じられてもよい」

「アイヌ民族の奮起も必要。アイヌ民族の側から、実現可能で前向きな提案がどんどん出てきてこそ政策が動く。北海道アイヌ協会はすべてのアイヌ民族を代表しているわけではないので、全国を網羅する組織が生まれることを期待する。北海道をはじめ地方自治体の一層の努力も必要だ」

「【北海道平取町二風谷】コタンのある町に住んでみる」を読んで

「アイヌ文化」再評価の先に一皮むけた日本が生まれる

解説
藻谷浩介

記事にも出てくる故・萱野茂さんの書かれた本『アイヌの碑』は、学生だった私に強い印象を残しました。当時まだ「自然との共生」という言葉は広まっていなかったのですが、アイヌ民族の精神文化がずばりそういうものであることを、この本は語っていた。その萱野さんが住んだ北海道二風谷《にぶたに》に、今度は記者が住んで、多くの人が語らないアイヌ文化の今をリポートする。画期的な企画です。

ここには、アイヌ語やアイヌ文化をどう守り残すかという問題と、石油ショック以前に計画されたダムの建設強行に象徴されるような、北海道特有の重度の公共事業依存症をどうするのかという問題、二つが重なって存在します。二風谷ダムがアイヌの聖地を水没させたというところで、両者がクロスする。

記事の中で描かれるような差別の歴史がある一方で、21世紀の北海道人がアイヌ独自の精神文化を見直していく機運も、実は底流に存在する。それがいずれもっと表面に出てくるのではないかと、私は思っています。化石燃料の価格が上昇を続ける今世紀、北海道という土地でサステナブル（持続的）な暮らしをしようとするなら、クラーク博士以来のアメリカンスタイルの大規模農業というものは、むしろ見直されなければならない。アイヌの人々が送ってきたような暮らし・文化が、この風土に一番よく根ざしたサステナブルなものであるということに、気付く人が少しずつ増え始めているのではないでしょうか。

ただしアイヌ文化の危機は、明治維新のずっと前から、貨幣経済の浸透とともに進行してきたものでした。狩猟・採集に一部農耕を組み合わせていたアイヌの暮らしは、毛皮や海産物を和人に売って穀物や道具を買うというスタイルへと、江戸時代を通じて変容してきたのです。しかも和人とアイヌの関係は、アメリカにおける白人と先住民族のインディアンとの関係とは違って、有史以来混血を重ねてきた関係でもあります。

ですが、わずかに残されたアイヌ独自の伝統には、明らかに21世紀に残すべき、いやもっといえば21世紀の日本全体の指針ともなるべきものが含まれている。そのあたりこの記事は、アイヌに直接のルーツを持たない地元住民の考えや行動もきちんと取材することで、機微を伝えています。しかし平取町当局の話が出てこないことに象徴されるように、「アイヌ文化で人を呼び込み、やっていくぞ」という意識や踏み込みは、まだ地元では今ひとつ明確化していない。

その点、沖縄で「琉球王国時代」を見直そうという意識が高まっているのとは好対照です。この流れは、沖縄に対する特別視が徐々に薄れていく中で、逆に強まっている。1970年代初め南沙織さんがデビューした時は、沖縄出身が大きくフィーチャーされました。ですが今、沖縄から日本を代表するタレントが次々出てきても誰も何とも思わない。仲間由紀恵さんなどは、沖縄代表ではなく日本代表の美人女優です。ですがそういう中で、琉球文化に関する関心は、地元でも全国でも高まっている。やがて同様の文脈で「アイヌ文化」をとらえ直そうという機運が北海道を中心にさらにはっきり出てくる。記事は、そういう未来の方向に行く途中の「今」を切り取っているのではないでしょうか。

対馬の章で触れられた日韓の行き違いもそうですが、ここで問われているのは、日本人自身の、「多様性」に対する寛容さ、違うものを受け入れ共生する姿勢、文化的な包容力です。日本列島が世界に誇るものの中に、自然との共生を重んじ要らぬ闘いを避けてきたアイヌ文化もあるということを、日本人、とりわけ北海道の人たちは見直していかねばならない。これは腰をすえて取り組んでいくべき課題でしょう。

第6章

沖縄県宜野湾市

米軍普天間飛行場のある街に住んでみる

文 藤巻秀樹
写真 高谷 隆

非日常の円環都市

基地横断できず交通渋滞

那覇市中心街から40分、宜野湾《ぎのわん》市内に入った途端、バスの動きが鈍くなった。「ドーナツの街」といわれる宜野湾市。市面積の4分の1を占める米軍普天間《ふてんま》飛行場が市の真ん中に鎮座し、その周りに張り付くように街が広がる。その形は琵琶湖を抱える滋賀県によく似ているが、琵琶湖は橋や船で横断できるのに、米軍基地は立ち入り禁止という点が決定的に違う。東西に移動するためには、時間をかけて迂回《うかい》するしかない。交通渋滞は騒音とともにこの円環構造の街のありがたくない〝名物〟なのだ。

沖縄を訪ねるのは3回目。前回は那覇市の首里《しゅり》城を取材した。琉球王国の歴史を探るのが目的だったが、「こんな場所もある」と案内されたのが旧日本軍の司令部壕《ごう》跡。首里城は平成になって復元された城だが、ガイドの男性は「日本軍が司令部を置いたから、米軍の標的になり、破壊された」と訴えた。

この時、ペリーが浦賀に来る前に那覇に来港し、首里城に入城したことも知った。黒船の外圧に最初にさらされたのは東京（江戸）ではなく、沖縄（琉球）だったのだ。

沖縄のことをもっと知らなくてはいけない――。そんな思いに駆られ、住み込み取材を計画した。宜野湾市を選んだのは、普天間飛行場があるこの街が沖縄を最も象徴する場所と考えたからだ。

２０１２年11月下旬、飛行場近くの大謝名《おおじゃな》地区にアパートを借りた。荷物を降ろした後、バスを利用し市内を回った。最初に訪ねたのは街を一望できる嘉数《かかず》高台公園。眼前に普天間飛行場の滑走路と広大な敷地が見える。垂直離着陸輸送機オスプレイが8機駐機していた。飛行場の周りには、ラムズフェルド元米国防長官が「ここで事故が起きないのが不思議」と指摘した住宅密集地が広がる。

普天間飛行場の面積は宜野湾市の約25％を占める

宜野湾市は過密な街だ。普天間飛行場など米軍施設を除いた市の人口密度は東京都を上回る。飛行場は沖縄戦で上陸した米軍が本土攻撃に備え、民有地を接収し、建設を開始。土地を奪われた人々が戦後、周辺に住みついた。基地に雇用される人や米軍相手のビジネスをする人もあり、周辺人口が拡大していった。

「あれがオスプレイか！」。ボーッと飛行場を眺めていると、横から喚声が聞こえた。カメラを抱えた旅行客の一団だった。この公園は今や街の観光名所になっているのだ。

次に訪れたのは飛行場の野嵩《のだけ》ゲート。ゲート前には「オスプレイ配備阻止」ののぼりが上がる。市民団体の男女5人が前を通る車に手を振り、抗議のアピールをしている。警察車両も横付けされ、ピリピリした雰囲気が漂う。

最後に飛行場に隣接する普天間第二小学校に向かった。校庭の先に物々しく飛行場のフェンスが立つ。児童がサッカーに興じる空間のすぐ横を轟音《ごうおん》を響かせ、米軍機が飛び立っていく。どう見ても日常の光景とは思えない。でも、これがこの街の日常なのだ。

◇

世界一危険といわれる基地の街の住民はどんな生活を送っているのか。1カ月間暮らした体験をリポートする。

爆音響く公民館

慣れと不安の間の日常

アパート暮らしを始めた当初、オスプレイの重低音が響くと、不安に駆られた。地域の人たちはどんな思いで暮らしているのだろうか。アパートから徒歩5分、市内で最も騒音が激しいとされる上大謝名地区の公民館を訪ねた。

公民館は普天間飛行場のすぐ目の前。滑走路の延長線上に位置し、米軍機の進入ルートの真下にある。中から優雅な三線《さんしん》の音色が響いてきた。地域住民6人が演奏しながら歌っている。この日は三線教室が開かれる日だったのだ。

上大謝名自治会長の大城ちえ子さん(59)と老人会会長の山城賢栄さん(74)に話を聞いた。「オスプレイの音には慣れた。でも落ちるのではないかと今でも不安」と山城さん。「いつの間にか生活の中に入ってきた。慣らされてしまうのが怖い」と大城さんは言う。「ゴーッ」。突然、建物が揺れ、地鳴りのような騒音が響いた。米軍のKC130空中給油機だという。その後、5、6分おきに同じ轟音《ごうおん》が襲ってくる。着陸後すぐに飛び立つタッチ・アンド・ゴーの訓練らしい。

「上大謝名公民館」で開かれている三線教室。防音効果のある建物への建て替えが計画されている（宜野湾市大謝名）

爆音に何度となく演奏を中断されながらも、三線教室は続く。住民にとっては特別なことではなく、この状況が当たり前なのだ。

上大謝名周辺には外国人向け住宅を改造したおしゃれなフランス料理店やカフェバーが多い。不思議に思って聞いてみると、ここはもともと米軍の軍人・軍属が居住する地域だったという。1972年の本土復帰後、外国人住宅が大量に売りに出て、沖縄の他地域から移住者が増えた。

三線教室で講師を務める譜久山朝夫さん(77)もその一人。庭が広い住宅が気に入り、1970年代に引っ越してきた。旧ハンビー飛行場(北谷町)からヘリ部隊が移るなど普天間飛行場の機能が強化される前だったので、「騒音はひどくなかった」と振り返る。

上大謝名地区の住民は1996年、日米が普天間飛行場返還で合意すると、万歳をして歓迎。2009年、当時の鳩山由紀夫首相が「少なくとも県外移設」とぶち上げた時も「今度こそ」と期待した。だが、そのたびに裏切られてきた。

2012年9月に開かれたオスプレイ配備反対の県民大会には自治会こぞって参加したという。「日米安保に反対しているわけではない。沖縄の負担を減らしてほしいだけ」と山城さんは訴える。

公民館は約170平方メートルと手狭だが、毎日フルに利用されている。三線教室は水曜日だが、月曜はカラオケと社交ダンス、火曜はミニデイサービス、木曜はフラダンス、金曜は大正琴と住民の貴重な交流の場になっている。

築50年と老朽化が進み、防音工事もできないため、自治会は4年前から建て替えに動き出した。総工費は約1億円。大半は国と市から支援を仰ぐが、1800万円を自分たちで負担する。1世帯当たり300円を毎月積み立て、古紙回収などで資金を集める。

２０１２年12月中旬、一足早いクリスマス会を開くというので、再び公民館を訪ねた。事務所の壁にチューリップをデザインしたブローチが飾ってあった。近所の西里スミ子さん(87)が「少しでも資金の足しに」と作ったもので、１個３００円で販売していた。公民館では近くのお年寄りが集まり、カラオケの真っ最中。みんな楽しそうに米軍機の爆音に負けじと大声を張り上げている。「この地域の人はいい人ばかり。飛行機の音さえなければここは天国」。部屋から出てきた西里さんはそう言って笑った。

ヘリが落ちた大学
事故の衝撃語り継ぐ学生

宜野湾市で暮らし始めて1週間後、米軍機の爆音にも慣れ、不安が少し和らいできた。だが、普天間飛行場に隣接する沖縄国際大学の教授、吉浜忍さん(63)は「オスプレイが上空に来ると、怖い」と言う。沖国大には9年前、米軍ヘリが墜落した。事故を体験した人たちからは、生々しい記憶が今も消えないのだ。

２００４年8月13日。大学の研究室にいた吉浜さんは、どすんという大きな音を聞い

米軍ヘリ墜落事故で焼け焦げた「アカギの木」の前で当時の状況を語る藤波准教授（右）と学生たち（宜野湾市宜野湾）

た。油の臭いがすぐに立ち込め、何事かと思い、外に出ると米兵十数人がフェンスを越えて学内に入ってきた。米兵が走る先で黒煙が上がっていた。米軍ヘリが本館の壁に激突し墜落、炎上したのだ。

大学構内に事故で焼け焦げたアカギの木が残っている。近くにヘリに傷つけられた本館の壁の一部と説明板が置かれ、事故の悲惨さを伝えている。図書館には当時の写真や映像、新聞などをそろえた資料室があった。中に入ると、墜落事故を描いた大きな絵に目を引かれた。浦添市に住む画家、真喜志勉さん(71)の「黒い壁画」だ。

当日、テレビで事故を知った真喜志さんは愛車を飛ばし、大学に向かった。途中で通行止めにあい、小高い丘の上にあるアパートの屋上に駆け上がり、大学を見た。そこには真っ黒に焼け、ヘリのローターにえぐられた傷痕が生々しい本館の壁があった。強い衝撃を受けアトリエに戻り、制作中のものをすべてボツにして、取り組んだのがこの作品だった。

真喜志さんは事故直後、米軍が現場を封鎖し、県警も大学関係者も入れなかったことに「ここは日本か」と強い違和感を持ったという。この絵には「マッシュルーム」「アンチョビ」「チーズ」などの文言が入っている。警察も入れない現場に、米兵のためにピザを運ぶ配達員が入っていったのを皮肉ったのだ。

事故から長い歳月が過ぎ、学生は入れ替わり、事故を知る教員も減った。だが、その記憶を引き継ごうとする活動は今も続く。平和学習支援サークル「スマイライフ」もそうした組織の一つだ。

サークルで顧問を務めるのは事故当時、調査のため英国にいた准教授の藤波潔さん(43)。大学が大変な時に何もできなかった、と心のもやもやを感じた。事故を風化させないために、教育者として何ができるかを考え、学生に活動を呼びかけた。

活動の中心は学生が修学旅行などで沖縄を訪れる県外の学生の平和学習を支援することだ。普天間飛行場が一望できる嘉数《かかず》高台公園やアカギの木が保存されている学内の広場を案内。事故のほか、その背景にある米軍の基地問題や沖縄戦の話をする。深い知識が必要なため、学生はおのずと勉強するようになる。

スマイライフに加盟する学生は約40人。現在のメンバーの中に事故の目撃者はいない。大学3年で代表の渡真利《とまり》健人さん(21)も最初は基地の危険性を実感できなかった。だが、活動を通じて沖縄の基地問題を勉強したことで「墜落事故への認識を新たにし、本当にここで起こったんだと実感できるようになった」と話す。

県外の学生と話し感じるのは本土と沖縄との温度差という。「安保や基地は沖縄だけの問題ではなく、日本全体の問題」と訴える。活動の経験を後輩にも伝え、事故の記憶を次世代に引き継ぐのが自分たちの使命だと感じている。

基地に食い込む美術館

地上戦の記憶　先祖の地に

米軍普天間飛行場のフェンス際に食い込むように立つコンクリート打ち放しの建物がある。元鍼灸《しんきゅう》師の佐喜真《さきま》道夫さん(66)が建てた反戦・平和を願う「佐喜真美術館」だ。「沖縄戦は本土防衛のための時間稼ぎの戦い。多くの女性や子どもが犠牲になった」――。2012年12月初旬に訪ねると、佐喜真さんが熱弁を振るっていた。背後には丸木《まるき》位里《いり》、俊夫妻が描いた縦4メートル、横8・5メートルの大作「沖縄戦の図」。岩手県一関市の中学3年生80人が聞いていた。絵の説明から始まった話は沖縄戦の歴史に移る。張り詰めた空気が漂い、生徒たちの背筋がみるみる伸びてきた。「戦争とは何かしっかりつかんで帰ってほしい」。こう話を締めくくると、拍手が起こった。

佐喜真さんにとって、本土の人たちに沖縄戦の真実を伝えることは長年の夢だった。生まれ育ったのは家族の疎開先の熊本県。子どものころ、両親の実家がある沖縄に行き、親族から聞かされたのが沖縄戦の話。上陸した米軍から身を隠すため壕《ごう》に入り、逃げ惑った悲惨な情景が心に残った。だが東京の大学に進学、友人に話しても相手にされない。「悲惨だったのは本土も同じ」。沖縄のことばかり話すな」と突き放された。激しい地上戦があった沖縄と本土では受けた被害が違うのに、と悔しい思いをした。

沖縄出身者への偏見を感じたこともある。大学時代、跡継ぎがいない母の実家を継ぎ、現在の姓になった。珍しい名字だと言われ、自分の生い立ちを話すと、途端に相手の態度が変わったという。

丸木夫妻の作品の前で沖縄戦の悲惨さを修学旅行生に訴える佐喜真道夫さん（宜野湾市上原）

母の実家は普天間飛行場内に先祖代々の土地を持つ軍用地主。軍用地料は１９７２年の本土復帰で６倍に高騰。大金を手にした佐喜真さんは不労所得で生活したら大変なことになると、この金には手を付けず、鍼灸師として生計を立てる道を選んだ。

東京で鬱屈した感情を抱え過ごしていた30代後半。「原爆の図」で有名な丸木夫妻が沖縄戦の連作に取り組んでいることを知った。「見たかった絵がついにこの世に出現した」と喜び、「沖縄の人間としてお礼をしたい」と夫妻の講演会に出かけた。

これが縁で丸木夫妻と知り合い、やがて夫妻から「沖縄戦の図」を沖縄に寄贈したいという話を聞く。県や宜野湾市などに当たってみたが、どこも引き取るところはない。この絵は沖縄に置くべきだと感じた佐喜真さんは自ら美術館を作ることを思い立つ。

ちょうどそのころ軍用地の契約更新の時期が訪れた。「そうだ、飛行場内の先祖の土地に建てよう」と那覇防衛施設局(当時)に軍用地の返還を求めた。だが、何も進まない。業を煮やし、市を通じ米軍に直訴すると、「ミュージアムならいいだろう」と軍用地の一部返還が認められたという。

建設費約2億円は別の土地を処分して捻出《ねんしゅつ》。軍用地料でこれまで買い集めたルオーやケーテ・コルビッツの版画も併せて所蔵する美術館を1994年に建てた。最初は沖縄戦の絵を誰が見てくれるだろうと心配だったが、翌年から修学旅行の中学生が訪れ、以来、沖縄の平和学習の主要コースの一つになった。

2012年の入場客は約4万人。「若い人に戦争の真実を伝えるのに絵の力は大きい」と佐喜真さんは目を輝かす。

美術館の屋上からは広大な普天間飛行場が見える。佐喜真さんの次の夢は、この土地が丸ごと返還されることだ。

アメラジアンの学校
多文化認め、ダブルの教育

沖縄で米国人とアジア人との間に生まれた子を意味する「アメラジアン」という言葉を初めて知った。米軍基地が集中する沖縄では毎年、米軍人・軍属と地元女性の間に約300人の子どもが誕生するという。2012年12月初旬、アメラジアンの子どもたちの学校が宜野湾市の中央公民館で年1回のフェスティバルを開くというので見に行った。

まず約70人の児童・生徒全員が舞台で校歌を斉唱。この後、日本語と英語を交えながら、歌や楽器の演奏、音読劇、ダンスなどのパフォーマンスを披露し、最後はエイサーで盛り上がった。閉会の挨拶で生徒会長のジョーンズ恵梨華さん(15)が「私たちはお互いの多様性を尊重し、日本語と英語、アジアと米国の文化を学んでいます」と話すと、保護者ら会場に集まった人々から大きな拍手が起こった。

この学校はアメラジアンスクール・イン・オキナワ。幼稚園から中学3年までの子どもたちが通い、小学生の授業は8割が英語で行われている。アメラジアンの子どもは言葉の壁やイジメで日本の公立学校になじめず、不登校になる例も少なくない。スクール

笑顔でフェスティバルに参加した子どもたち（宜野湾市野嵩）

はこうした子どもたちのために、アメラジアンの子を持つ5人の母親が出資して設立したＮＰＯ法人の学校だ。

校長のセイヤー・みどりさん（53）は米軍属と結婚し、3人の子をもうけた。インターナショナルスクールに通わせていたが、この学校が産業廃棄物の処分場跡地に移転、異臭騒ぎが起こったのを機にやめさせた。当時、小学生だった3人の子はみんな公立学校へ行くのを嫌がった。英語教育を続けさせたいとの思いもあり、同じ悩みを抱える母親たちと日英2カ国語を教える学校設立に乗り出した。

1998年、ビルの一室を借り、無認可のフリースクールとして開校。日本人の退職教員や米国人教師が授業を行った。翌1999年には市教育委員会に掛け合い、同校への通学が義務教育上、出席扱いになることも認めてもらった。

スクールの子どもの母親は約6割がシングルマザー。生徒の中には米軍基地内の学校に通っていたが、両親の離婚や父親の退職で退学になった子もいる。「自分は米国人」と思っていた子が突然、日本社会に放り出されると、アイデンティティークライシスに陥る。「子どもたちが誇りを持って生きるにはハーフ（半分）ではなく、2つの文化を持つダブルの教育が必要」とセイヤーさんは言う。

宜野湾市志真志のスクールを訪ねた。現在の校舎は市施設の1階にある。日本語担当教員の北上田源さん（31）が中学2、3年生に日米両方の教科書をコピーしたプリントを配り、社会科の授業をしていた。テーマは太平洋戦争だ。

「どう違うかよく見てごらん」。北上田さんがこう言うと、生徒たちは教科書を見比べ、その違いを指摘した。「日本は空襲の被害が詳しく書いてある」「米国は特攻隊の記述があるが、日本はない」。日米それぞれの視点から戦争を学ぶのが授業の狙いだ。

授業を受けていたジョーンズ恵梨華さんは「こんがらがるけど、日本と米国両方の見方を学べるのは恵まれている」と話す。

恵梨華さんは2012年、県主催の「児童・生徒の平和メッセージ展」で作文の優良賞を受賞した。その中でこう訴えた。

「学校では文化や価値観の違いから生徒が衝突するが、話し合えば解決できる。学校という小さな社会でできることが世界という大きな社会でできないはずはない」

将来の夢は米国で教師になって日本の文化を教えることだという。

戦禍の証言者

子・孫世代に映像残す

沖縄で取材すると、よく沖縄戦の話に行き着く。米軍基地など今日の問題の根っこにこの戦争があるからだ。住民を巻き込んだ国内最大の地上戦で、沖縄県民の約4分の1が犠牲になったとされる。体験者の証言をじっくり聞こうと思っていたが、その機会は予想外に早く訪れた。

「敵、味方の区別も分からなくなる。戦争は恐ろしい」——。2012年11月下旬、アパートから徒歩5分の上大謝名地区の公民館を訪ねると、元自治会長の嘉手納《かでな》良幸さん(82)がビデオカメラを前に静かな口調で語っていた。戦争体験者の証言を映像に記録する県平和祈念資料館の「子や孫につなぐ平和のウムイ(思い)事業」だ。この日、事業に参加した嘉手納さんのビデオ収録が行われていた。

嘉手納さんは当時、15歳。沖縄北部の宜野座村にいた。米軍の上陸後、家族とともにわずかな食料を持って山に避難した。ところが、それを日本軍の兵士に奪われた。山から下りて家の方に戻ると、そこにも日本兵が来て食料を出すよう求めてきた。日本軍は物資が乏しく、住民から食料を取り上げて生き延びる兵士も少なくなかったのだ。

一方、米軍の兵士は足を悪くした父親の介抱をしてくれた。友軍の日本兵に食料を奪われ、鬼畜と教えられた米兵が親切だった。子ども心に戦争が人を変えることを思い知らされた。嘉手納さんは「二度と戦争をしてはいけない」とカメラに向かって訴えた。

12月中旬、今度は同じく事業に参加した上大謝名《おおじゃな》在住の小俣敏子さん（83）の話に耳を澄ませた。

１９４５年３月。当時15歳だった小俣さんは宜野湾市の宇地泊《うちどまり》にいた。日本兵に「ここにいては危ない」と言われ、１カ月分のコメと芋を持って家族と浦添村（当時）に逃れ、壕《ごう》に隠れた。４月１日に米軍が沖縄本島に上陸すると、さらに南下し首里付近の墓に身を潜めた。墓内に入る時、「申し訳ありません」と心の中でつぶやいたという。ここには２、３週間いた。

沖縄戦の記憶を語る小俣敏子さん（宜野湾市大謝名）

その後は本島南部をさまよい、避難できる民家を探して隠れた。一つの民家に逃げてきた10世帯くらいの家族がひしめき、座る場所を確保するのもやっとという状態だった。同じ所にいると危険なので、移動はほぼ毎日。昼間は米軍機の機銃掃射にさらされるから、移動はいつも夜だった。このころ手持ちの食料が底を突き、畑から芋を掘り出して飢えをしのいだ。逃げ続ける間、道に横たわる死体を何度も見た。

約2カ月間そんな日々が続いた後、最後は摩文仁《まぶに》村（現糸満市）にたどり着き、身を潜めた。水や食料の調達は父と小俣さんの仕事だったが、ある日の夜、自分も行くと言った母と一緒に水を汲《く》みに出た。運悪く米軍の艦砲射撃に遭い、母が砲弾の犠牲になった。小俣さんは母の遺体を畑の土手に置き、「後で迎えに来るからね」と言って残る家族のもとに戻った。

「涙も出なかった。父は負傷しており、幼い弟2人と妹2人を抱え、自分がしっかりしないといけないと思った」。こう語る小俣さんの目にうっすらと涙が浮かんだ。母の死の翌日、小俣さん一家は米軍に捕まったという。

沖縄戦を知る人は減る一方だ。平和のウムイ事業は体験者が元気なうちに聞き取り、次世代に伝えようと実施された。全県で約３００人の証言を収録、２０１３年夏から平和祈念資料館で一般公開する予定。参加者の家族にはＤＶＤを贈呈する。悲惨な戦争の記憶をどう引き継ぐか。基地問題に悩む沖縄のもう一つの大きな課題だ。

生き残ったAサインバー

来ては去る米兵の残像

普天間飛行場北端に接する宜野湾市普天間のすずらん通り。今はひっそりしているが、かつては「Ａサインバー」が軒を連ね、米兵でにぎわった。Ａサインとは米軍占領下で衛生など米国の基準を満たした店に与えられたお墨付きのこと。沖縄の本土復帰でＡサインは廃止、バーも徐々に姿を消したが、今も営業を続ける店が残っていた。

その店「シンディー」はすずらん通り周辺の裏通りにあった。ステンドグラスの電灯が照らす白いカウンターに若い米兵５人が陣取っていた。壁には「Ａサイン」の年代物の許可証が飾られている。

店を訪ねたのは２０１２年12月上旬の午後９時。米兵による集団強姦致傷事件を受け、午後11時以降の夜間外出と基地外の飲酒が禁止されたため、米兵はジュースを飲んでいた。

壁と天井を埋め尽くすように貼られた米ドル紙幣に目を引かれた。ベトナム戦争当時、戦場に行く米兵が名前を書き、「生きて帰れますように」と願掛けして貼ったのが始まりという。「また来るからと言って戦地に向かったが、戻ってこない兵士が大勢いた」

「Aサイン」が掲げられた「シンディー」店内。長堂清子さん（左）と直子さんは時代の変化を見続けてきた（宜野湾市普天間）

とオーナーの長堂清子さん（75）は言う。

清子さんが店を開いたのは1970年。それまで夫と旅館を営んでいたが、近所の人から勧められ、バーを始めた。当時、米軍基地にはベトナムに向かう兵士が数多く駐留し、米兵相手の商売は活況を呈した。30人収容の店なのに開店直後から毎日100人もの米兵が押しかけた。立って飲む客も多く、ジュークボックスで音楽をかけて踊り、週末はどんちゃん騒ぎだった。

店内は明日死ぬかもしれないという切迫感と刹那《せつな》的な高揚感が支配し、米兵は気が立っていた。店の3階で生活していた長女の直子さん（51）は「米兵のケンカの声で眠れない夜もあった」と語る。米兵が投げたコーラの瓶が清子さんの額に当たり、病院に運ばれたこともあったという。

店の繁盛は長続きしなかった。1972年の本土復帰、1975年のベトナム戦争終結やドル相場の下落で、1980年代には潮が引くように客足が遠のいた。清子さんは店をたたもうと思ったこともあるという。だが、程なく地元の客が来るようになった。

東京の化粧品会社で働いていた直子さんが沖縄に戻ったこともあり、清子さんは親子で店を続けることにした。泡盛やカラオケ設備を入れ、地元客のニーズにも合わせた。現在は客の9割が日本人だ。

清子さんは沖縄出身の両親の間に生まれ、幼いころ戦争で父を亡くしている。父の死後、母の実家がある沖縄北部の今帰仁《なきじん》村に母と弟とともに命からがら避難した経験を持つ。それだけに戦争反対の思いは強い。その一方で米兵との付き合いも深かったため、基地への思いは複雑だ。

ベトナム戦争のころ、派兵された米兵と同じ部隊の兵士が来て、泣きながら「彼は死んだ」と言うのを何度も聞いた。そのたびに切ない思いに駆られた。天井のドル紙幣を見上げ、「去っていった人のことを時々思い出す。彼らにずっと見守られているような気がする」と話す。

子どものころ、米兵のケンカに悩まされた直子さんも米空軍のエンジニアと結婚。長女は今、基地内の学校に通っている。「問題を起こす米兵はごく一部。兵士がみんな悪いわけではない」と語る。

そんな話をしているうちに時刻はいつしか午後10時半に。門限が近づいたと知った5人の兵士が立ち上がり、そそくさと家路に就いた。

基地の中に消えた集落

伝統行事続け「絆」守る

宜野湾市では戦争を境に集落の地図が大きく変わった。普天間飛行場の建設で、米軍に土地を接収された地域が多いからだ。飛行場内の北東部に集落の大半があった新城《あらぐすく》地区もその一つで、戦後、飛行場外の北側に移動した。先祖代々の土地を追われた住民は散り散りになったが、今も緊密な関係を維持している。

新城郷友会。旧集落の住民が結成した親睦《しんぼく》会だ。2012年12月上旬、その事務所を訪ねた。建物の前に広場があり、すぐ横に拝所と戦没者の慰霊塔が立っていた。

「これを着て6年に1回、まーるあしびをやるんです」。郷友会のメンバー、新城為順さん(63)が彩り鮮やかな衣装を見せてくれた。「新城まーるあしび」は同地区に古くから伝わる村芝居。4人1組となり、8組が違う衣装と小道具を持って次々に踊る「総踊り」が名物で、寅《とら》年と申《さる》年に実施されていた。戦争で一時中止されたが、戦後に復活、今も続いているのだという。

郷友会の会員は約120世帯。現在の新城地区に住む人のほか普天間、野嵩《のだけ》など他の地区の住民も多い。伝統行事に加え、ゴルフ大会や敬老会、若手の会などの会合を開き、親睦を深めている。

新城地区には現住民が参加する自治会があるが、「郷友会の方が結束が強い」と同地区に住む新城信敏さん(83)。世代交代が進み、旧集落を知る人は減る一方だが、その数少ない一人だ。戦前の新城は琉球松が連なる宜野湾街道に沿った農家主体の小さな集落で、のどかな田園風景が広がっていたという。

1945年3月、沖縄戦が始まると、新城さんら約300人の住民は集落内にあった洞窟湧泉《どうくつゆうせん》のシマヌカーに隠れた。すぐに米兵に見つかったが、避難民の中に米国帰りの人がいて、この人が米軍と交渉。全員が捕虜となり、無事救出された。

新城さんは収容所を転々とし、1年後に野嵩地区に移った。久しぶりに自分の家を見に行くと、家屋はなく、木も倒され、土地は敷きならされ、飛行場の一部になっていた。「胸がはち切れそうな思いだった」と振り返る。

現在の場所に住居を構えたのは1960年。飛行場外北側の軍用地が開放され、旧集落の住民が移った。他地域からも多くの人が移住し、大きな集落が形成されていった。「60年代初めまではフェンスもなく、基地内に自由に出入りできた」と話すのは郷友会会員の上江洲勇さん(65)。小学生のころは仲間と一緒に滑走路やシマヌカーで遊んだ。当時は先祖の墓も飛行場内にあったという。

現在は米軍の許可なしに普天間飛行場に立ち入ることはできない。郷友会のメンバーは毎年、戦没者慰霊祭の時には中に入る。沖縄戦の際、自分たちの命を守ってくれたシマヌカーに行き、清掃をするのだ。新城為順さんは「もともと我々の土地なのに、いちいち許可を取らないと入れないのは腹立たしい」と語る。

沖縄で有名な大正期の民俗学研究者、佐喜真興英《さきまこうえい》は新城の出身だ。その生活文化を描いた『シマの話』を出版、自らの出身地を「集落の結合が極めて強固で、人々がささいな事にまで共同行動を取っていた」と表現している。

宜野湾市では新城のほか、宜野湾、普天間、神山などの地区も郷友会を次々に結成した。米軍基地に断ち切られた共同体の絆を取り戻す試みは今なお続く。

基地から生まれた企業

米国の食文化広め成長

沖縄では戦後、米軍基地で軍作業員として働く人が多かった。彼らは米兵が覚えやすいようによくチャーリー、トニーなどのニックネームで呼ばれた。そんな愛称を持っていた人が起こした会社が宜野湾市大山にある。パン・菓子製造販売のジミー。２０１２

年5月、81歳で亡くなった稲嶺盛保さんが自身の愛称をそのまま社名にした会社である。

本社近くの赤レンガ造りの店舗に入ると、カラフルな横文字表記の箱入りクッキーやケーキ、スペアリブが並んでいた。どれもボリュームたっぷりで米国の雰囲気が漂う。長男で社長の稲嶺盛一郎さん(58)に会った。盛保さんの肖像画が掛けられている応接室で父親の思い出話を聞いた。

創業者・盛保氏の肖像画の前で思い出を語る稲嶺盛一郎社長(宜野湾市大山)

盛保さんは那覇市の出身。沖縄戦が始まった時は14歳で、沖縄本島北部に疎開し戦闘に巻き込まれずにすんだ。戦後は北中城村の米軍基地で働く。食糧難でひもじい思いをしていた盛保さんは基地の中に入って驚いた。物資があふれ、基地の内と外はまさに天国と地獄だったのだ。

基地では食器洗いやバーテンダー、司令官の運転手など何でもやった。働きながら英語を覚え、周囲から「ジミー、ジミー」と可愛《かわい》がられた。そのころ、心を引かれたのが食堂で嗅《か》いだ香ばしいパンの香り。米国の豊かな食文化を沖縄の人々も味わってほしい、と思ったのが創業の原点だ。

米国人相手の洗車サービスなど様々な仕事を経て1956年、大山に雑貨店「ジミーグロセリー」をオープン。大山は当時、米国人住宅が軒を連ね、沖縄における米国の生活文化の発信地だったという。基地内の食堂で働いていた米国人を雇ってパンやケーキの製造技術を学び、売り出すと、大当たり。これが会社発展のきっかけになった。

ベーカリーのほか、レストラン、スーパーも展開。経営不振に陥った時期もあったが盛り返し、現在は店舗数22、年間売上高約28億円の企業になった。1984年に社長に就任、徐々に経営を引き継いだ盛一郎さんは「父はアメリカが大好きでした」と振り返る。

沖縄各地でレストランを展開するピザハウスも基地から生まれた企業だ。創業者の伊田耕三さん(86)は鹿児島県徳之島の出身。戦後、福岡市の板付基地や沖縄の嘉手納基地など米軍基地に勤め、軍の将校クラブの支配人として働いた。日本人のコックやウエートレスを指導し、レストラン経営のノウハウを学んだ。

伊田さんは基地での経験を生かし事業に乗り出す。1957年、コザ市(現沖縄市)にピザやサンドイッチなど軽食主体の店を開業。1年後に宜野湾市大山に進出、軍の将校クラブをまねた洋食の本格レストランを始めた。大人の社交場を意識しテーブルにロウソクを置くなどムードある演出が米軍関係者に受け、行列ができるほどににぎわった。

この店はその後、浦添市に移ったが、道路工事で立ち退きになり、新しい場所を物色中。一方でファストフード感覚のカジュアルレストランのチェーン化にも乗り出し、9店舗を展開する。

高齢の耕三さんに代わり、社長として経営を担う典充さん(59)は「父が起業できたのは基地で世話になった米国人のおかげ」と語る。騒音や米兵の事件が問題になる米軍基地だが、地元企業の発展に貢献した面も無視できない。

琉球文化支えた神社

門前町復活へ王朝行事

普天間飛行場とキャンプ瑞慶覧の2つの米軍基地に挟まれた宜野湾市普天間。「ふてんま」といえば誰もが基地を連想するが、もともとは普天満宮の門前町だった。市の中心街として賑《にぎ》わったというが、今は空き店舗が目立ち、往時の面影はない。普天間の今と昔を知りたいと思い、普天満宮を訪ねた。

社殿横の入り口を下りると、地底の奥深く神々しい世界が広がった。普天満宮洞穴。

街の活性化などについて語る普天満宮の新垣宮司

普天満宮の境内にある全長280メートルの鍾乳洞だ。「ここは昔から住民の信仰の場だった」と宮司の新垣義夫さん(72)。指さす方を見ると、石灰岩の石柱の間に神殿が設けられていた。

普天満宮は洞窟に祭った琉球古神道神と熊野権現を合祀《ごうし》した神社と伝えられる。「琉球王朝時代、旧暦9月には国王が首里城から約100人の従者を伴って参詣した」。新垣さんの説明が熱を帯びる。参詣道として使われた浦添から普天満宮までの街道沿いには2000本を超える松が植えられ、「宜野湾並松」と呼ばれ、住民に親しまれたという。

戦前の普天間は官庁や学校など多くの公共機関が置かれ、沖縄本島中部の政治・経済の中心地だった。普天満宮の門前には旅館や飲食店、各種商店が並び、賑わった。戦後も米軍相手のレストランが次々にでき、栄えていたが、市役所の移転や郊外に大型ショッピングセンターができた影響で、1980年代から衰退が始まった。

新垣さんは本島中部のうるま市の出身で1955年に普天間に来た。伯父だった先代の後を継ぎ、宮司になったが、往時の普天間を知るだけに、寂れた街を何とかしたいとの思いは強い。宮司として何ができるか考え、「昔の琉球文化を復活させることで、街の活性化を図りたい」と話す。

新垣さんは地域の自治会、商店主らがメンバーの「普天間門前まちづくり期成会」の顧問を務める。２０１２年10月には期成会主催で旧暦9月15日の例大祭に行われていた奉納角力《すもう》大会を約半世紀ぶりに復活させた。沖縄角力は最初から組んだ状態で勝負するのが特徴。懐かしい行事の再開に多くの市民が会場のスーパー駐車場に集まり歓声を上げた。

２０１３年10月には琉球国王による普天満宮参詣の歴史絵巻行列を再現する計画だ。参加者が当時の衣装を身にまとい、首里から普天満宮までの行程の一部を行進する。期成会の理事長、柏田吉美さん(79)は「イベントでムードを高め、普天間周辺のまちづくり推進に拍車をかけたい」と語る。

期成会は空洞化が進む普天間の活性化のために設立されたＮＰＯ法人。５０００人を超える市民の署名を集め、市に政策の実行を求めるなど、精力的に活動してきた。住民の声に応える形で、市も防衛省の補助事業を活用する「普天間飛行場周辺まちづくり」の計画推進に動いている。

普天満宮周辺に交流広場や歴史資料館、国際交流施設を設置する構想が浮上。こうした施設を核に街の活性化を目指す。普天満宮から延びる国道沿いにかつての松並木を整備する案もある。

琉球国王の参詣道にあった宜野湾並松は沖縄戦を前に日本軍が多くを伐採。戦後は飛行場として米軍が接収し、基地外に残された松も害虫に侵食されて姿を消した。

新垣さんの夢は普天間飛行場が返還され、元の場所に宜野湾並松が復元されることだ。「その街道を通って琉球国王の普天満宮参詣が再現できたら最高」と話す。

エイサーに魅せられた若者

東京出身で青年会長に

若者が歌と囃子《はやし》に合わせ、躍動する沖縄の盆踊り、エイサー。この伝統芸能に魅せられ、青年会活動を始め、会長まで務めた東京出身の若者がいる。宜野湾市の長田《ながた》地区に住む中本岩郎さん(26)。6年前から地域に伝わるエイサーの研究に取り組んでいる。

「宜野湾市のエイサー―継承の歴史―」。中本さんが会長を務める宜野湾市青年エイサー歴史調査会が執筆、発行した本だ。400部を印刷し、2013年3月上旬から地域の人々に配布を始めた。本には長田、中原、新城《あらぐすく》、大山など市内27地域のエイサーの内容や歴史が詳しく書かれている。

宜野湾市に来てエイサーに興味を持った中本さんは、市のエイサー祭りに参加して地域ごとに曲や踊りが異なるのに驚いた。どうして違うのか。素朴な疑問を抱いたのが研究を始めるきっかけになった。地元の人々に聞き取り調査をして気づいたのは、どの地域も青年会が自治会活動で大きな役割を果たしていること。東京とは違う沖縄独特の共同体の魅力に次第に取りつかれていった。

中本さんは東京・四谷生まれ。高校2年の時、平和学習で沖縄を訪れた。糸満市の県平和祈念資料館やひめゆりの塔などを見学、沖縄戦や米軍基地について学ぶ旅行だった。だが、興味を引かれたのは旅先の旅館で見た琉球舞踊や三線《さんしん》の音色。伝統文化に関心を持ち、沖縄の大学に行くことを決意する。

2005年、沖縄国際大学へ進学。その前年に同大学への米軍ヘリ墜落事故が起きたが、気持ちが揺らぐことはなかったという。大学では平和学習支援サークル「スマイライフ」に所属、本土から来た学生のガイドもした。

長田地区の青年会の仲間とエイサーを実演する中本岩郎さん（中）（那覇市おもろまち）

エイサーとの出合いは自宅近くの公民館。青年会がエイサーの練習をしているのを知り、訪ねた。知り合いもいない所へ一人で飛び込むのは勇気がいったが、意外にも親切に受け入れてくれた。大学2年の6月からエイサーを教えてもらい、その年の旧盆後に市のエイサー祭りに参加。自ら踊り、研究も始めた。

地域でエイサーを担うのは青年会。東京で地域活動に無縁だった中本さんは沖縄で自治会活動に深くかかわることになる。会計、副会長を経て大学卒業の年には会長に。長田地区では初となる県外出身者の青年会長誕生だった。青年会は運動会、清掃、防犯パトロールなど地域の様々な行事に参加する。会長ともなれば人の手配から取りまとめまで指導力が問われる。「2年務め、大変だったが、勉強になった。地道な地域活動があって、その上にエイサーがあることが分かった」と語る。

東京出身の中本さんが青年会長に選ばれたのは、エイサーや沖縄への関心の深さが認められたから。だが、それだけではない。「沖縄には、いちゃりばちょーでー（一度会えば皆兄弟）ということわざがある」と話すのは、中本さんの前に青年会長を務めた石原田耕二さん(30)。中本さんは石原田さんから「人との付き合い方など様々なことを教えられた。外部の人間を受け入れる沖縄の懐の深さを感じた」と振り返る。

沖縄で地域の共同体の魅力に触れた中本さんは自分の出身地にも関心を寄せ、毎年6月には東京・四谷の総鎮守、須賀神社の例大祭で神輿《みこし》を担いでいる。宜野湾市では大学卒業後に嘱託で勤めていた市の教育委員会を２０１３年３月で辞め、秋からは特産品づくりなど地域おこしの活動に取り組む計画。その間、全国の地域コミュニティーを見て回るというが、６月の四谷の神輿と８月の沖縄のエイサーだけは欠かさないつもりだ。

返還後にらむ若手の会

「普天間の未来」を模索

「公園は箱もの優先ではなく、市民みんなで育てるものにしたい」

「樹木の整備についてもしっかり考えたい」

２０１２年12月中旬、市役所別館に仕事帰りの市民が集まり、会議を開いた。普天間飛行場の地主の子や孫で構成する「普天間飛行場の跡地を考える若手の会」の定例会だ。基地返還後の跡地利用をめぐり白熱した議論が続いた。

会議では11月下旬に実施した大阪府の国際文化公園都市「彩都」などへの視察報告が行われ、その後、公園や住宅地といった跡地利用の具体案の検討に移った。場所を居酒屋に移し、街の将来を考える議論は深夜まで及んだ。「まちづくりは地権者の結束が何より大事」と話すのは若手の会副会長の呉屋力さん(45)。定例会の後は必ず飲みに行き、お互い本音を語り、意思疎通を図るのだという。

普天間飛行場は米軍が土地を接収、建設した基地で、用地の約9割は私有地。3000人を超える地権者がおり、日本政府が軍用地料を払っている。1996年に日米が普天間飛行場返還で合意したのを受け、跡地利用を考えるため、市などの呼び掛けで若手の会が組織された。

地権者ではなく、その子や孫がメンバーなのは、将来の跡地利用を担うのが若い世代だからだ。地主の中には、軍用地料を当てに生計をたてているため、返還を望まない人もいるし、高齢で将来のことまで考える余裕のない人も少なくない。

若手の会は2002年に若手地権者懇談会として発足、2004年に名称変更した。子や孫のほか若手の地権者も加わり、現在会員は36人。若手とはいえ20代から60代まで年齢層は幅広い。これまでまちづくりについての勉強会や日本各地の先進的な都市開発地域の視察を重ね、市の跡地利用の計画づくりに提言してきた。県と市が策定した基本方針には、大規模な公園や広域的な公共交通の整備、旧集落再生などが盛り込まれている。

若手の会会長の大川正彦さん(47)は「基地に頼らない夢のある街をつくりたい」と語る。市の消防本部に勤めており、9年前の沖縄国際大学への米軍ヘリ墜落事件の際は、一報を受け現場に駆けつけた。校内で燃え上がるオレンジ色の炎。何とか鎮火すると、現場を米軍に占拠され、締め出された。「この基地は危険」との思いとともに、「ここはまだ占領地なのか」と悔しさがこみ上げた。

２００９年、民主党に政権が交代し、当時の鳩山由紀夫首相が「最低でも県外移設」と唱えた時はもろ手を挙げて喜んだ。だが、その後の翻意でがっかり。「沖縄の負担を減らす形で一刻も早く普天間飛行場を返還してほしい」と願う。

大川さんは多額の軍用地料を手にし、生活が一変した地主たちを数多く見てきた。中には働かなくなり、ギャンブルざんまいの生活を送る人もいた。ばくちで負け、軍用地を取られた人や、詐欺師にだまされる人もいたという。米軍基地にいつまでも頼っていては街の未来はない、というのが大川さんの思いだ。「基地を返還させ、その跡地利用で雇用を生みだし、経済を活性化させたい」と話す声に力を込める。

県と市は若手の会の意見を踏まえ、全体計画の中間とりまとめをし、２０１３年度以降にいよいよ跡地利用計画の策定に入る。沖縄では普天間飛行場の県内移設反対の声が強く、飛行場の返還時期はなお不透明。それでも、返還に向けた準備だけは地元で着々と進んでいる。

総集編

「ゆいまーる」今こそ

オスプレイの爆音を聞きながら基地の街に住んでみると、ふだんはほとんど考えない安全保障について意識させられる。沖縄には支え合いを意味する「ゆいまーる」という言葉がある。基地は日本全体の問題であり、この精神で沖縄と本土がつながることが何より重要、と強く感じた1カ月間だった。

基地との奇妙な共存
本土と意識の乖離大きく

住み込み取材をしたのは2012年11月下旬から12月下旬まで。この間、沖縄上空を北朝鮮のミサイルが通過、沖縄の尖閣諸島上空では中国機が領空を侵犯した。そのたびに緊張が走った。アパートから空を見上げれば、オスプレイが重低音を響かせ、飛行している。ここは日本で戦場に最も近い場所だと思った。

沖縄の面積は国土面積のわずか0・6%。そこに日本の約74%もの米軍基地（米軍専用施設）が集中している。不均衡極まりないが、沖縄のおかげで本土の日本人は枕を高くして寝ていられると思った。東京にいる間は安全保障の問題を真剣に考えたことはなかった。ここではそれが具体的な姿を持って迫ってくる。

アパートを借りた場所は宜野湾市の大謝名《おおじゃな》地区。普天間飛行場の南西端に隣接する地域だ。当初はオスプレイの音が聞こえるたびに不安に駆られた。でも不思議なことに4、5日たつと何も感じなくなった。

徒歩5分のところに米軍機の進入ルートの真下に位置するレストランがある。上空を飛行機が通ると、轟音《ごうおん》がもの凄《すご》い。「怖くないの?」と従業員の女性に聞くと、「もう麻痺《まひ》しています」と答えが返ってきた。自分もそうなのかと思うと、改めて怖くなった。

様々な市民に話を聞くと、「オスプレイより景気」という人も多かった。当然ながら人々は日々の生活に追われている。基地の街に住んでいるのだから、飛行機の騒音も慣れっこなのだろう。基地と住民の奇妙な「共存」が続いている。

とはいえ、基地反対の声が根強いのは事実。2012年9月のオスプレイ配備反対の県民大会には宜野湾市民がこぞって参加した。上大謝名地区に住む譜久山朝夫さん(77)は2012年11月の九州市長会でオスプレイの沖縄配備反対の決議が見送られた

民家に隣接する普天間飛行場は世界一危険な基地といわれている

ことに「身近な九州の人も考えてくれない。ショックだった」と語る。基地問題をめぐる本土と沖縄の温度差が浮かぶ。

沖縄の人々が声を上げるのはオスプレイだけの問題ではない。米軍基地が小さな島に集中している現状や、沖縄戦の悲惨な過去も含め複雑な思いがその根底にあるからだ。

住み込み取材の期間はちょうど総選挙の最中。自民党も民主党も中央は普天間飛行場の移設先は県内の辺野古《へのこ》の方針だったが、地元はほとんどの候補者が県内移設に反対する「政策のねじれ」があった。

ある政党の有力政治家が候補者の応援演説にやって来た。彼は「どこの県も新たな基地を引き受けようとしない現状では、残念ながら辺野古以外の選択肢はない」と正直に県内移設を訴えた。その上で「沖縄を理解してもらうには教育を変えるしかない。学校で沖縄の歴史をもっと教えるよう働きかける」と語った。

「何と迂遠《うえん》なことか」とその時は思った。だが、まず沖縄について知ることから始めないと温度差を埋めることはできないのかもしれない。

現地で暮らしてみて強く思ったのは、地域の共同体意識が色濃く残っていること。各自治会では若者を中心にエイサーが盛んで、米軍に土地を奪われた旧集落の人々は今も結束し、村の伝統行事を続けている。職場や学校の同級生など様々なコミュニティーでは「模合《もあい》」と呼ばれる独特な金融の相互扶助が行われている。

助け合って共に生きる。この沖縄の「ゆいまーる」精神を全国に広げていくことはできないものか。2011年の東日本大震災では全国からボランティアが東北の被災地に駆け付けた。基地問題でも日本人の絆が問われている。

軍用地料のひずみ　高騰の果て　新たな亀裂

「軍用地買います！」。沖縄で新聞を読んでいると、こんな広告が目に付く。軍用地とは米軍が基地として使用する土地をいう。沖縄ではその3分の1が民有地で、日本政府が地主に軍用地料を支払い、米軍に無償提供している。軍用地の所有権が売買されるのは、値上がりが確実に見込まれるからで、金融機関が軍用地を担保に融資する「軍用地ローン」もある。

沖縄の米軍基地は約232平方キロ、民有地は約75平方キロで、約3万6000人の軍用地主がいる。年間の借地料は約790億円に上る。

基地は米軍が土地を接収し建設。当初は無償で使用していたが、サンフランシスコ講和条約が発効した1952年から米軍が支払うようになった。1972年の本土復帰後は日本政府が地主と使用契約を結び、借地料を負担した。政府は契約を円滑に進めるため、復帰時に借地料を一気に約6倍に引き上げた。

借地料は国と地主会との交渉で決まるが、軍用地を安定的に確保したい政府の思惑もあり、復帰後も値上がりが続いた。宜野湾市軍用地等地主会によると、普天間飛行場の軍用地料は接収前に宅地だった土地が1972年の約6・3倍、田畑など宅地以外の土地が約7倍に上昇。同飛行場の地主が年間に受け取る平均額は200万円弱というが、中には1000万円を超す人もいる。

軍用地の販売価格は年間借地料に倍数をかけて決まるが、返還の見込みがない土地ほど高い。嘉手納基地は約35倍、普天間飛行場は約25倍で取引されているという。

普天間飛行場の地主は1990年には約2100人だったが、2000年に約2600人、現在は約3300人と増えている。親から子へ軍用地の分割相続が進んでいるためだ。

上がり続ける軍用地料は過重な基地負担への償いの側面があるが、沖縄国際大学の来間泰男名誉教授は「高すぎる軍用地料が沖縄社会にひずみをもたらした」と指摘する。

高額な地料を得る人は働かなくなり、ばくちに走る例も少なくない。相続の際にはどう分割するかで兄弟間に不和をもたらす要因にもなっている。また基地問題に悩まされている他の市民からすると、「地主だけがいい思いをしている」と複雑な思いになり、住民間の亀裂も生まれる。

軍用地が売買される弊害も大きい。もともとの地主ではない投機目的の人が所有権を持つことで、返還後の跡地利用に影響が出る。軍用地の上昇に伴い基地外の地価も上がるなど副作用も生じている。

米系企業2世の時代
葛藤超え懸け橋に

普天間飛行場周辺には米国人が経営する米系企業が多い。宜野湾市大山には約140社が加盟する在沖米国商工会議所もある。基地への経済依存は低下しているが、米系企業は今も雇用を通じ地元経済に貢献。経営者も二世の時代に入り、沖縄と米国の懸け橋を目指している。

市の西海岸に拠点を置くアメリカンエンジニアコーポレイション。空調設備をはじめ配電設備、水道・下水道施設などの工事を手掛ける総合建設会社だ。2011年度の売上高は約82億円。米軍からの受注が9割を占める。従業員約500人のうち、9割は沖縄を中心とした日本人。下請けや資材を調達する会社がそれぞれ100社を超え、地元経済に深くかかわる。

創業は1964年。沖縄の米軍基地に勤務していたロバート・エクスタースタイン会長(73)とリチャード・ブウドロウ社長(73)が米軍需要を当て込み立ち上げた。2人は「沖縄が気に入り、ここに残りたいと思い、事業を始めた」と振り返る。

いずれも地元女性と結婚、その息子が副社長として今、会社経営を担う。ケネス・エクスタースタインさん(42)とユージン・ブウドロウさん(38)だ。2人は沖縄のインターナショナルスクールに通った後、米国に留学。英語で米国式の教育を受けたが、日本語も話す。

ユージンさんは「米国と沖縄の血を受け継ぎ、若いころは思い悩んだ」、ケネスさんも「沖縄でも米国でも外国人と見なされ、困惑した」と話す。だが今は、日米両方の文化を受け継ぐことをプラスにとらえ、ビジネスを通じ沖縄に根付こうとしている。

大山の隣の伊佐地区に本社を置くファーイーストサービスは、米国食材の輸入販売や中古車販売、自動車修理の会社。兄とともに会社を経営するジェームス・ポーグさん(49)は在沖米国商工会議所の元会頭だ。売上高の半分は米軍関係で、従業員25人のうち8割を日本人が占める。

1958年、米空軍勤務の父親と沖縄出身の母親が創業。当初は貿易のほか、外国人住宅の建設・賃貸を手掛けていた。ポーグさんは沖縄のインターナショナルスクールで学んだ後、米国のアラバマ州立大学に進学。卒業後は米空軍に入り、三沢基地や嘉手納基地での勤務を経て、ファーイーストサービスに入社した。「色々な場所に住んでみて改めて沖縄の良さが分かった」と語る。

妻は中国人。米国人の父と沖縄女性の母の間に生まれた自身を国際人だと自称する。地元の小中学校で英語の絵本の読み聞かせボランティアをするなど米国と沖縄の懸け橋になろうとしている。

「【沖縄県宜野湾市】米軍普天間飛行場のある街に住んでみる」を読んで

住んで初めて実感される「チャンプルー」沖縄の多層性

解説
藻谷浩介

沖縄県宜野湾《ぎのわん》市に、宜野湾という集落はない。昔はあったのですが、戦後に接収されて、米軍普天間飛行場の敷地になってしまったのです。最初に使われた「円環都市」という表現は、宜野湾市の本質を突いています。地域の真ん中が空白になっている、こんな街は日本でもここだけでしょう。普天間飛行場ができた後に周囲に街ができた、とかいろいろ勘違いされて言われていますけれども、もともと集落や街道や農地があった台地の上に飛行場ができ、それで家を接収された人たちが基地の周囲に町を作ったのです。

宜野湾市には戦前、沖縄県営鉄道嘉手納《かでな》線という鉄道も走っていました。県営鉄道には那覇から糸満に行く線、東の与那原《よなばる》に行く線、それから北の嘉手納まで行っていた線と3路線あって、特に宜野湾市を貫いていた嘉手納線は、いま残っていればとても役に立っていたことでしょう。ですが戦争で破壊され尽くした後、再建されなかった。宜野湾や嘉手納を通るたび、沖縄戦と米軍による占領のもたらした傷の象徴がここにあると感じます。

宜野湾と嘉手納の間にある北谷《ちゃたん》町も、かつては宜野湾同様に基地に、町の大半を接収されていたのですが、米軍飛行場が返還されたのを契機に、リゾート色のある都市開発を行って大発展します。ところが宜野湾では、北谷にあった機能が普天間に統合されたことで、騒音や危険度がさらに増しました。

その普天間の返還は、もちろん宜野湾の悲願であるわけですが、その危険や騒音を県内の他所に移すだけで、解決といって良いものか。また実際に普天間飛行場が返還されたとして、この巨大な空白をどうするのがベストなのか。基地の底地の地主には、平均で年数百万円の地代が日本政府から払われているわけですが、もし返還がかなえば今度は自分の工夫で利益を出さねばならないのです。

他方で、米軍相手だった飲食街は衰退して客のほとんどは日本人となっていますから、基地が消えてもその点ではダメージはない。かつて米軍相手で成長した日本人起業家や、米軍出身の米国人起業家が、基地に無関係なニュービジネスを広げてもいる。いずれも住んでみて初めて分かる、多層に重なった現実です。記者はそこに暮らす人たちに食い込んで、インサイダーの気持ちになって話を聞いている。実に日経らしい、路地裏の経済学の実践がここにあります。

ところで本当に普天間飛行場は返還されるのか。日米政府が唯一の選択肢だと口をそろえる辺野古《へのこ》は、米軍が一箇所も滑走路を作らなかった本島東海岸にあるのです。私は東日本大震災の前から一貫して指摘しているのですが、本島東海岸は大津波に襲われる可能性のある場所で、だからこそ戦後発展した旧石川市を除いて大きな町は一つもありません。日本で記録された過去最大級の大津波が江戸時代に沖縄を襲ったものであるということも、知っておくべきです。宮古島市下地島に未利用で放置されている下地島空港の3000メートル滑走路を基地転用するという、かつて地元町議会から請願が出たこともある、辺野古案よりは明らかに摩擦の少ない方法を採らないのも、津波の危険が理由なのではないでしょうか。

日米政府はそのことを知らないのか、知って無視しているのか、私の疑問は深まるばかりですが、真相は多層に重なる沖縄の現実の奥底に埋まって、見えてはきません。

それはともかく、返還が実現したその時には、跡地利用を巡って沖縄の見識が試されます。広大な森を大々的に復活させるとか、何かすごく面白いことを考えて欲しいですね。沖縄はもともと、緑に覆われていたんですから。これまた、夢物語かもしれませんが。

第7章

大分県宇佐市

神と仏が出会う
古代ロマンの町に
住んでみる

文　工藤憲雄
写真　嵐田啓明

国宝の神宮に見守られ

至る所に渡来人の足跡

大分県の北西部にある宇佐市といえば、何はともあれ国宝・宇佐神宮であろう。スーパーで買ったばかりのママチャリで出発したのは夕刻になった。約1カ月住むアパートでの荷ほどきが遅れたためだ。多くの地方同様、宇佐も一家に数台の車社会、車なしでは何もできない。しかし、せっかく長期滞在するのだから、じっくり目線の自転車がいいと思った。

宇佐は神武天皇が東征の途次に立ち寄った「菟狭《うさ》の川のほとり」と日本書紀に地名が出てくる。天照神話では宇佐嶋（御許山）に降臨した3女神を宇佐国 造《くにのみやつこ》（宇佐神宮大宮司の祖）が祭る――とある。先史、古代の歴史の記憶を自転車なら通り過ぎることなく見つけられる。

アパートは国道10号沿いの辛島《からしま》というところにある。その地名は宇佐神宮の成立に関与した辛島氏の子孫に由来する。広大な宇佐平野の田んぼは辛島田んぼといわれる。新羅《しらぎ》系渡来集団が、周防灘沿岸に進出、5世紀末には宇佐に到達して「辛国」とし、さらに「辛島郷」となる。渡来人が7割といわれる由縁だ。

特徴のある山々に囲まれた宇佐の町並みが夕日に浮かぶ

宇佐神宮へ4キロ。北九州から鹿児島へ向かうこの10号線を真っすぐに行けばいい。軽いと思った。法隆寺と同じ大伽藍《がらん》があったという7世紀の法鏡寺の交差点を過ぎると欄干の擬宝珠《ぎぼし》が見えてくる。

朱塗りの瀬社橋は、宇佐神宮近しの感を抱かせた。大きな川だ。駅館川と書いて「やっかんがわ」と読ませる。下調べはしてある。宇佐市内を平野と台地に二分する川で、宇佐の古代ドラマは、この川の周囲に源を発する。辛島氏はこの川の西岸の平野に根を下ろしたのだ。

駅館とは律令制時代の外国使節などの接待に使われる駅家の名残らしい。エキカ→エッカから転じたといわれる。韓国語の発音からすれば、駅はヨク、館はクヮン。ヨックワンがヤッカンとなったというのは韓国ドラマ好きの私の勝手な解釈ではある。

神域に近づく右手は深い森に覆われ心細さに加え、思わぬ上り坂に苦しむ。執拗に続く急坂をうらんだ。やっとその頂点に差し掛かろうという瞬間だった。

平野の向こうに夕日が落ちていく。涅槃《ねはん》像に例えられる八面山、ご飯茶わんを伏せた、お仏飯《ぶっぱん》のような稲積山が荘厳なシルエットとなって宇佐平野を見守っている。渡来人たちもこの高台から同じ神々しい景色を見ていたに違いない。

門司から80キロの標識が見える所で下り坂に変わった。あとで知ったが、この坂は「縁無い坂」という。旅人がこの坂に疲れ「ここからどれくらい」と尋ねる。ところが地元の人が「小倉からどれくらい」と聞き間違えて「20里」と答える。「ああ、それじゃ無理だ」と引き返す昔話だ。

宇佐神宮を見ずに帰ってはならない。西参道という看板を右に入る。直線の道を行き当たると「呉橋」にぶつかった。神社の結界となる寄藻《よりも》川にかかるこの橋は、檜皮葺《ひわだぶき》の屋根がのり、緩やかな曲線に趣がある。それもそのはず。10年に1度、天皇家からの勅使が渡る特別な神橋だ。天空にはぽっかり上弦の月が浮かび、心は古代ロマンに。帰途の逆の上り坂をすっかり失念していた。

横綱・双葉山の出身地

生誕100年、息づく神話

大相撲担当を拝命してから31年。還暦を迎えた２０１２年が、相撲の神様・横綱双葉山の生誕１００年と重なった。以前から双葉山の生地・大分県宇佐市を数回、取材で訪れてはいたが、まさか〝住む〟とは夢にも思わなかった。

双葉山は、父が福沢諭吉の生まれた中津で、母が国東半島の入り口にあたる豊後高田の出身。両市に挟まれた宇佐の、とりわけ寒村だった故郷天津《あまつ》の知名度は低く、双葉山は有力後援者がいる「中津の双葉」の印象が強かった。

以前、双葉山の追善相撲を行った当時の時津風親方（大関豊山）は、その興行収益全額を師の故郷に寄付したつもりであったが、興行は中津であった。まだ12月４日の大相撲宇佐巡業を控えるが、生誕１００年記念行事をほぼ終え、やっと「宇佐の双葉」が定着した感がある。

久しぶりに双葉山の生家のある「双葉の里」の新貝文俊館長（73）に会いに行った。日豊本線の天津駅から歩くと30分かかる。アパートから自転車で、市役所、図書館経由で田んぼの中を抜けて葛原古墳を見つつ、豊前善光寺駅からさらに双葉の里まで15キロは

双葉の里のスタッフも一緒に双葉山の写真の前で「はいチーズ」

走っただろうか。台風模様でいつザーッと来るかわからない。むちゃである。しかし、宇佐に来て3日連続で虹のかかるのを見た。吉兆以外の何ものでもないと思い込む。

中津市へ往復する産業トラックの横を身を固くして走る。双葉山が遊んだという伊呂波川の橋の手前で潮の香りがぷーんとして、ああやっとたどり着いたと思った。

新貝館長も突然の自転車姿に驚いた。横綱白鵬がここを訪れて「超60連勝力士碑」のお披露目に参加して以来、1年ぶり。撮影を担当していた地元の中島義光さん(56)も「あれー、工藤さんかい。だれかと思った」。逆風で進まずヨレヨレになっていた。この双葉の里は、いつもだれかれとなく人が集まる心温まるコミュニティーである。

1999年12月、生家の修復など当初予算3億円がついたが、半額以下に減額されて小さく誕生した。寄贈された双葉山の化粧まわしや木像、購入した双葉コレクションがある。オープン10年で40万人、観光バスが乗り入れるコースになった。市から月額19万円の管理費（水道、光熱、浄化槽代）しかもらっていない。あとは地元の物販で人件費からすべてを賄う。宇佐市の自治区のモデル事業である。

事務長の島田万由美さん（56）を中心に、地元の女性がローテーションを組んで応対、お茶でもてなす。時にはガイドもこなす。「双葉山さんがおって、ここがある」と小林勝代さん（68）。佐々木ミツコさん（70）は「楽しいですよ。生き生きしちょる」。島田さんは「おかげで地元のみんなとのつながりが前より強くなった」と言う。

この布津部《ふつべ》自治区約100戸の人口は280人。90歳以上が8人、70歳以上が97人。どこも同様、子供は少ない。新貝館長は「ここの定年は80歳」と言って笑う。

利益が出た分は桜祭り、菊花展、金比羅さまのおみこしに還元、地元ぐるみで楽しむ。「ここでは、まだ双葉山を神様だと思うちょる人が多いんですよ」（新貝さん）

神話が生き続けている。

双葉の里

前人未到の69連勝を達成した不世出の横綱・双葉山（本名・穐吉定次）の生家と資料展示室がある。明治45年（1912年）2月9日生まれ。近くに母校の天津小学校、二葉山神社などがある。

からあげ専門店ずらり

発祥の地、町を挙げPR

大分県内の鶏肉消費量は全国平均の1・5倍で1位だそうだ。主因は大分市内、別府を中心の「とり天」人気のほか、大分県北で激戦区になっている鶏の「からあげ専門店」でからあげを買うという独特の食文化が影響している。

鶏のからあげはどこで買うかといえば、スーパーや精肉店、いや、自分の家で揚げるのが普通だと思う。ところが宇佐の人に聞くと逆に「エーッ」と驚かれる。からあげは専門店で買うものなのだ。

運動会、お盆や正月には大皿に盛られたからあげが欠かせない。おみこしを担いだ後、田植えの後、町内会の寄り合い。少しずつ違う店の味比べをする楽しみもある。

アパート裏の居酒屋のおやじさんは、からあげについてこう解説した。「鶏がごちそうだった貧しい時代の文化じゃろ。無精者の文化ともいえる。キムチを漬けんのと一緒や。家庭で油は手間がかかる」

私の住んでいる辛島から鶏のからあげの発祥の店がある四日市まで、自転車で5分もかからない。来々軒という中華料理屋がそれ。「元祖　若鶏の唐揚げ、創業昭和39年」

という石碑がある。

　鶏のからあげ定食を出して繁盛した来々軒が、近所の庄助という居酒屋にからあげの技を仕込み、庄助が専門のテークアウトの店になった。発祥の第1号店というわけだ。

　その周辺に創業24年の繁盛店「太閤」という店がある。支店は持たない。平日なのにひっきりなしに車が止まり、熱々のからあげを買って行く。からあげを抱えてニコニコしているおじさんがいたので、ちょっと聞いてみた。

「特にここのを食べる。週2回でも3回でもいい」と大神《おおが》喜久治さん(67)。宇佐神宮の宮司の系統の名字に驚く。京都から定年の夫と戻ったという古殿《ふるどの》さんはお孫さんと一緒に買いに来た。「専門店は珍しいと思いましたが、集まりがあるたびに買います」。孫の風夏ちゃんは「砂ズリがおいしい」と通だった。

　どの店も箱形の小さい簡易な建物だ。太閤では、フライヤーを7台置いて次々と揚げる。1日平均200キロ。しょうゆ、ニンニク、ショウガなど10種類のスパイスで作った秘伝のタレが生きる。

　発祥地の宇佐市内には54店舗、隣の中

鶏のからあげを買い求める人が絶えない人気店

津は〝からあげの聖地〟をうたい80店舗で発祥の地に攻勢をかける。

元祖から数百メートル行った交番横の門前広場に「カラアゲ専門店発祥の地」の石碑がある。これは宇佐市役所の職員有志4人が建てたものだ。彼らは役所の仕事とは別に勝手連的な「宇佐市からあげ探検隊」を2006年に立ち上げた。

自腹でからあげを食べ歩き、ボランティアでからあげマップまで作った。いまや「宇佐からあげ」は、市を代表する重要コンテンツになった。

2012年7月に、彼らはより進化して「USA★宇佐からあげ合衆国」を名乗った。軽いノリであろう。地元は「USA」の看板が多い。市の封筒にも「welcome to USA」とある。「ニューヨークに宇佐からあげで上陸したい」と本気で語る女性の吉武大統領をはじめ、食べ歩きで体重が15キロ増えた椎野大統領補佐官、吉田財務長官、河野国務長官の4人が「マニアとしてではなく市民の1人としてからあげによるまちづくりを目指す」と宣言した。

第7回B級ご当地グルメの祭典！B－1グランプリin北九州が10月20日から開催。この4人が仕事を終えてから下準備をした鶏肉2トン（1万5000食）を50人のサポーター（合衆国民）と共に揚げてさばき、結成したばかりの女性5人組「USA☆KARA」が「うさからファイトGO～」の歌で盛り上げる。

麦焼酎文化が開花

一村一品運動で大成功

当時五高（現熊本大学）の教授だった32歳の夏目漱石が、宇佐八幡宮（神宮）に参拝し、８句を詠んだことは知られている。呉橋の手前に句碑があり「神かけて　祈る恋なし　宇佐の春」なんていうのがある。

その翌年の６月１日、今度は森鴎外が立ち寄った。明治33年（１９００年）のことだ。30年に豊州線路（日豊本線）が行橋《ゆくはし》駅と長洲駅（翌年宇佐駅に改称、現在の柳ケ浦駅）の間で開通、宇佐神宮が近くなったことも相次ぐ文豪の訪問と関係があったのか。最終目的は頼《らい》山陽命名の「耶馬溪《やばけい》」探訪にあったようだ。

正月２日におとそ気分でやってきた漱石は、柳ケ浦から徒歩で宇佐神宮に向かった。私もまねしたが、昔の人は健脚というしかない。軍医の鴎外は小倉から大分の徴兵検査視察の途次であり、人力車に乗って参拝している。列車から眺めた宇佐の様子を「小倉日記」にこう書いた。

「沿線麦圃《ばくほ》多く、又櫨樹《はぜのき》の林を見る」と。初夏、麦圃の黄金色に熟した麦秋の季節だった。１００年以上たっても宇佐の田園風景は変わらない。二毛作の６月は麦の収穫期を迎え、

蒸留器を前に焼酎文化を語る三和酒類の熊埜御堂宏実会長

その後、田植えが来る。私の宇佐滞在は稲が走り穂から穂ぞろいにかけて。麦秋の頃もさぞ壮観だろう。

この麦の土壌が、大分、とりわけ宇佐の酒文化を一変させることになる。宇佐は米どころ、清酒どころで、焼酎は軽んじられ、酒造家も飲む人も少なかった。１９７５年でも大分麦焼酎の全国シェアは1％にすぎない。それが、隣の日出《ひじ》町の二階堂酒造が発売した画期的な本格麦焼酎「吉四六《きっちょむ》」が刺激となって、三和酒類の「いいちこ」が１９７９年に生まれるのである。

下町のナポレオンの異名で爆発的に売れ続け、蒸留酒分野（ウイスキー、ブランデーなど）で9年連続して日本一を守り続けている。三和酒類の２０１１年7月期の売上高は５０1億円。業界では黒霧島（芋焼酎）などの霧島酒造（鹿児島）の追い上げはあるものの、宇佐市では比較するものがない大企業である。

１９５８年と１９５９年に４つの蔵（赤松、熊埜《くまの》御堂《みどう》、和田、西）が近代化名目で協業、20年間、なんとか酒を造り続けたが、日本酒が衰退していくその転換期に二代目たちが加わり、麦焼酎ブームに火をつけた。

元日銀総裁の三重野康さんと平松守彦・前知事が旧制大分中学の同級で、三重野さんが、築地の料亭で吉四六をはやらせ、平松知事が東京に行くたびに、特産のカボスをいいちこにキュッと搾って飲む。一村一品運動でもっとも成功したのが麦焼酎といわれた。いいちこは、現在、国内産の麦はわずかで主に豪州産だが、ニシノホシという宇佐の二条大麦を使った「西の星」を２００１年に発売した。宇佐の人は、焼酎は20度と度数の低いものを飲む。なぜか25度を好む東京に広まらない。この20度、スイスイ臓腑《ぞうふ》に収まるところがくせ者なのである。

本社は、後背が山水画のような１００メートルの丘陵にある。朝7時に役員はじめ全員が竹ぼうきを持ち、広大な敷地を掃き清める。体操と朝礼が終わり、８時に始業。奇跡の酵母が住みつく清潔な「酒の杜《もり》」は宇佐神宮の境内のように静謐《せいひつ》に包まれていた。

麦焼酎
いいちこは大分方言で「いいですよ」の意味。従来の焼酎を超えた芳醇な味わいと、ターゲット戦略が成功した。当時「30代後半から40代。日本経済新聞を読み、年収６００万円以上。地下鉄で通勤する人」が典型像といわれた。地元では四ツ谷酒造の「兼八」など麦焼酎の進化は続いている。

八幡総本宮　宇佐神宮

政治的、パワフルな神様

「宇佐神宮は全国4万社といわれる八幡社の総本宮である」と宇佐神宮庁のパンフレットに書かれている。

その由緒を「欽明天皇の御代の571年に初めてこの宇佐の地に御示現になり『われは誉田天皇広幡八幡麿《ほむたすめらみこと》呂なり。我名をば護国霊験威力神通大自在王菩薩と号す』と告げられた」。その肩書だけでも恐ろしくパワフルな神様のようである。

この時代、仏教が伝来し、次第に神道と仏教が融合して行く。八幡神が仏教の「菩薩」を名乗るなど、いわゆる「神仏習合」の文化は全国に先駆けて宇佐から生まれた。境内には聖武天皇の援助を得て壮大な伽藍《がらん》の弥勒寺が738年に誕生、神職より社僧が高い地位を得ていたという。

小倉正五さん（63、宇佐市観光協会専務理事）は、長く宇佐市の発掘や文化財保存に携わり、宇佐神宮や郷土史を知り尽くしている。

「宇佐の神様は、おもしろい神様です。最大の特徴は言葉を発することです」

自ら託宣（神のお告げ）を出し、きわめて〝政治的〟な動きをするという。「桓武天皇が奈良から京都に遷都した際は、『吾《われ》、都近き石清水男山の峰に移座して国家を鎮護せん』と自ら出張（石清水八幡宮）していく。京都がダメだと思うと、鎌倉幕府の鶴岡八幡宮という具合に常に権力のお膝元に出て行く神様で、状況を見るに敏というか、地域の産土《うぶすな》神と違ってどんどん動いていく神様なんです」

勧請という言葉がある。神仏の分霊を請じ迎えることを言うが、八幡神は、細胞分裂するかのように、九州から近畿、関東、東北へと増殖・分霊していった。それが全国4万社もの八幡様となる。

国家神として飛躍する第一歩が東大寺大仏建立の時だった。大仏にメッキする金が不足すると、宇佐八幡神は冗舌に「我が身をなげうって協力する。金は必ず東国より出る」と力強く告げたという。

檜皮ぶき屋根のふき替え工事を見学する人たち（宇佐神宮境内）

この託宣通り、陸奥の国から金が出る。これを大伴家持《やかもち》が祝った歌が「海ゆかば」で、王への忠誠を誓う歌が、戦時中、出征兵士を送る歌となったのは歴史の皮肉である。

宇佐神宮はその功績を認められて多くの褒美（位田、封戸）を与えられ、大仏開眼法要に聖武太上天皇、孝謙天皇に続いて宇佐神宮の女禰宜《ねぎ》が御輿《みこし》に乗って臨んだ。これが御輿の発祥といわれる。

宇佐神宮で最も有名な託宣は皇位を望む弓削道鏡《ゆげのどうきょう》の野心を退けた和気清麻呂《わけのきよまろ》へのものであろう。巫女《みこ》の体を借りて神が言う。「皇位には必ず正統の皇子を立てよ」と。無道の者から皇統を守った清麻呂は宇佐神宮境内の「護皇神社」に祭られている。

宇佐神宮の永弘健二権宮司は「和気公にしても東大寺大仏の時にも裏には非常に政治的なドロドロしたものがあったでしょうね。（ご託宣も）一歩間違うと大変でした」。「最近は道鏡の人気が高いようです。出身の大阪・八尾市から市長さん、議長さんが夏越祭に特産の枝豆を持って来られます」と永弘権宮司は穏やかな表情で話す。

神前で作法にのっとり「2礼4拍手1礼」。私も神様に小さな願いごとを託した。

廃仏毀釈

明治初年、神仏分離令が発せられ、長年、大きな神社は社僧など仏教勢力が強く、神職側の反動で廃仏運動に広がった。仏教景観一掃など境内は大混乱し、国家神道の方針で貴重な文化財が失われた。

「一村一品運動」の真意

物より、まず人材育成

1979年に平松守彦知事が就任すると、自らの創意工夫で地域を活性化しようと「一村一品運動」を提唱した。

ところが一つの村に一つの特産物という「物づくり」と理解された。知事の真意は、そうではなく「いい物をつくるにはそこに人がいなくてはならない。実は物づくりの旗を掲げて人材育成というのが自分の意図なんだ。それがなかなか理解してもらえない」とこぼしたそうだ。

そこで1983年に、県下12ブロックに分けて、人材育成としての「豊の国（大分の古称）づくり塾」を開いて自ら塾長となった。2年間の研修を経て終了後、地域に展開、卒塾生は1800人を超える。

平松氏がお手本としていつも称賛するのが、宇佐の浄土真宗本願寺派「教覚寺」の住職・平田崇英（63）さんだ。宇佐市の卒塾生を中心に1987年から「豊の国宇佐市塾」を開塾した。当初、中心メンバーは住職さんが多かった。古い門前町で教覚寺も550年以上の歴史がある。滞在中、何度かお邪魔した。幼稚園児の声が聞こえる和める空間だ。

「豊の国宇佐市塾」のメンバーと情報交換する塾頭の平田崇英さん（中央）

「名前は継承したが〝づくり〟は入れなかった。十分豊かな地域で、その豊かさをお互いに実感していないだけ。豊の国を再認識するのが必要じゃないか。何があるのか、人物でも拾ってみよう」

代表作「旅愁」で知られる文学の神様・横光利一（本籍地宇佐）、知っているつもりだった双葉山、4コマ漫画の創始者でノンキナトウサンで親しまれた麻生豊、那須、安積《あさか》、琵琶湖の明治三大疎水などに関わった治水家の南一郎平、そしてノーベル賞授賞式で流れた「日本祭礼舞曲」を作曲した清瀬保二。「結構おもしろい人物が出てきました」

開塾翌年10月、早くも『横光利一の世界』を刊行した。さらに翌年、双葉山と猛烈な勢いで突き進んで来た。

双葉山の取材では、塾生が東京・赤坂の九州山（元小結）の自邸を訪ねた。力道山夫人の田中敬子さんから紹介された。宇佐のあらゆる地縁・人脈を使い対象に迫った。

平田塾頭は「本を作ったのが大きかったですね」と言う。「本にまとめれば、2冊目にやる人は必ず、これより上に行ける。そういう状態をつくるのが大事です」。それには各自が手口を含め情報をオープンにすることだという。

手弁当のコツコツ手間のかかる困難な作業でもある。

「何でもいいから発掘して記録する。それがたくさん集まると真実が浮かび上がってくる。たくさん積み重ねると間違った情報が見えてくる」

講演会、研修会など運動は市民ぐるみで広がっている。

平田塾頭は「最初の横光を出すときに、宇佐細見読本のタイトルの横にⅠと書いた。あんた、Ⅱを出すつもりがあるのか。あんな苦労は2度と出来ないと、みんなから非難ごうごうでした。でも11冊目まで来たんです。その都度、人が出てきて、人に恵まれました。一番苦労する編集長が、編集責任者に名を載せるのを譲り合うほどですから」

宇佐市は、2012年10月から小学4～6年生を対象に「ふるさとと宇佐寺子屋塾」を開塾した。古典の素読から語学、ふるさとの偉人伝学習など広範囲にわたる。平田さんは子供塾でも重要な役割を果たす。

豊の国宇佐市塾

宇佐ゆかりの人物などを「宇佐細見読本」として刊行。最近は宇佐航空隊シリーズが全読本11冊中5冊と力が入る。宇佐航空隊では発掘、保存活動で地域作りに大きく貢献している。

わが町も戦場だった

映像発掘　伝える努力

宇佐に住み始めたその日、大分県立歴史博物館の企画展「宇佐海軍航空隊と大分の戦争」の講演会に誘われた。

「戦争遺跡の保存と活用」というテーマで呉市海事歴史科学館・大和ミュージアムの戸高一成館長の基調講演を聞いた。館長は「明治以来戦争で300万人以上を失った。二度と戦争を繰り返さないためには、最大の悲劇である太平洋戦争を最後の資料として保存し、正しく伝えていくことが大切だ」と訴えていた。

宇佐市には、宇佐海軍航空隊があって掩体壕《えんたいごう》（爆撃から飛行機を守る防空壕）10基など多くの戦争遺跡が残り、その保存活動が盛んである。これを推進してきたのが、前節で紹介した宇佐市の地域おこしグループ「豊の国宇佐市塾」である。宇佐市も近い将来、次代に戦争の悲劇を伝えるための「公開施設」が必要だと考え、予算措置を講じている。

私も宇佐滞在中に戦争遺跡はほぼ自転車で走り見ることができた。市指定史跡の城井1号掩体壕、爆弾池、そのまま道路になった滑走路跡、艦上爆撃機（艦爆）の訓練標的跡などである。

しかし、こうした遺跡にとどまらず、最近、若い塾生が加わり、米軍の戦争記録から宇佐空攻撃の動画や新たな戦争資料の発掘が相次いだ。５冊目となる『宇佐航空隊の世界』は、その発見で埋め尽くされ、高い評価を得ている。

宇佐市民図書館前館長の井上治広さん（61、塾生）は宇佐航空隊の生き字引といわれ、詳細な年表をつくった人だ。井上さんと対等に宇佐空の話ができる若手３人が加わり一気に活気づいた。

零戦のエンジンが安置されている城井１号掩体壕

織田祐輔さん（26）は、米国の動画サイトから米国立公文書館所蔵資料の一つである「九州エリア」の映像を発見し、この中に紛れていた１９４５年３月18日の宇佐初空襲の映像を特徴のある山並みから特定した。高知大学の同窓で、大量の米軍戦闘情報の翻訳を担当する新名悠由さん（25）と強力タッグを組んだ。

さらに彼らとインターネットで知り合った「生まれながらの軍事オタク」という藤原耕さん（39）は、１９４４年から1年間存在した宇佐市北西部にあった機関砲製造などの大軍需工場の配置図を復元した。

空襲が激しくなり小倉から疎開した小倉陸軍造兵

廠《しょう》糸口山製造所は、6カ月で完成し1万人が働いた宇佐市史上、最大の工場である。自弁で国会図書館などに足を運び職員構成、製造記録、戦後の空撮写真などデータを調べ上げ、その成果は「図書館を使った調べる学習コンクール」の文部科学大臣賞に輝いている。

戦争を語り継ぐ会で彼らの講演の後、一緒に飲む機会があった。アルファベットと数字の組み合わせの記号だけで、彼らは米軍の映像情報を、何時間でも語り合えるのには驚いた。オークションで購入したという「ガンカメラ」を持参していた。ベル＆ハウエル社製の16ミリフィルムの軍用カメラは米軍全機に付けられて戦果が記録された。しかもカラー映像であった。

彼らの映像発見で「わが町も戦場だった」ことが嫌が上にも浮かび上がってくる。時間との勝負である貴重な証言とともに、映像が宇佐の戦争を子供たちに語り継ぐ。

宇佐海軍航空隊

1939年に大分県下3番目の海軍航空隊として開隊。基礎訓練を終えた搭乗員を実戦部隊に配置する練習航空隊。艦上爆撃機、艦上攻撃機の実用機教程を行う。地獄の宇佐空と恐れられた。所属154人が神風特攻隊で出撃した。

安心院の農村民泊
景観・歴史・食　どれも満喫

宇佐市は２００５年に旧宇佐郡の安心院《あじむ》と院内を合併し、人口６万の市となった。両町を流れ出る河川が合流した駅館《やっかん》川流域に形成された恵みが宇佐平野と遠浅の豊前海とすれば山と海の町の一体感がある。

院内も安心院も中山間地で人口減少に悩むが、自然の宝庫。院内はオオサンショウオの南限で、また75基もの優雅な石橋群で有名である。

安心院については、まずその特殊な読み方から。諸説あり、松本清張の古代史ミステリー第一作『陸行水行』に出てくる「安曇《あずみ》族」説が、邪馬台国の北九州説と絡んで、歴史ロマン派に受けている。

作中、浜中浩三という郷土史家に「安心院は安曇です。安曇はご承知のように海神系（海辺や川を遡上した地に住む）です。つまり、朝鮮系の民族の居たところです。この宇佐族も海神系ですから」と言わせる。清張は戦中から幾度も安心院を訪れている。

安心院盆地の早春は朝晩、深い霧に包まれる。司馬遼太郎は「安心院は中世の荘園として名の知れた処ですから、一度見たかったのです。すばらしい盆地でした。盆地の風景としては日本一ではないでしょうか」と友人へ手紙を書き送っている。

こうした景観や歴史、豊かな農村文化を体験してもらおうと安心院は、1992年に「アグリツーリズム研究会」を発足させて、農村民泊、いわゆるグリーンツーリズム（GT）の先駆けともいうべき存在になった。

笑顔が絶えない炉端の中山ミヤ子さん夫妻

年間、4500人の修学旅行生など9000人が安心院を中心に宇佐市で農泊を体験する。安心院には49軒の受け入れ先農家がある。

その1軒「船板昔ばなしの家」に宿泊予定の私は、カメラマンを伴って訪れた。100年を経た農家はどっしりとしたたたずまいで、大きな炉端では、鶏かやくのにぎり飯やら季節の野菜が焼かれ、味噌漬けや漬物など次々出される。

嵐田カメラマンは両親が大分県出身のせいもあるが、ここを主宰する中山ミヤ子さん（73）の出すお袋の味に「これ、おいしい」の連発。カメラ取材だけのはずが、気配りの見事さとあまりの居心地の良さに、わずか5分で「おれも泊まる」となった。

農泊を始めたのは57歳の時で「隣町が湯布院と別府でしょう。ただの通り抜けの道ではね。町おこしのために何とかせんと思った」という。

ＮＨＫのラジオ深夜便で電話リポートを頼まれるというその話しぶりに聞きほれた。「18の頃は養蚕も盛んで蚕を世話してました。蚕が雨の降るように葉っぱをバリバリ食べる。慣れない人にこの音は怖い。そういう音をたてんと蚕は元気に育たんのよね」

孫の小２の卓三君が「おなかへった」と来る。かわいい孫は、もてなす側の立派な一員。1番上の草太君（中２）の「おばあちゃんの後を継いで安心院のことを全国に発信します」は卒業生代表としての言葉だった。小学校の教師をしている娘の安都美さん（47）も将来、農泊を継ぐことに全く違和感はない。

地ワインで気持ちよくなっていると、ドジョウがバシャバシャと暴れていた。彼らも地ワインで酔っぱらわされて天国へ。あっという間にからあげにされて成仏した。

安心院方式農村民泊

都市と農村の対等な交流を通じて生まれた〃知縁〃で共生の道を探す。一軒一軒がその家で一番得意な体験や料理を自由にやる。合言葉は「心のせんたく」。農家の飾らぬ一期一会の出会いに、修学旅行生はしばしば涙の別れとなる。

移住者の冒険、町も応援

ブドウ園　実り多き10年

安心院《あじむ》で高さ85メートルの東椎野の滝や60メートルの福貴野の滝を見て気分爽快、さらに100メートルの大絶壁・奇岩の仙の岩も観光地として申し分ない。宇佐に住み始めて間もなく法鏡寺の菊水という旅館を兼ねた料理屋のおかみさん、田口三十日《みとか》(79)さんにこう言われた。

「あんた、ここに来てせかせかしてないよ。ここは田園風景を見てのんびりするとこや。仕事しよう思ったらいけんよ。私も昭和56年(1981年)に小倉から帰ってほんとにこの良さが分かった。稲の最後に出る剣葉(止め葉)がピンと立って朝露をはらんできらりと光るのを見たらストレスが吹っ飛ぶよ」

以来、早起きして田園を歩きながらこの言葉をかみしめた。田口さんは商売度外視で、地元の細ネギ「味一ネギ」を豊前海産ハモと豊後牛のしゃぶしゃぶにして宇佐市の6次産業化「味一ネギプロジェクト」に貢献している。とても気性がさっぱりしていて宇佐のお母さんともいうべき存在だ。時間があれば生まれ故郷の安心院の仙の岩で弁当を広げて英気を養うという。

この仙の岩の周辺はブドウ観光農園が多い。ここら辺りは由布岳（1584メートル）の峻険《しゅんけん》な山容が迫ってくる。宇佐住まいも終盤、あるブドウ園で興味深い人物に出会った。

大阪・北区長居出身の川村文孝さん（61）は夫人の貞恵さん（61）と、50歳を機に全く違うことをしたいと農業を志した。順調だったベビー・子供服のデザイン事務所を社員にあっさり手放している。

様々な種類のぶどうを味見させてくれる川村文孝さん

第二の人生の準備で「田舎暮らしの本」創刊号を手に大阪から西の移住ガイドを夫婦で全部見て回った。そして安心院の名にひかれ「ぶどうの新規就農募集」と出合う。同時進行で広島の果樹試験場で全国でも珍しい「根域制限栽培」という手法に巡り合う。

ハウスでぶどうが吸収する水分や養分を制限して糖度を上げる栽培法で、1本ずつプラスチックの箱に苗木を入れてコンパクトに栽培する。

1・5ヘクタールまで拡大した観光農園は画期的だ。バリアフリーのハウス内へは、川村さんが自ら案内し、40種類あるぶどうを説明しながら1粒ずつ味見をさせてくれる。このぶどうツアーは20分かかる。「1

年間、手間暇かけたものを理解して納得して買ってもらう。これによって作る人が誇りを持てるんです」。多摩豊《ゆたか》、マリオ、藤稔《ふじみのり》、瀬戸ジャイアンなど果物屋の店頭にないぶどうの味見にうれしくなってくる。

「僕は無菌栽培は嫌い。草ぼうぼうも嫌い。虫も嫌い。蛇も嫌い。それでもこの農法に出合って町もそれを後押ししてくれた。個人名じゃなくて『安心院農園』と地名をつけたのは、少々のことでは撤退しませんよということ。町も認めてくれた。家内も僕も本当に冒険好きだと思う」

「65歳になったらあの世に近いですから、百姓定年なんで、この5年で作り方を現在6人いる若者に極力伝えて、地元の人に引き継ぎます」

「5年後、ここでパティシエをやります」。それが第3の人生という。一番いいぶどうでだれにも負けない「タルト」を作るのだそうだ。

「車の運転ができなくなったら、それで完全定年です。車がなければ、ここは陸の孤島ですから大阪へ帰ります。マンションの上でもう一回ぶどう作ります」。すごい人がいるものだと、つくづく感心させられた。過疎の再生に欠かせない人材だと思った。

脱サラして自然農法
「本百姓」に込めた思い

宇佐市についてネットで検索をしていると「有限会社　宇佐本百姓」というページに出会った。

宇佐は何といっても農業が中心で宗教も歴史も文化もその延長線上にある。一面の宇佐平野の田んぼが、それを雄弁に物語る。国道10号を中津方面へ。木部《きべ》という地区で、八面山がぐっと近くなる。入り口の田んぼには「自然農法10年目」の小さな立て札がある。木部の東側は赤尾米で有名な赤尾地区である。

深見寿孝さん（40）は、無肥料、無農薬の自然栽培で10ヘクタールの田んぼを耕す。周囲の農家（12人）と合わせ、木部地区面積の3分の1の25ヘクタールが自然栽培地区で「しあわせ米」（ヒノヒカリ）として深見さんが代表で出荷している。

若々しいが、物静かな学究肌という感じであった。聞くと地元の四日市高校（現宇佐高校に統合）から熊本工業大学（現崇城大学）の大学院を出て大阪で技術者としてサラリーマンを続けていたという。

「仕事はおもしろいけど、毎日午前様だったし、10年後はどうなっているか……」

宇佐の山々に囲まれ豊かな田園風景が広がる

一大決心して有希子夫人と宇佐に帰り、両親の田んぼを手伝った。時に30歳。

実際、帰って何も分からず草と格闘して最初の2年はどうやって生活したか分からないほど苦労したという。その後、研究熱心な深見さんは、自然栽培の先駆者と積極的に交流を深め、自分なりの道を模索した。10年たって、初期除草で雑草の問題もほぼクリアし、関心は土壌の真理探究へと向かっている。

大分県立農業大学校などで講義をするなど注目され始めた。米も完売、甘酒も「ウサノチカラ」の6次産業・推奨カタログで紹介されている。

「それでもサラリーマン時代の給料の半分」という。「今は10町歩ですけど、まだ家も建てられず、生活もままならない。まず自分たちが百姓で食って行けるというのを見せないと後に続く若い人が出てこない」。〝本百姓〟を名乗る熱い思いがそこにある。

大阪から宇佐に帰って気づいたのは何気ない都会での通勤や職場そのものがどれだけストレスになっていたか、それをまた当たり前と思っていた。八面山を背負い心持ちを新たに農業に汗水流していると「2月に春先の雰囲気を感じ、ああ、暦(旧暦)通りだと思ったりした」と新鮮な発見が続いた。

「田んぼに入れば精霊を感じるといったら大げさですけど、ある程度やるともう神頼みしかない。人間のやることはしれていて、台風災害が来たらそれで終わり。夏祭りに豊作を祈願するというのは、自然と湧き出たものやなあと感じて、草々にも八百万《やおよろず》の神様が宿る、そういったものが今は分かる気がします。宇佐神宮も、よく聞くとお米の神様だったりして……」

本百姓の目指すものを、宮沢賢治風に深見さんはブログにこう記している。

農村に子供がいて
農村には高齢者を世話をする
若者がいて、
納税を行うことのできる
農家がいて、
農業収入で、
田畑とマイホームがもて、
多様な生業と趣味をもつ
そんな
本来の意味を持つ百姓に

私達はなりたい。

豊かに見える宇佐の田園風景も日本の農業の縮図にすぎない。補助金漬けから自立した農業を築いていけるか。深見さんのような人にこれからの日本の農業の旗手を委ねてみたいと思った。

総集編

大戦の記憶、次代へ

瀬戸内海を望む静かなる内海、周防灘に面し、神々しい山々から霧が舞い降りる。潤いのある田園風景。それが古代の宗教都市・宇佐の風景だ。「戦前は、出身を聞かれて日本全国、宇佐を知らない者はいなかった」と古老は言う。それが誇りであった。全国八幡神社の総本宮・宇佐神宮に対する尊崇の表れでもあったろう。一方で、武運長久を祈ったあの戦争の記憶も同時に呼び覚まされる。宇佐市から発する平和のメッセージが全国に広がっていく日も近い。

特攻隊出撃、小説の題材に

今戸公徳さん(87)は、宇佐神宮庁御用達の民潮酒舗の社長である。かつては東京の毎日新聞の広告部に勤務する傍ら「ダイヤル110番」などの脚本も書くシナリオ作家であった。

昭和38年(1963年)に、父の病気もあって「泣く泣く妻子とともに宇佐に帰って家業を継いだ」という。物書きとしての未練があったのだ。その時、宇佐海軍航空隊跡は田んぼに戻っていた。「今のうち、昭和10年代のことを書いて残しておかねば」と筆を執ったのが「僕の町も戦場だった」。現存する人物がまだたくさんいた時代で、『遥《はる》かなる宇佐海軍航空隊』などの本に結実する。

旧制中津中4年だった昭和16年12月28日、今戸さんは、家の屋根を揺るがす爆音に驚き、慌てて庭に出ると暗緑色に迷彩した九七式艦上攻撃機(艦攻)や零戦がフラップを下ろして飛行場に降りてくるのが見える。真珠湾攻撃に参加した攻撃機の凱旋だった。「日本の一番いい時代をリアルタイムで見ていた。軍国少年にならざるをえんわなあ」

昭和14年に開隊した宇佐空の最も華やかな時代だったかもしれない。しかし昭和20年に入ると相次いでB29の爆撃を受け、宇佐空付きの神風特別攻撃隊が出撃、15

海軍航空隊の滑走路跡に建設された道路が宇佐平野を貫く

4人が戦死した。「元は教育の練習航空隊。士官の教官まで特攻に出て行くのだから何とも言えませんね」と今戸さん。

神風特攻隊は、宇佐神宮に武運長久を祈り、背に桜や梅の枝を差して、機上の人となった。隊名は「八幡護皇隊」や「八幡尽忠隊」であった。

城山三郎の最後の仕事となった『指揮官たちの特攻』はまさに宇佐空の戦争ドキュメントである。城山が3日間、かんぽの郷宇佐に宿泊し、10人にインタビューしている。そのとき、お茶を入れ、1時間半ごとに客を招き入れ、現役作家の横で取材風景をじっと聞いていたのが豊の国宇佐市塾の平田崇英さん(64)であった。さらに大分の津久見へ。最後の特攻隊として宇垣纏《まとめ》司令長官と沖縄へ飛び立った中津留達雄大尉の実家の取材にも付き添っている。

平田さんは「宇佐空についての講演を城山さんにお願いしていた、その年に亡くなられたのが残念でたまりません。この本ができたら死んでいいと先生は私らに言っていました。ものすごい思い入れでしたね」。

宇佐市塾生とともに、戦争遺構を回る5月の「宇佐航空隊平和ウォーク」で掩体壕《えんたいごう》など戦跡の前で「子供ガイド」が説明役として活躍している。今戸さんは平田さんたちの子供たちへの平和教育の取り組みに「彼らが後を続けていますから、もう安心ですわ」と語っている。

双葉山の母校校歌をたどる
早大そっくりの不思議

宇佐市立天津《あまつ》小学校は、双葉山の母校であり、毎年６月に全校相撲大会が開かれる。それだけではない。子供甚句会があり「相撲甚句　横綱双葉山を偲《しの》んで」を５、６年生が４分かけて一生を歌い上げる。

「ア～　宇佐の本宮お許山（中略）波音高き布津部《ふっべ》浜　海の男と生まれたる（ホイ）その名は穐吉定次こそ　日の下開山日本一（ホイ）」

宇佐に来て確かめなければならないことがあった。

数々の自伝に書かれている母校（天津尋常高等小学校）の校歌のことである。

「私が相撲取りになるために故郷を出るときにも、この歌を歌って送られたものです。また、私が今日を築くまでに人知れず１人で泣いたときにまた喜びに感激するときにも、ふと口ずさむのはこの校歌だったのです」（雑誌・野球界）

その校歌を紹介しよう。

郡の西北　天津の村に　聳《そび》ゆる甍《いらか》は　我等が母校　集り散じて　人は変れど　仰ぐは同じく　理想の光　鹿嵐《かならせ》出でたる　いろはの水は　一つに流れて　周防の灘に　遂には世界の岸辺を打たん

だれもが、あれっ、と思うだろう。早稲田大学の校歌にそっくりだと。相馬御風が作詞した早大校歌は明治40年（1907年）に制定された名曲である。双葉山はその5年後に生まれ、昭和2年（1927年）に力士になるために郷関を出る。

この校歌を実際に聞きたいと思ったが、現在の校歌は、昭和41年に新たに制定されたもので、それ以前の校歌は？となると知っている人が見つからない。

双葉の里の館長の新貝文俊さん（74）に協力を求めた。まずは天津小学校へ。植松俊広校長（58）が見せてくれたのが、明治41年生まれの山崎八千さんが覚えていた歌詞を小林彦一さん（92）が書き写したもの。1番から3番まであり、全体に〃早稲田〃色が濃い。双葉山の記憶はこの3番までの好きな所を自分でミックスしたもののようだ。

では、どういうメロディーなのか。校長室には、次々と調査隊がやってきた。貞池冨士生・宇佐市自治会連合会会長（76）が来て、OBの鈴木秋夫さん（81）を呼び出す。鈴木さんは「運動会で行進する時なんかに歌った気がする」。元校長で父が双葉山の同級生だったという杉木弘武さん（74）が、父・与一さんの写真集を持参してきた。双葉山が、同級生に囲まれてご機嫌な写真には「この日1日だけは日本一の友をもってよろこんだ」と添え書きがある。

話は盛りあがるが「悠長に校歌を歌える時代じゃなかった」「国民学校では歌わんかった」と戦争時代のエアポケットに、校歌の核心には到らない。

次に新貝館長がこの人に当たってみようと会ったのが佐々木弘さん（84）だった。「だいたい節は覚えちょる。校歌としていつも歌った」と次第に鮮明になってきた。この年齢が分水嶺であろう。「戦後に、校歌はまた変わったと思う」。メロディーは早大校歌とは全く別物で、結局、作者は分からずじまい。

その後、天津小の元校長、西本信司さんの母、スミ子さん（100）がテープに吹き込んだものを頂いた。優しい歌声は女性の偉大な潜在力を教えてくれた。

数日して新貝地区公民館で、貞池マツエさん、新貝充《みつる》さん（ともに91歳）のみごとなデュエットによる校歌を目の前でプレゼントされた。

「もう80年も前になろ。覚えるかえ。確かこんな節と思ってね。ねえ、充ちゃん、あんたも歌ってごらん。一緒に歌おうよ」

歌舞伎・劇作家　岩豪友樹子氏に聞く
宇佐神宮は謎だらけ

ワールドカップサッカーが日韓共催で行われる前年で、大分県民芸術文化祭のオープニングステージのための創作です。県の依頼で、サッカーと日韓交流、宇佐神宮も入れてということで大変でした。

どういうテーマにしたらと悩んでいる時に、宇佐を訪ね、宇佐神宮の結界の呉橋から一直線に延びるかつての勅使街道の先に「凶首塚」があるのを知って、古代宇佐を舞台にした物語が書ける、と思ったんです。

朝廷が奈良時代に八幡神も参加して南九州の隼人を征伐し、そこに隼人の百の首を葬ったという故事です。凶首塚は小高い田んぼの中にあり、石舞台のような不思議な形をして、宇佐神宮を見守っている。近くには隼人の霊を鎮める社（百体社）や化粧井戸（放生会の際にくぐつ人形を化粧する場）などもあって、興味深くお芝居に入れました。

2003年に国立劇場で上演された黒田官兵衛と豪族の姫との悲恋を描いた新作歌舞伎「斑雪白骨城《はだれゆきはっこつじょう》」（中村梅玉、片岡孝太郎主演）にも、この凶首塚を取り入れてしまいました。

これまで何度か宇佐を訪れましたが、宇佐神宮の解説を見たら謎だらけです。ご神体にしても、3つあって、3人の女神様もいて調べれば調べるほど分からなくなる。とらえどころがない。でも何かすごいパワーがある。神様の託宣（神託）がよく当たるから朝廷からこんな遠くにありながら信頼された。今は境内のお店がお正月や大型バスが着いたときは活気があるけれど、参詣客が少ないと思われるときは閉まっていることが多いので寂しいです。国東半島も含んだ八幡文化圏の世界遺産への動きもぜひ実ってほしい。もっと注目されていいところがいっぱいあるんです。（いわごうゆきこ：作品に2001年の「古代宇佐物語（天の冠、地の杯）」の舞台脚本。大分市在住）

取材を終えて
貴重な農泊体験　過疎化に歯止め

古代ロマンあふれる町、宇佐市の奥座敷・安心院《あじむ》町での「農村で休暇を取る＝農泊」いわゆるグリーンツーリズム（GT）を体験したことは「住んでみる」の企画の中でも思い出深い。

日本のGTの発祥地ということで安心院は内外から注目され、韓国からも年間1200人（20〜30団体）の研修視察があるという。

年間約1万人が宿泊（半分が修学旅行生の教育旅行）するというのは、何より過疎化が進むこの地域にとって経済的に大きい。

1996年設立のNPO法人「安心院町グリーンツーリズム研究会」の宮田静一会長は「GTはみんなが手をつないで村全体が一歩上がる運動だ」と言う。

これまで宿泊営業や食品衛生法での規制緩和を進めてきた。次は「バカンス法」の成立だと強調する。「ヨーロッパを見たら分かる。これは町や村がやることではない。国自身がやるべきことで、本格的に応援すべきです」

もっともだと思った。バカンス法とは、フランスが不況脱出、雇用回復策として1936年に全労働者に2週間の有給休暇を保証する法律を制定したもの。今日ではフランスは30日、ドイツは4〜6週間の連続休暇を義務付けている。

日本の農漁村が宇佐を発祥に理想郷として生まれ変わるなら、どんなにすばらしいか、と宇佐びいきは夢を膨らませるのである。

「【大分県宇佐市】神と仏が出会う古代ロマンの町に住んでみる」を読んで

磨けば光る潜在力を秘めた宇佐の奥深さ

解説
藻谷浩介

記事の中で地元の老人が「戦前は誰でも知っていた」と慨嘆する宇佐。実際に訪れると、一見、何にもない町。というより核となる「町」そのものがない。でも、記者が住んで自転車で走り回ってみると様々な魅力が見えてくる。古代からの歴史を刻む平野を見下ろす場所に宇佐神宮があって、昨今話題の空揚げ専門店の集積があって、農家民宿の安心院《あじむ》も、無数の石橋の残る院内も今は宇佐市内。双葉山の出身地で、高校野球ファンなら柳ヶ浦高校を覚えているかもしれません。

お隣の豊後高田は、昭和30年代の雰囲気を醸した「昭和の町」で売り出し、国東半島芸術祭もヒットして、Iターン者も増え、最近ついに人口転入超過を達成しました。それに比べると目立ちませんが、宇佐も実は、Iターン者の受け入れられやすい町というようなランキングで日本一を達成しているんです。

空揚げは中津空揚げが有名ですけど、宇佐の四日市こそ本場だ、というのは多くの地元民の唱えるところ。中津と違って宇佐では、空揚げしか売らない「専門店」が競っているのが特徴です。2年以上前に書かれたこのルポが取り上げてから「全国区」になってきました。大分の経済を底支えする効果の大きかった「一村一品」運動でも、宇佐は優等生。「下町のナポレオン」いいちこに、地元産麦を使った銘柄があるというのは、私も不勉強で知りませんでした。

安心院での農家民宿実現は、「特区」を取って旅館業法という悪質な岩盤規制に対し初めて風穴を開けた快挙です。おかげで今では、日本中で同じことができるようになりました。規制緩和に偉大な貢献をした町なのです。とはいっても、安心院の農家民宿は、受け入れ農家の皆さんの心のこもったもてなしがあってこそ成功しているのであって、何でも規制緩和して企業がやればうまくいくというのは、東京のビル街の住人の妄想ですから、ご注意ください。この地方の人間、特に中高年女性の人懐こさ、心の暖かさは、記事の随所からも感じ取れます。

一方、宇佐の残念なところは、神宮の門前に門前町が全くないことです。同じ九州の太宰府天満宮には賑やかな門前町がありますし、出雲大社も最近門前町が大復活して、スターバックスコーヒーまでできました。伊勢神宮も、内宮《ないくう》の門前の御祓《みそぎ》町の賑わいは昔からピカ一ですが、閑古鳥の鳴いていた外宮《げくう》の前、伊勢市駅から続く通りも近年、古民家活用事例が増えて人が歩き始めています。全国の著名な神社で門前町がなく、「両側が全部駐車場」というのは宇佐神宮だけです。

これだけ地元産品があるのだから、宇佐駅から門前まで電車が走っていた昭和30年代を思い出させるような門前町をちゃんと復活できないものでしょうか。駐車場を持っている宇佐神宮と宇佐市は、収入源を失いたくないのかもしれませんが、出雲大社のように駐車場は裏に移せばいいのでは。そうすれば、核のない町に、ようやく一つの拠点が生まれるかもしれません。

最後に一つうんちくを。伊勢の内宮から真西に行くとどこに着くか？ 飛鳥です。正確には、飛鳥から太陽の昇る方向、つまり真東に向かって伊勢湾に突き当たるところに、太陽神・アマテラスを祭る神宮が設けられているのです。これに対して宇佐神宮の真西にあるのが大宰府。正しい順序でいえば、大宰府から太陽の昇る方向、つまり真東に向かって周防灘に突き当たるところに、宇佐神宮が設けられた。そこに祭られた3柱の主神はヒメ大神で、他は男神と女神です。

両側から山の迫る大宰府こそ、山門（ヤマト）国＝邪馬台国の所在地であり、その真東の宇佐神宮に祭られるヒメ大神は卑弥呼、男神はその後を継いだ弟、もう一人の女神は最終的に後継者となったトヨ、というのが私の空想です。ちなみに豊前・豊後は仮名で書けばトヨの国。この符合、面白いと思いませんか？

第8章

青森県大間町
原発とマグロの町に住んでみる

文　嶋沢裕志
写真　小林裕幸

時計の針が止まった町

工事中断　重苦しい空気

下北半島の最北端、青森県大間町。2012年1月5日の東京・築地の初セリで、大間漁師Tさんの「第八春照丸」が釣り上げたクロマグロ（269キロ）が5649万円の史上最高値をつけ、人口6200人の町が沸いた。前年は北海道函館市の戸井《とい》産に最高値（3249万円）の栄冠を奪われただけに、「久々の明るいニュース」（町職員）だった。

快挙を記念して、金色のマグロの絵柄付きのブリーフ「マグブリ」が土産物に登場。〝日本一のマグロ〟とTさんが並んだ記念写真ピンバッジも発売された。どこかに重苦しい空気が漂う町の、ささやかな祝祭だろうか。

2～3月の酷寒期に大間に住み、取材しようと決

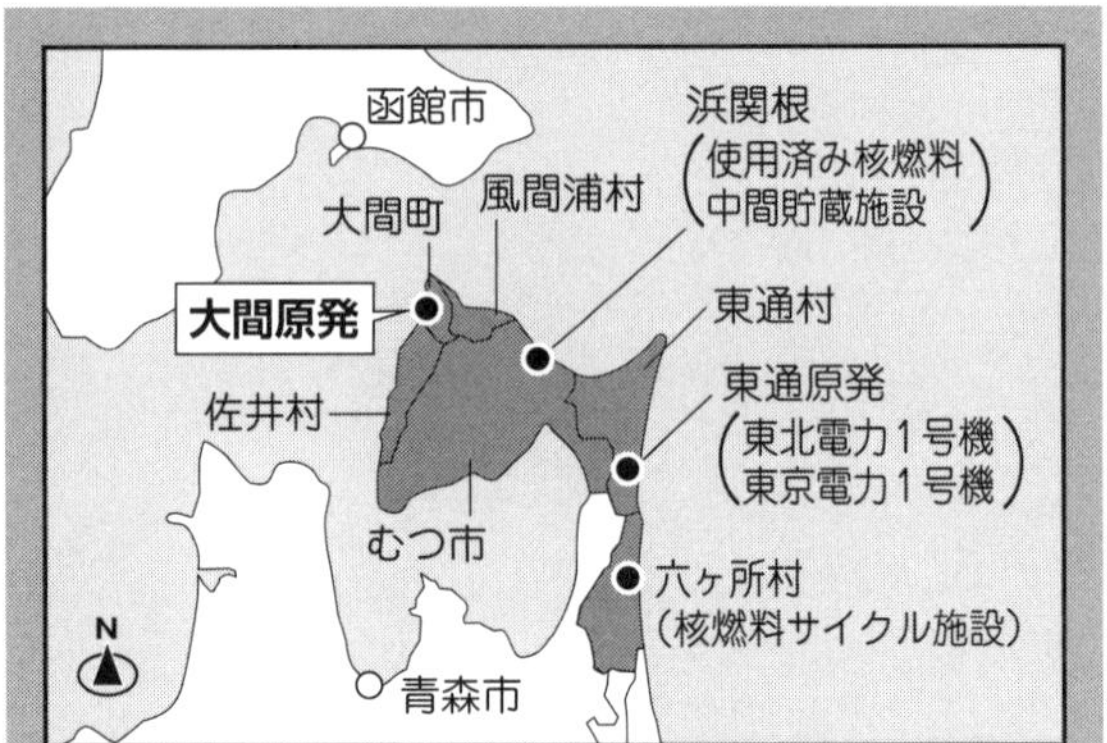

東日本大震災後、建設工事が中断したままの大間原発

めたのは、「マグロと原発」の明暗がきっかけだった。

「重苦しい空気」の正体は東日本大震災以降、建設が中断したままの大間原発だ。1976年、大間町商工会が原発誘致に向け立地環境調査を町議会に請願しプロジェクトが始動。Jパワーが2014年11月の原発稼働を目指していた。だが工事進捗率はこの1年ずっと37・6%。静止した巨大なクレーンが異様だ。

原発内に約1700人いた作業員らは激減。社宅は放置され、商店の幾つかは消えた。

「我々下請けは潰れるべ」。地元建設会社幹部が漏らす。

2011年1月下旬には道南の函館市、北斗市、七《なな》飯《え》町《ちょう》の首長、議長が大間原発の建設凍結を国に要望。既に北海道民らを中心に建設差し止め訴訟も起きている。3・11を機に脱原発の潮流が巻き起こる中、大間や近隣の人々はどう感じているのか。マグロ漁師に原発への不安はないのか。原発は活性化の起爆剤か……。じっくり話を聞きたいと考えた。

「よぐ来たのー。大間はいづもは風が強《つえ》くて、雪《ゆぎ》が積もんね」。2012年2月10日、鉄道とバスを乗り継ぎ、8時間近くかかってたどり着いた本州最北の町は一面の銀世界だった。アパートの大家、島明さん(55)が雪かきに息を切らしつつ、出迎えてくれた。取材拠点の1DKアパートの室温は零下2度。便所はくみ取り式だ。思わず身震いする。

吹雪も頻繁で、風速10〜20メートル級の強風が吹き荒れる。登山靴にアイゼンを装着し、ペンギンのような足取りで凍った坂道を上っていくと、群青の海がせり上がってきた。かなたに浮かぶ雪山は函館。県都の青森までは車で4時間だが、大間―函館間フェリーは1時間40分。アパートのテレビは北海道の放送しか映らない。北海道行きの大きな船の舳先《へさき》にいるようだ、というのが大間生活初日の印象だ。

そして大間に住んで約1カ月たった3月14日午前10時。古びた町役場の2階で、議会を傍聴した。議員は10人。金沢満春町長(62)ら幹部が、正面にズラリと並んでいる。傍聴人は記者を含めて6人。ある議員から耳を疑うような一般質問が飛び出した。

「大間原発はいつやるかわからないので、石炭火力発電を誘致してはどうか」

「大間・弁天島周辺の海流は世界一ともいうし、海流発電をやったらどうか」

滞在中、時計の針が止まったような町に渦巻く苛《いら》立ちがいつも気になっていた。その原因に気がついた。

母が残した戦いの家

「宝の海守れ」を貫く

雪道の上に、カモシカや野ウサギの足跡が点在する。自分の足音と呼吸以外に何も聞こえない自然の静けさ。「不自然」なのは、両脇に高さ約２メートルのフェンスと鉄条網が張り巡らされていることだ。

大間原発の敷地（約１３０ヘクタール）のほぼ中央、原子炉建屋などの隣接地に、ただ一人立ち退きを拒む地権者の約１ヘクタールの土地がある。威圧的な回廊を20分歩くと「あさこはうす」の案内板とログハウスが見えてきた。２０１２年３月２、16日の２回、母親の遺志を継いで土地を守る小笠原厚子さん（57）に話を聞いた。

「青函トンネルの工事中にいなくなったマグロも立派に戻ってきたし、ここは養殖しなくても天然のものが何でも取れる豊かな海。この『宝の海』を失ってはいけない、と母がよく語っていました」

母、熊谷あさ子さんは２００６年5月、68歳で急逝した。ツツガムシ病が原因という。「あさこはうす」は２００５年、「大間原発反対」のメッセージを込めて建てたログハウス。現在、長女の小笠原さんが北海道北斗市の自宅とここを頻繁に往来している。

大間原発の隣に立つ「あさこはうす」の所有者、小笠原厚子さん

残念ながら取材時は故障中だったが、太陽光発電と風力発電でログハウス内の電気を賄う「エコ生活」。丹精こめた有機栽培の畑も自慢だ。東日本大震災直後、一帯は２日間停電となったが、ここだけは夜も煌々《こうこう》と明かりがともり、電気釜で炊いたご飯を大間港近くの実家に届けたという。

実家は歴代のマグロ漁師。１９９５年に肝臓がんで亡くなった父、志佐夫《しさお》さん（享年62）も腕のいい漁師だった。弟もマグロ漁師。ログハウスの壁に、釣り上げた巨大なマグロの横で笑う家族写真が飾ってある。

周辺は払い下げ地で、原発敷地の地権者は１７６人。１９８４年に大間町議会が原発誘致を決議、１９９０年からＪパワーの用地買収が始まる。大間、奥戸《おこっぺ》漁協とも反対派が多かったが、漁業補償金が98億円、52億円ずつ支払われ、地権者も買収に応じた。

やがて両親、家族は漁師仲間や知人から〝村八分〟に遭う。「補償金は受け取ったが、父が『こんなものいらね』と突っ返そうとしても漁協が引き取らない。50年来の絆を切られて悲しそうでした」。父の死後、畑作や昆布・ワカメ漁をしながら、執拗な買収工作と一人で戦い続けた母に大きく感銘を受けた。

結局、あさ子さんの「たった一人の反乱」が炉心の位置を変更させ、着工時期を遅らせた。3・11後は海外メディアの取材も増え、「地震国、津波のある日本に大間原発を造るべきでない」と語る小笠原さんの姿が世界に流れた。

海峡を隔てた函館ではどう映るのか。函館市の主婦、布施和子さん(57)に会った。1987年に息子の真吾君を白血病で亡くし、自身も9年前に子宮がんを手術。5年前に夫を事故で失った。「息子の病気や、かつて放射線外来の看護婦だったため原発に過敏なのかと思っていましたが、フクシマで意識が変わった。あさ子さんは偉大です」

「あさこはうす」を再訪した日、雪の下を流れる小川の音に気がついた。「次は小川でちっちゃな水力発電をやりたい」。明るい声が響いた。

大間原発

電力卸会社のJパワーが2008年5月、大間町奥戸地区で着工した。出力は138万3000キロワットと国内最大級。改良型沸騰水型軽水炉(ABWR)で、すべての燃料に濃縮ウラン及びウラン・プルトニウム混合酸化物(MOX)を用いる「フルMOX」方式は世界初だ。周辺工事は2012年10月に再開された。

Uターン女子組が主役

「まちおこし」多彩な演出

「よく来たのー」

「へば、まだのー」

夏の行楽シーズン。函館―大間を結ぶ津軽海峡フェリーのターミナルでは、大人や高校生、時に観光客が大漁旗を振り、船に向かって叫ぶ光景が見られる。12年前に始めた「旗ふりウェルカム隊」だ。この大型連休は、大間と函館で大漁旗を振る。

津軽海峡冬景色を前に「津軽海峡冬景色」を歌う会（2001年）。民放の「ふるさと自慢わがまちCM大賞」に輝いた「オーマの休日」（2003年）。数え上げればきりがない。仕掛け人は、まちおこしゲリラ「あおぞら組」だ。

発端は12年前のNHKの連続テレビ小説「私の青空」。舞台が大間に決まると、撮影隊にエキストラ参加を訴えつつ「全国に大間を売り込む千載一遇のチャンス」と野望を抱く人々がいた。「何かやらねば!!」。あおぞら組は、大間へUターンした女子たちの正月の宴会で誕生した。

組長は島康子さん（46）。大間の灯台守だった祖父が興した製材所で、2人姉妹の長女に生まれた。小中学校を大間で過ごし、県立青森高校、慶応大学へ進学しリクルートに入社。東京本社、仙台支社と勤務し、結婚して１９９８年にUターンした。「子供の頃の本州のどん詰まりに住む劣等感が消え、仙台で経営者らを取材し、地域のために仕事をするイメージがわいてきた」

古川美香さん(39)は大間の東、風間浦《かざまうら》村出身で、県立田名部高校（むつ市）から二松学舎大学へ進学。インターネット技術と大胆な表現力が売り物だ。在京中に島さんのブログ「秘密の本州最北端」を愛読し、「帰省時にやった旗振りが面白くて」組員に。

蛯子《えびこ》香《かおり》さん(47)は、島さんと小中学校の同級生。青森市の専門学校で服飾・デザインを勉強したが、「青森が息苦しくなって」札幌のドレスの専門学校へ。ファッションショーなどで受賞を重ねたが、体調を崩し、１９９９年にUターンした。正月の宴会は蛯子さんの家だった。

この３人を核に、町職員ら約10人であおぞら組は構成される。正規軍と違い、行政、漁協、商工会な

新商品のアイデアを練る「あおぞら組」の島康子さん（中央）ら

どと自在に組むゲリラ手法が持ち味で、フェリー存続運動などでも活躍した。原発依存でなく、「面白がる心で地域を元気にする」（島さん）のが身上だ。

拠点は記者のアパートの隣の製材所内にあった。2月下旬「エコだべさバッグ」の企画会議をのぞいた。

「表のデザインは『マグロ一筋』。で、裏は？」

「東北《とうほぐ》はひとっつ」

「ゾーショッカーは？」

10年前に発売した「マグロ一筋Tシャツ《てーしゃっつ》」は4万枚以上売れ、増殖する愛好家を組員らはゾーショッカーと呼ぶ。物販では一般住民がマグロ柄の手ぬぐい「まぐぬい」など面白商品のモデルを務め、素人っぽさが爆笑を誘う。

が、悩みも深い。3・11以降、下北半島の観光客の回復が遅いことだ。殊に冬場は厳しく、大間も下北半島も「陸の孤島」と化す。3月16日午後、むつ市で開いた「津軽海峡・観光バグダン塾」。2年前、あおぞら組主催で始めた広域観光の勉強会だ。総括に立った島さんは「冬は元気ねがったが、もうすぐ急に春が来る。下北らしぐぶっかましたい」と、戦うゲリラの目で大漁旗を元気に振り続けた。

私の青空
内舘牧子氏の脚本で、2000年4～9月に放映された。主人公はシングルマザーの北山なずな(田畑智子)で、大間一のマグロ漁師・北山辰男(伊東四朗)が父、漁協婦人会で活躍する北山珠江(加賀まりこ)が母。大間町内各所でロケが行われ、今も「青空通り」「第一舷辰丸」などが観光名所として残る。

住職はミュージシャン
星と海愛し、妻の故郷へ

ちょっと驚いた。スナックでマイクを握っていると、迫力あるサクソフォンの演奏が拙い歌をもり立ててくれる。ミラーボールの下に、ボンゴなどの打楽器とサックス、フルートが並ぶ。狭い漁師町には珍しい生演奏の店だ。「マスターは住職だ」「えっ？」「しかも芸大出身……」

スナック「ブルースカイ」の主《あるじ》は田村将導《しょうどう》さん(66)。1978年末、妻・志保子さん(63)の実家のある大間に東京から転居して開店した。風変わりな人生に興味がわき3月

「ブルースカイ」でサックスを演奏する田村将導さん

3日、自宅を訪ねた。

　生まれは東京・大田区。神奈川県立翠嵐高校へ進み、１９６８年東京芸術大学の音楽学部管打楽器科を卒業した。趣味は「天文と写真」。子供の頃、隣のおじさんに天体望遠鏡で土星の輪や月を見せてもらい、星の魅力にはまって中学は天文部に。高校では土門拳を生んだ写真部に所属した。

　演奏力は半端でない。芸大在学中、夜はキャバレーでジャズ演奏のアルバイト。東京・銀座のクラブで自分たちのバンドをやり、グレン・ミラー、カウント・ベイシーら大物とも競演した。

　志保子さんは浄土宗信願寺の住職の末娘。都会に憧れて上京し羽田空港で働いており、横浜のアートフラワー教室に通ううちにある店で将導氏と出会い、１９７０年に結婚した。

　結婚後、二子玉川に住んだが、昼は百貨店で働き、夜は銀座のクラブで演奏する生活を続けるうちに「田舎に住みたい」願望が膨らんだ。毎年お盆に大間へ来た。「ここにはきれいな空と海がある」

満天の星、海のある風景。「転居は大正解でした」。家賃も安く、浮いた金で望遠鏡やカメラをネットで買える。商売も順調だった。従業員を４～５人雇う盛況ぶり。開店の翌日は猛吹雪で閉めようとしたら満席に。「当時は町にすごく活気があった」と振り返る。取材時は夫婦での営業だった。

住職になろうと決めたのは35歳の頃。「天文をやった人間は、曼荼羅《まんだら》など浄土宗の教えが不思議とわかる」。４年間、京都の知恩院と東京・芝の増上寺で修行し副住職となり、１９９５年から15代住職に。お寺では演奏も披露する。

２００１年から「やるど会」（大間町活性化委員会）の会長も務めている。商工会の町おこしの勉強会の席で「成果が生かせる組織を作ろう、と言ったのさ」。原発におんぶにだっこでは悲しいし、企業誘致も難しい。「大間の活性化には観光しかない」

副会長は前節で紹介した「あおぞら組」組長の島康子さん（46）だ。大間漁協の浜端広文組合長（70）や金沢満春現町長（62）らもメンバー。そして実現したのが、２００１年秋の「大間超マグロ祭り」。築地へ直行する大間のマグロを仲買に仕入れてもらい、解体ショーもやった。３～４年目には観光バスやフェリーで１万～１万５０００人がやってくる〝大間名物〟に化けた。

大間に住んで34年。「音楽は音を楽しめばいい」と考えるようになった。老人福祉施設へ慰問に行き、民謡や演歌を演奏する機会も増えた。「最近はサックスを吹くとこぶしが入ってしまう」と笑う。3月9日「ブルースカイ」へ撮影に行くと、壁のマグロの写真に気がついた。「漁師から『○時に入港するから撮影に来てくれ』とよく電話がかかる」という。田村さんが大間で見つけた新たな人生だ。

大間超マグロ祭り
太平洋の朝日に日本海の夕日、それに大間から見た函館の「横夜景」が楽しめる「朝やげ・夕やげ・横やげ〜」を売り物に、大間マグロの解体ショーやマグロ・特産品即売会などを行う毎年秋のイベント。当初は「やるど会」が「マグロを超えろ!」を訴えてスタート。現在は大間町観光協会(事務局・大間町商工会)が主催。

マグロ漁に生きる男たち

不安高まる荒海で奮闘

大間の沖合で大小の漁船がマグロと格闘する光景は、7月から1月半ばまで展開される。記者が滞在した2〜3月はシーズンオフ。それでも、ぜひマグロ漁師の話が聞きたい。漁港や居酒屋へ通ううちに「すご腕の漁師を教える」という人々に巡り合った。

それは「築地の仲買が名前と船名だけで指名買いする」２人の実力者だった。

２月25日、ある店で会ったのは米沢豊秀(50)、和恵(41)夫妻。豊秀さんが父の「第77豊漁丸」に初めて乗ったのは小学２年の夏。小６の時、テレビでマグロの遠洋漁業を知り夢は世界へ広がった。

大間中学卒業後、八戸水産修練所へ１年通い、静岡県焼津市の遠洋漁業船を紹介された。しかし、夢は遠かった。「船員は荒くれ者ばかり。ずっと働きづめで、ろくに寝る時間もない」。早く一人前になりたいと必死だった。

24歳で船長、28歳で漁労長に。約20人の乗組員はみな年上だ。はえ縄に約３０００本の針を付け、流すのに13時間、あげるのに５～６時間かかる。マグロを血抜き・神経抜きし、急速冷凍させる作業は「ノイローゼになって当然」。漁労長の責任も重い。

そんな時、寄港したオーストラリア・パースで偶然、ワーキングホリデーで来ていた北海道出身の和恵さんと出会い結婚を約束。16年乗った遠洋船を下りた。

ハイテク機器を満載した自慢の漁船を操縦する菊池正義さん

1994年に結婚後、大間で10年間、護岸工事の建設会社で船長を務めたが、休日にマグロを釣るうち、本能が再燃した。1年目は父の船に乗り、翌年「第88豊漁丸」を購入。ハイテク機器を駆使し、年130～230本を釣り上げる。

もう1人は菊池正義さん(45)。祖父もマグロ漁師で、小5の時亡くなった父も漁師。正義さんは4人兄弟の3男で、愛知の自動車部品会社に勤める次兄を除き、兄弟はみなマグロ漁師だ。大間中を卒業後3年間は富山のカニ漁船でカムチャツカなどで操業。その後、イカの流し網船に雇われ22歳までを過ごす。

23歳で結婚。長男が生まれた頃、青函トンネルの工事が終わり、マグロやブリ、タイ、イカなどが津軽海峡に戻ってきた。27歳の時に「第57大運丸」を所有。2年後にマグロ漁を始めたが、長兄に「ソナーは付けろ」とアドバイスされた。周囲が伝統漁法ばかりの中で面白いように釣れる。潮流計、レーダー、GPSなどを次々買い足した。そして2011年、中型船を建造した。

3月9日。自慢の船に乗せてもらった。通常の漁船の20ノットに対し、新船は27ノット。風を切り裂くスピードを冷気に実感する。「時化た時に潮目に沿ってマグロを全速力で追いかけると存分に釣れる。その醍醐味がたまらない」

しかし、漁協関係者は「最近は水揚げ量も落ち、約200人のマグロ漁師のうちマグロだけで食えるのは20～30人だろう」と指摘する。おまけに最近は、昆布、ワカメなど草物の収穫が大幅に減った。大間の漁業を取り巻く環境は全体として厳しい。
「原発の漁業補償や仕事をありがたく思う人は多い」とある漁師は話す。「だけどいったん事故が起きれば『大間マグロ』そのものがダメになる。みんな黙っているが、フクシマ以来、大間原発は完成できないと思っているんじゃないか」。漁師は目で記者に問いかけた。

大間マグロの水揚げ量

1960年代前半に年平均250トン程度水揚げされた大間マグロも、1982〜1992年はほぼゼロに。徐々に戻り2004年には200トン台まで回復、2007年に300トン台に達した。その後は漸減傾向にあり2010年は160トン。「漁協を経由しない取引もある」ともいわれ、大間漁協では2007年に「大間まぐろ」を地域団体商標登録した。

漁師のかっちゃがガイド役

「番屋」で名人と語らいも

大間には「伝説」の漁師が多い。NHKの「私の青空」のほか、吉村昭の小説「魚影の群れ」や、緒形拳・夏目雅子・佐藤浩市らが出演した同名の映画、民放の「マグロに賭けた男たち」シリーズなどのヒットも影響している。所有するマグロ漁船がプラモデルになったカリスマ漁師もいる。

2月20日。大間の漁師を知るため「おおまエスコートクラブ」会長の蛯子《えびこ》良子さん(45)に観光ガイドをお願いした。同クラブは旅行会社に頼まれ、マグロ漁師の「かっちゃ」(妻)や娘たち数人で4年前に発足。有名漁師の家や漁師小屋「番屋」を訪ねるツアーなどを行う。

定番は「マグロパワースポット巡り」。集合場所は大間崎の「本州最北端」の碑だ。近くにマグロの一本釣りモニュメントと、石川啄木の「東海の小島の磯の白砂に　われ泣きぬれて蟹《かに》とたはむる」など3つの歌碑が立つ。「函館で詠んだ歌では?」と首をひねっていると蛯子さんが笑顔で現れた。「これ、わかります?」。2012年の築地の初セリで史上最高値のマグロを釣った「第八春照丸」の大漁旗を広げている。思わず、合掌。

２００１年に築地でご祝儀相場（２０２０万円）を作った美吉丸の船主の店「大間んぞく」と、マグロ御殿。テレビの「マグロ釣り選手権」の優勝者の家……。前節で紹介した菊池正義さん（45）は「菊池マグロ３兄弟」として巡礼ツアーに登場する。

圧巻は「番屋」での漁師との対面だ。漁師は無口な人が多いが、蛯子さんは誰でも声をかける。居合わせた御厩敷《おんまやしき》一馬さん（57）が「わはイカがメーンで、春に対馬、長崎に出発し、７月に戻ってきた後、北海道で半年イカを狙う」と教えてくれた。何人かに話を聞き、漁港を見学して2時間のツアーの終了だ。

史上最高値のマグロを釣った「第八春照丸」の大漁旗を広げる「大間のエビちゃん」

大型トロール船の乱獲などで、大間マグロの現在も将来も楽観はできない。だが、この町には大間ブランドを観光面でフル活用しようという、漁師のかっちゃと娘たちの陽気なパワーが渦巻いている。

蛯子さんも初めから積極派だったわけではない。マグロ漁師の娘として高校まで大間で過ごすが、神経は細やかで「都会の人混みが怖くて」三沢市の電器店に勤めた。20歳の頃に体調を崩し、目が見えなくなる。半年ほど車いす生活を強いられたが、大間の整体師に体を揉《も》んでもらうと、ピタッと治った。

それを機に「人生がもったいない。何かに挑戦したい」と思うようになった。21歳で1年休業し、青森市で整体師の資格を取った。今は番屋で「タコ1ぱいで漁師にマッサージしている」。23歳で地元のコンブ漁師と結婚。大学4年の長男を頭に3人の子供がいる。夫は不漁で北陸へトンネル工事の出稼ぎに行っているが、観光客に人気の「大間のエビちゃん」は、地域貢献で新たな人生を紡いでいる。

同じく観光ガイドを務め、6年前から蛯子さんと共に任意団体「生活改善グループ大《や》間風《ませ》」の中核メンバーとして特産品作りに活躍するのが、大間の漁師の娘、遠藤靖子さん(50)。ハマナスジャムや「たこめしの素」「まぐろシチュウ」などを仲間と一緒に開発した。夫は単身赴任で、高知県の会社でタグボートの機関長を務める。「寂しいけど、生活がある」。やはり3人の母だ。「かっちゃは負げでねー」の声が聞こえてきそうだ。

大間町の出稼ぎ労働者

1975年度以降で出稼ぎ労働者が一番多かったのは1980年度の914人(全人口の約12%)。1980~1995年度までほぼ600~800人で推移したが、1996年度に500人を割って以降は、徐々に減っている。大間原発着工(2008年5月)前の2004年度に100人台になり、2011年度は47人だった。

街で唯一の写真館
「人物を撮る」情熱と腕前

店のショーウインドーが気になっていた。古めかしい頑丈な蛇腹式カメラが、こちらを見つめている。大間の主な通りは歩き尽くしたつもりだ。ここが町で唯一の写真館なのは間違いない。

アパートへの帰途、ピンクの瀟洒《しょうしゃ》な「蛯子《えびこ》写真館」の店舗は、思わず足を止めたくなる温かな雰囲気を醸している。なぜだろう。2月15日、3代目経営者の蛯子真治さん(44)に話を聞きに行った。

「ほかに店がないから来るのでなく、大間で全国区の写真が撮れることをアピールしたい」。蛯子さんはこう切り出した。大間町と風間浦《かざまうら》村、佐井《さい》村の1町2村、通称「北通り」で、写真館は佐井村に観光客向けの店がほかに1軒あるだけ。人口約1万人の地域を1店でカバーする過疎地だが、主《あるじ》の夢は大きい。

目を引く写真が何枚かある。「親子で柔《やわら》」。あぐらを組む柔道着姿の父に、柔道着の子供が背中から抱きつく光景がほほ笑ましい。2年前、大間の親子が小学校入学の記念に来店し撮った1枚で、日本写真館協会のコンテストで大賞を受賞した。

蛇子真治さんの写真館にはレトロな蛇腹式カメラが

「あるご婦人の肖像」。4年前、むつ市に住む高齢女性が「遺影用の写真を」と来店した。写真は人を包み込む優しい笑顔が印象的で「肖像」そのもの。全国コンテストの優秀賞に選ばれた。

創業は1928年。初代は祖父の力松氏。函館で写真を勉強し、開業した。2代目は力松氏の甥《おい》。漁師だった長兄、利三郎氏の3男の勝次氏を養子に迎えた。むつ市で修業し「大間の盛衰をよく見てきた」が、2年前に75歳で亡くなった。真治氏はその長男だ。

真治氏の修業先は東京。大間で小中学校を過ごし、県立田名部《たなぶ》高校（むつ市）を出て東京工芸大短期大学部で2年間写真を学ぶ。その後、西麻布の「カジ写真館」で2年半、婚礼写真などを撮った。フリーカメラマンとして人生や内面を写し出す人物写真の奥深さのとりこになり、世田谷の「甲陽写真館」で1年間、七五三、成人式など「節《せつ》もの」で腕を磨いた。

1993年、25歳で東京から戻って痛感したのは「大間はものすごく田舎」で「公共工事や原発マネーで支えられている」ことだ。当時、工事現場の撮影などが多く、てんてこ舞い。それでも「人物を撮りたい」情熱は変わらなかった。

都会の「カジ」も「甲陽」もその後、廃業に追い込まれた。ある時「甲陽」から「廃業するのでほしい物はないか」と聞かれ、車を飛ばしてもらいに行ったのが、レトロな蛇腹式スタジオカメラ「アンソニー」。大正、昭和初期から活躍している名機で、いわば写真屋の魂の象徴だ。映画「世界の中心で、愛をさけぶ」に登場する「アンソニー」は、蛯子写真館から撮影地に貸し出された。

父亡き後、北通りの学校の入学式・卒業式の撮影は1人で奔走。「卒業アルバムも生徒一人ひとりの個性を引き出しながら撮影する」ことに全神経を注ぐ。

3・11以降、大きく変わったことがある。「原発が町にあることの意味を嫌でも考えるようになった」。ブライダル雑誌の編集者だった妻、布美乃さん(33)との間に女の子が2人。店の応接コーナーには、むさぼるように読んだ原発や放射能関係の本が何冊も並ぶ。それは「人」にこだわるカメラマン、そして小さな子供を持つ親の責務と考えている証しに映る。

原発マネー
原発立地に伴う国の交付金。大間町には1983年度以降、計117億円が支払われた。町の平成22年度一般会計予算(47億6000万円)の15・8%の7億5000万円を原発マネーが占める。一般家庭にも事実上の電気料金割引となる「原子力立地給付金」が1軒当たり年2万8800円支払われる。

斗南藩士の子孫は今

「その後の会津藩」伝える

「さいはての地」の重みは、明治初期と今では比較にならなかっただろう。2月14日夕。雑貨店の2階にある「資料館」で、山口県生まれの記者は少々居心地の悪さを感じながら、約150年前の下北半島に思いを馳《は》せていた。

大間の小さな商店街にある「リビングキムラ」内に、店主の木村重忠さん(73)が「斗南《となみ》藩資料館」を作ったのは7年前だ。斗南藩は旧会津藩のこと。木村さんは斗南藩士の末《まつ》裔《えい》で、「会津藩の『その後』の歴史が風化するのがつらい」ことが開館の動機だ。

会津戊辰戦争で薩摩、長州などの新政府軍が勝ったことは多くの人が知っている。京都守護職で孝明天皇の信頼が厚かった藩主・松平容保《かたもり》率いる会津藩の徹底抗戦は壮絶で、「白虎隊」などの悲劇も語り継がれている。しかし、「その後の会津藩」が知られているとは言い難い。

斗南藩資料館は「その後」に焦点を当てた私設の資料館だ。会津藩が降伏、開城したのは明治元年（１８６８年）９月22日。翌２年11月に容保の長男で生後５カ月の容大《かたはる》に家名再興が許され、本州さいはての陸奥国３万石に移封となる。それが斗南藩。米も取れない不毛の地で、実質７０００石と言われた。

「明治３年５月から順次、船か陸路で１万７３００人が新天地にやってきたが、餓死、凍死すれすれの生活」と木村さんが解説する。「４年２月には藩庁を田名部《たなぶ》（むつ市）に移し、幼い藩主・容大もここで暮らし始めたが、７月には廃藩置県。みんなが大混乱に陥った」。結局、約１万人が下北を去ったと木村さんはみている。

自宅の２階に斗南藩の資料を集めた木村重忠氏

今、当時の歴史を伝えるのは斗南藩士上陸の地の碑と、藩庁を置いた円通寺などだ。資料館には容保直筆の「向陽處」の掛け軸や、鶴ケ城落城前の城下地図、新潟から大湊（むつ市）まで計6回にわたって7571人を運んだ蒸気船ヤンシー号の記録文書もある。長州出身の記者には木村さんの言葉が胸に刺さる。

木村さんの曽祖父・幸蔵（重孝と改名）氏は斗南藩に移封後も書記（史生《ししょう》職）を務め、廃藩置県後に桐箱で3個分ほどの資料を預かった。それを祖父・重功《しげのり》氏、父・功氏に「永久保存すべし」と引き継いできた格好だ。

「いずれ会津に帰るつもりだった」曽祖父は、北通りの戸長（村長）をやった。数え年11で下北に来た祖父も東京へ勉強に行き、佐井村長、特定郵便局長に。父も早稲田大学で勉強し、特定郵便局長となり、体調を崩した伯父（長兄）から雑貨店を任された。

木村さんは立教大学卒業後、東京で就職したが、1973年に大間に戻って雑貨店を継いだ。古文書類は箱を開けて陰干ししたので「大体の中身は把握していたが、字が読めなかった」。資料館は長年の勉強の成果だ。

リビングキムラは創業90年近い老舗。時代と共に売る物が変わり、最近は仏具や生花に力を入れる。「昔は『釣り吉三平』だった」という店主の趣味で釣り道具も扱い、剣道の防具や竹刀も販売する。

店には何度も足を運んだ。自分が長州出身だと話すと、木村さんは「もう昔の話。関係ない」と笑った。大間を去る日、挨拶に行くと、「斗南藩」という日本酒をくれた。

斗南藩の名の由来

「北斗以南皆帝州」という詩文があり、北斗七星より南は皆、帝が住む国で、下北半島も天皇の住む土地に変わりはない、として命名されたとの説がある。一説には、射手座にある「南斗六星」は、天帝を守るために隣のサソリ座に弓矢を向けており、薩摩、長州藩へ矢を射ようとする会津藩の立場を表すとも言われる。

アンコウ・イカで地域に活

冬の旅をもっと楽しく

「獲ったどーっ!!」

2月19日昼。大間町の東隣、風間浦《かざまうら》村の下風呂漁港「ゆかい村鮟鱇《あんこう》まつり」特設会場の雪のステージに、観光客らの歓声が響き渡った。大口を開けた十数キロの生きたアンコウを持ち上げ、あたかも自分が獲ったように記念撮影。続いて旅館、寿司《すし》店の料理長が「雪中切り」を実演し、その様子を恐る恐るカメラに収める人々でごった返した。

会場では客にアンコウ汁が振る舞われ、旬のアンコウ寿司は用意した１５０人分が20

ゆかい村鮟鱇まつりでアンコウと記念撮影

分で完売。そんな盛況ぶりを満足そうに見つめる人物がいた。同村商工会「ゆかい村鮟鱇ブランド化戦略会議」会長の駒嶺剛一さん(62)だ。

風間浦には下風呂温泉という観光資源があるが、冬は湯治客だけ。下北の冬旅の魅力向上をと着目したのが、青森県が全国有数の水揚げ量を誇るアンコウだ。風間浦村のアンコウ漁獲量は八戸市に次ぐ年１００トン以上。アンコウ料理で有名な茨城県を上回る。

2月27日。「鮟鱇ブランド化戦略」を聞くため、駒嶺氏が2代目社長を務める水産加工会社・駒嶺商店を訪れた。そして、この村の地域おこし実践の歴史に驚かされた。

最初はイカだった。駒嶺さんが村の観光協会会長になった21年前。「東京で温泉のティッシュを配るだけでは仕方ない。我々には津軽海峡の活イカがある」。活魚輸送の10トン特殊トラック2台をチャーターし、東京・銀座で「活イカすくい」イベントを始めた。

反響はあったが、すぐにまねる所が現れた。そこで「イカすくい」より「イカレース」

の方が面白かろうと、今度は銀座で長さ5メートルのアクリルで仕切ってレースを開催。下風呂漁港の活イカ備蓄センターには「元祖　烏賊様《いか》レース」という、日本で唯一のイカ専用サーキット場を作った。

イカには「ハイセイカ」などの名前も付け、オーナー券を600円、投票券は100円で販売。7月中旬から10月末まで年平均100レースを開いている。烏賊様レースは商標登録し、下風呂温泉の人気イベントになった。

風間浦村は人口2400人の過疎地。「10年ほど前から冬の観光向けに岩場で布海苔《ふのり》を採る体験ツアーも始めたが、それだけでは弱いと2010年春から『ゆかい村鮟鱇まつり』を始めた」（同村産業建設課）。津軽海峡は深さが約400メートルとアンコウが好きな水深。もともとヒラメ漁で獲れていたのを、はえ縄で本格的に狙うようになった。「ゆかい村」は「湯・海」と「愉快」をかけ、JTBの担当者が命名した。

「生きて揚がる」「生で食える」を売り物に官民連携でブランド化に乗り出した。追い風は2010年、東京・神田の老舗アンコウ料理店「いせ源」と取引ができたこと。7代目当主の立川博之さん（29）が風間浦を訪問して漁に同行。漁師らに締め方も指導した。今は駒嶺商店がいせ源に出荷。それが風間浦村のブランド化になる。下風呂温泉の旅館・寿司店も活アンコウへのこだわりを前面に打ち出した。

残念ながら3・11後は観光客も大きく減少し、下風呂温泉も「直後の大型連休はゼロ、

2011年は例年の2割減」（駒嶺さん）と苦しんだ。「大間原発の工事が止まり、地域へのダメージも大きい。それでも、もし事故が起きた時に『大間のマグロ』や我々のアンコウがどうなるかを考えると恐ろしい」。視線の先で津軽海峡の波が白く砕け散った。

下風呂温泉
下風呂の語源はアイヌ語の「シュマ・フラ」で、岩の匂いのする所の意味と言われる。「ああ、湯が滲みて来る。本州の北の果ての海っぱたで、雪降り積もる温泉旅館の浴槽に沈んで、俺はいま硫黄の匂いを嗅いでいる」。作家・井上靖は1958年3月、津軽海峡が見渡せる下風呂温泉に宿泊し、小説「海峡」を執筆した。

豊かな海　再生の番人

磯場の変化見逃さない

2月24日午前。大間から東へ車で40分、風間浦村に隣接するむつ市大畑町の木野部《きのっぷ》海岸を訪れた。青森県から2005年に「ふるさと環境守人《もりと》」第1号に任命された和田栄子さん(65)に会うためだ。

下北半島で数十年ぶりという大雪が残る付近の海岸には2日前、ミンククジラが打ち上げられ話題になった。冬の過疎地では見物人もわずか。鳥や魚に肉をついばまれるまま巨体が放置されている。

小柄な和田さんは高台の駐車場から雪の斜面を駆け下り、海岸べりを軽快に歩き回っている。見ると、磯場の砂の埋まり具合や浜幅などを計測し、堤防の消波効果をチェックする一方、磯焼けの様子なども観察している。

海岸で調査する環境守人の和田栄子さん

和田さんの環境守人としての仕事は、大畑の海岸や大畑川の監視人として4～11月は月3回、12～3月は月1回、巡回すること。住民らで立ち上げたNPOサスティナブルコミュニティ総合研究所(角本孝夫理事長)の調査員としても活躍する。「山菜採りや畑もやり、季節の移ろいを観察するうちに天然記念物オジロワシに取りつかれた。家にいるのは元日の午前ぐらいで、後はアウトドア……」

木野部海岸が注目されるのは、コンクリートの巨大な緩傾斜堤を撤去し、「大畑の海が豊かだった時代の磯場を、昔の写真を参考に復元したこと」(角本氏)。コンクリートの堤は大波が来ると陸地まで水浸しになり、評判が悪かった。そこで住民、NPOと行政が徹底対話。2003年9月までに置き石などで磯辺を再現すると、消波性に優れ、海草やウニ、アワビ、タコ、ナマコが増えたことがわかった。

和田さんは、そんな変化を観察し続けている。

東通村《ひがしどおり》尻労《しつかり》生まれ。父と兄は出稼ぎに行き、母は農業をやっていた。中3で尻労小・中学校の生徒会長を務めたが、母に「手伝ってほしい」と泣きつかれ進学を断念。20代初めまで村で過ごした。

体力には定評がある。中学時代も夏は「メカジキぐらいの速さで泳いでいた」。大畑の水産加工場へ働きに出たのは1970年、23歳の時だ。当時、大畑はイカの遠洋漁業基地として栄え、イカの1次加工品で全国1位のシェアを誇る「イカ王国」だった。

和田さんは大畑に移り、1979年に結婚。仕事ぶりは水産会社でも漁協でも男まさり。「身長152センチの私が、12トン車にイカ箱を1000箱も跳びはねながら載せるので、足は寒立馬《かんだちめ》と言われた」

人生観が変わったのは10年前、胃がんを患ったことだ。妹が看護婦を務める愛知県の病院で手術。退院後、亭主関白だった夫に「今後はあんたの思い通りになりません」と宣言した。夫は心配が高じ高血圧で入院していたのだが。

故郷には東北電力の東通原発１号機があり、隣接地に東京電力の１号機も建設中だったが、３・11以降はいずれも休止している。むつ市では、廃船になった「原子力船むつ」の母港が「海洋地球観測船みらい」の母港に変わる一方、使用済み核燃料中間貯蔵施設を建設中だ。

「青森に新幹線を誘致する見返りに、へき地の下北に原発関連施設が増えたのだろうけど、ふざけないでと言いたい」と和田さん。今春の大雪で下北の交通網は大いに乱れた。「何より早く避難道を整備してほしい」。生活者の肉声が、ズシリと響く。

ふるさと環境守人

青森県が2001年12月に制定した「ふるさとの森と川と海の保全及び創造に関する条例」に基づき、下北半島や白神山地など県内の環境保全区域内で無届特定行為、不法投棄などが行われていないかを巡視する特別職員。現在、同県内では20人が活動している。

漁村歌舞伎　方言で継承

出演者は全て田中姓

「漁村歌舞伎」の存在を知ったのは、住み込み取材を始める直前の1月だ。大間町から下北半島の最西端を車で20分南下すると佐井村中心部の村役場や津軽海峡文化館があり、さらに30分ほどで景勝地「仏ケ浦」に到達する。その付近の福浦地区で冬の漁村の娯楽として120年以上も続くのが「福浦の歌舞伎」。県の無形民俗文化財である。

ところが事前に観光協会へ問い合わせても「まだ日程が決まらない」。しかも夕方、食事を楽しみつつ歌舞伎を見る「食談義」形式は2011年からやめたという。佐井村の人口は2400人で、福浦は約100人の集落。過疎化が伝統の存続を阻んだのだろうか。

結局、2月に「3月17日の午後に開く」と連絡をもらい、安心した。明治23（1890）年、佐井村で歌舞伎指導していた上方の中村菊五郎・菊松夫妻を招き、当時14戸の小漁村だった福浦で、2年間にわたって指導を受けた歴史に興味があったからだ。

佐井村は、江戸時代は南部盛岡藩の所領。幕府は享和3（1803）年に佐井を蝦夷地《えぞち》渡航の港と決め、北前船で海産物や青森ひばを積み出して栄えた歴史がある。Ｊパワーが33年前、本州―北海道間で電力を融通する送電施設の海底ケーブルを、本州側で佐井沖に敷設したのも不思議な因縁だ。

本番当日は晴れ。残雪の中、福浦の「歌舞伎の館」を訪れた。福浦小中学校の隣接地に13年前、3億円近く投じて建てられた施設だ。この日は十和田からのバスツアー客も含め、約70人が参加。最も驚いたのは大半が漁師という十数人の出演者全員の姓が「田中」で、しかも肉親でないことだ。「集落のほぼ7割が田中姓」と同村産業建設課の宮川洋平主幹（38）は話す。

無形文化財の歌舞伎を演じる福浦の住民

幕開けは、神聖な舞台を清める儀式である三番叟《さんばそう》。拍子木と笛の音を背景に、漁師の田中義弘さん（40）が、しなやかな体を駆使して舞を披露。会場からため息が漏れる。

演目は「忠臣蔵三段目～師直《もろなお》御登城の場」と、「忠臣蔵五段目～勘平猪討ち、与一兵衛・定九郎金取の場」。三段目では鳴り物なども含め計9人の田中さんが登場。五段目も計11人の田中さんが上演した。地元客が「ベン助、うまいぞ！」などと掛け声をかけ、ご祝儀を上げたりと、和気あいあいとした雰囲気だ。

「意味も分からぬまま、方言でそのまま継承してきた稀有《けう》な地芝居」(上演実行委員長の田中憲吉さん)なので、パンフレットを読まないとストーリーも分からない。それでも大間から友人4人で見に来た正根康子さん(65)は「実に貴重な体験。素朴で面白かった」と感動した様子だ。

吹雪の3月19日。福浦芸能保存会長の田中均さん(50)に話を聞きに行った。「ウニ漁が始まる前、海がしけて本格的な漁ができない時期にやるのが冬の段」。昔は年4回あった上演も、過疎化で年2回に減ったという。

保存会の会員は38人。福浦中学校を卒業し、福浦に住むすべての男性が入会する仕組みだが、「最大の悩みは新規入会が見込めないこと」。有望な若者も9月から3月末まで出稼ぎに行くケースが多い。「9つあった演目も1つは忘れてしまった。本番でセリフを飛ばしたこともある」

朗報もある。4月10日の春祭りでは、出稼ぎから戻った人たちも加わって約20人で歌舞伎を上演。「歌舞伎の館」は活気に包まれたそうだ。

仏ケ浦

佐井村福浦から牛滝地区にかけ、海岸沿いに2キロほど続く切り立った凝灰岩の奇岩群。国の名勝天然記念物で、真東に位置する霊場・恐山と並ぶ下北半島の一大観光地。紀行文学者の大町桂月（1869～1925年）が1922年、自然の妙に打たれ「呆れ果てて　驚き果てて　仏宇陀　念仏申す　外なかりけり」と紹介して有名になった。

総集編

活気を再び、もがく港町

酷寒期に大間に住んだ記憶が生々しいが、政治の世界では早くも潮目が変わりつつある。一部原発の再稼働が決定している。とはいえ大間に住んで感じた住民・漁民の不安と3・11後、急速に高まった〝原発不信〟とが無縁だったとは思えない。本州最北端で原発立地の実態と向き合う中で、原発に頼らず町を活性化しようとする人々のパワーと地域愛、ドラマにも触れた。そこには過疎地で暮らす人たちの多様な考え方と葛藤があった。

新船に地域再生託す

2012年6月21日、翌年春から大間―函館間に就航する新フェリーの名前を大間町が発表した。173件の応募作から選ばれたのは「大函丸」。1964年に日本初の外洋フェリーとして同航路に登場、25年間・6代にわたって就航した懐かしい船の名だ。1969年に青函フェリーが運航するまで、大間は本州と北海道を結ぶ物流の拠点だった。

公募では、300年前に大間に伝わった中国の海の神様の名「天妃《てんび》」を35人が推したが、佳作になった。「大函丸」は町の活性化に奔走するあおぞら組組長の島康子さん(46)の応募作。「この船名には海に開かれた土地に生きる大間町民の誇りと、活気にあふれていた当時の風景が重なる。再び新しい賑《にぎ》わいを創り出すぞ、という決意を込めた」

ちなみに取材時、津軽海峡フェリー(函館市)が同航路で運航していたのは「ばあゆ」(1529トン、旅客定員470人)。インド神話に登場する〝風の神〟の名称である。新船(約1985トン、同478人)は老朽化した「ばあゆ」に代わるものだ。2003年に東日本フェリーが会社更生法を申請し、リベラ、道南自動車フェリー、同社と経営が変わったが、1度も新船を建造していない。

大間のフェリーの歴史は、大間の盛衰と表裏一体の関係にある。物流、利用客の減少や燃料高騰を理由に、何度か「航路廃止」も浮上した。官民挙げて存続に向けた署名運動を展開した結果、近年は年1億円以上の赤字を出しながらも「生活航路」として運航を継続してきた。

大間滞在中、函館へ取材に行くため「ばあゆ」に乗ったが、乗客は30人ほどで「病院通い」の人が多かった。大間や佐井、風間浦村で函館の医院の電柱広告が多かったのもうなずける。冬場は1日2往復で、時化《しけ》による欠航もある。夏場は3往復に増えるが、冬の寂しさが赤字路線の苦しさを立証する。

新船は「ばあゆ」よりひと回り大きく、エスカレーターを導入するなど高齢者に配慮している。大間初の公設民営方式で、津軽海峡フェリーを指定管理者とし、ターミナル整備も任せる考えだ。

建造額は26億4000万円。青森県と独立行政法人鉄道建設・運輸施設整備支援機構が5億円ずつ負担し、大間町は16億4000万円を過疎債借り入れなどで賄う。過疎債（15億5000万円）は7割を国が交付税で手当てするので事実上の負担は約5億2000万円だ。

ただし機構の負担額5億円は町が11年間で返済するので、約10億円を町が担わなくてはならない。それでも新船を建造するのは、大間町が所有することで航路廃止の不安をなくし、観光客誘致にもつなげたいと願うから

大間ー函館間を運航しているフェリー「ばあゆ」

だ。

「大間原発が稼働し、固定資産税が入れば返済は楽になるが、それがないと約10億円の負担は重荷になる」と指摘する町民もいる。「最近の町長はフェリーで精いっぱいで、町民の要望に耳を傾けない」との批判もある。だが、新船には過疎化する町の現状を打開し、賑わいを取り戻したいとの期待がかかっている。

船名発表前の6月16日。町役場2階の議場に町長はじめ行政、商工会、観光協会、漁協、まちおこし団体、フェリー会社など町の要人が20人ほど集まった。「新フェリーを生かした観光まちづくり懇談会」の初会合だ。

JR東日本、JTBで役員を歴任し立教大学観光学部で特任教授を務める清水慎一さん(63)の講演を聴き、今後について侃々諤々《かんかんがくがく》の議論を展開した。「新船ができただけでは客は増えない」という危機感は皆に共通している。「大函丸」を、地域再生の切り札とできるかは、町民の熱意と技量にかかっている。

反対集会、原発隣接地で

6月中旬、約3カ月ぶりに大間を訪れた。冬の滞在中、取材先と「泊原発が定期検査に入れば『原発ゼロ』の異常事態になる」と話し、それが現実となった。そして野田政権は大飯原発の再稼働を決めた。他の原発も地元の合意が得られ次第、再稼働しそうだ。となれば建設休止中の大間原発に何らかの影響があるのでは。反応を聞きたかった。

「時計の針が止まった町」では6月16～17日に、4年前の原発着工以来続けている反対集会とロックコンサート（大マグロック）が開催された。従来は大間原発の敷地の中心にある「あさこはうす」で開かれたが、所有者の小笠原厚子さん（57）が養蜂用の菜の花栽培を始めたため、2012年は原発敷地に隣接する反対派の共有地が会場だ。参加者はフクシマの事故があった前年並みの約200人と、盛り上がりは続いている。

16日夜は役場近くの公民館で、原子力資料情報室（東京・新宿）の沢井正子さん（59）を講師に「なぜ私たちは大間原発に反対するのか」の学習会。参加者約110人を前に、沢井さんはウラン・プルトニウム混合酸化物燃料（MOX燃料）を全炉心で使う世界初のフルMOXである点や、Jパワー初の原発であること、人口30万人の函館と近いなど「初めてづくし」である点を強調した。

主催者によれば、差し止め請求訴訟を起こした道南からの参加者が多かったが、福島や関西からも来た。大間町からは10人程度で、漁師の姿もあった。地元には「なぜ外の反対派に公民館を貸すのか」と批判もあったというが、よそ者ばかりではなかった。

元大間町議の佐藤亮一さん（76）は「原発の安全性を検証するため17年前に議員になった。新人時代、福井県に新型原子炉を視察に行ったが、事故続きで廃炉になった。大間のフルMOXは実験も実証もない」と憤る。地元のある会社員は「俺は堂々と反対だ」と言い切った。

取材で知り合った漁師の中にも「大間原発は建設中止になった方がいい」と話す人がいた。ある主婦は「知人に聞かれたくないから」と遠くの店を指定し、「フクシマで私たちの原発に対する信頼は完全に覆された」と語った。

17日午後には、約210人が参加して、町内では約30年ぶりという反原発デモが繰り広げられた。

Jパワーは2011年8~9月、大間町、風間浦村、佐井村の約4100世帯を2人1組で戸別訪問し、津波対策や外部電源の確保策などを説明した。地域情報誌も発行している。しかし、かつて副所長が大間高校の野球部監督に就任し、硬式野球部を創設したりした地域貢献が、現在は祭りの協賛・参加程度にとどまり、融和策が弱い印象がある。

時計の針はどちらへ振れるのだろうか。

金沢満春・大間町長に聞く――インフラ整備に交付金は不可欠

――大間原発は町になくてはならない存在か。

大間町は現在は過疎地指定されているが、誘致を進めた1970年代はそんな状況ではなかった。ただ、海峡でマグロが全く獲《と》れない時期で、行政も財政的に厳しかった。一方、商工会は大型店の進出に危機感を強めていた。電源3法交付金の活用で町を活性化させたいと、先人は考えたのだと思う。

——原発がなかったら。

かなり厳しい状況に陥っていただろう。私の任期中に行った大間小、奥戸《おこっぺ》小の新築・改修や、うみの子保育園の建設、大間小・中学のグラウンド整備など教育施設の充実も、今のペースではできなかった。起債せず、将来に負債が残らない点は大きい。

——エネルギー政策見直しで原発新設は難しいのでは。道南の首長や住民の反発も強い。

国や県、Ｊパワーには引き続き建設再開を要望している。民主党の岡田克也副総理も自民党の山本一太議員も当地で「大間原発は〝新規〟ではない」と明言してくれた。大間原発の建設凍結はありえないと思う。

——町の試算では大間原発の固定資産税は16年間で約４００億円。建設が中止になればどんな影響が。

フェリーの新造船に固定資産税を当て込んでいると言われるが、過疎債で対応するので影響はさほどない。ただ老朽化した町役場庁舎や消防署の新設計画などには影響が出る。

——町民の反発は。

私が推進派のせいか直接聞こえてこない。強調したいのは、大間町は日本の国力を高めるエネルギーを創る地域の誇りがあること。最近は地球環境問題が語られないが、火力・水力と、風力、太陽光など再生可能エネルギーでどこまでカバーできるかを冷静に検証しながらエネルギー政策を議論してほしい。

取材を終えて——

「原発」のデリケートさ痛感
口重く　匿名の住民多数

「どうせ原発だべ?」。大間町最大の文化施設、北通り総合文化センター「ウイング」で金沢満春町長(62)と名刺交換していると、背後から〝洗礼〟めいた言葉を浴びた。大間に住み始めた翌日、2月11日のことだ。

前日、町のポスターで見つけたイベントに興味がわき、足を運んだ。「青少年健全育成推進大会」の講演会で、タイトルは「福島第1原子力発電所事故に挑んで」。ゲストは最前線の消火活動で活躍、「フクシマの英雄」の一人としてスペインで代表スピーチした東京消防庁総括隊長の冨岡豊彦さん(49)だ。

冨岡さんは風間浦村の蛇浦小中学校から大間高校に進み、東京消防庁へ入庁、国士舘大学を卒業した。「郷土の英雄」が方言で熱く語った体験談に、会場の数百人が感動している。

冒頭の洗礼は、講演後のロビーで、町長に「住み込み取材」の挨拶をした際の出来事だ。ある雑誌に「大間マグロと原発マネー」という辛口の記事が出たせいもあろう。滞在中も、原発に関しては「匿名」が条件という人が多く、原発立地地域のデリケートさを痛感した。

大間に滞在したのは、家探しを兼ねた1月13~17日と、大雪後の2月10日~3月21日、大飯原発の再稼働が決まった前後の6月14~17日。計50日だ。

原発とマグロだけでなく、本州最北端に生きる人々の暮らしや人生にも焦点を当てたつもりだ。当初はみんな口が重く、取材の難航も覚悟した。それでも住み込みを続けるうちに「絶対に取材に応じない」と言われた人たちが次第に心を開き、原発への不安などを打ち明けてくれた。酷寒の下北で、シャツとズボン下を２枚ずつ着用して取材に駆け回った甲斐《かい》があった。

「【青森県大間町】原発とマグロの町に住んでみる」を読んで

原発に揺れる本州最北端に地元目線で住まった貴重な記録

解説
藻谷浩介

大間は本州最北端の地。記事にも青森まで4時間とありますが、東京からは函館経由でフェリーに乗った方が早く着ける、隔絶された場所です。東日本大震災の後、原発建設がストップしていたこの小さな町に住み込み、口の重い漁民や住民らの気持ちに迫ったこのルポは、とても貴重な記録です。

「大間のマグロ」ブランドが有名になり、テレビ番組などでも伝説の漁師などが取り上げられますが、ルポにもあるように、マグロで食べられる漁師は一握り。観光でも頑張っているものの、人口は減り財政も苦しいという現実がある。そこに雇用とカネをもたらすと期待される原発はしかし、福島の事故を経験した今となっては、漁業や観光のブランドを下げるリスクが大きい。

しかも普通の原発ではありません。最初は「新型転換炉（ＡＴＲ）」と言っていたのが、技術的にムリとなって、しかしまたまた「フルＭＯＸ」というプルトニウムを燃やす新技術に取り組むことになっている。

確かに東京から見れば一番遠い本州の端っこで、何が起きても影響は及んできそうもない場所です。ですが大間は面積が小さく、予定地は家々から何キロも離れてはいません。30キロ圏に入る対岸の函館市も、反対の声を強めています。本州の果てのはずが、その先には北海道が続いているという、当たり前の問題が露見してしまったんです。

福島の事故以前から気になっているのですが、原発予定地の目の前の津軽海峡は、陸地から7カイリ以上先は誰でも通行できる公海です。近年はアメリカと中国、韓国などを結ぶ貨物船の主要動線になっていて、「北のマラッカ海峡」と言っても過言ではない。釜山などから北米へは、日本海側を通った方が早く、波の荒い太平洋側を通るより燃費もいい。宗谷海峡は流氷に覆われる期間が長いので、津軽海峡がメーンとなるわけです。

原発に関してはテロ対策が重要になりますが、目の前の海が公海では、仮に不審船が通っても臨検もできません。正規軍よりもゲリラの方が危険な今の時代に、公海に面して原発をつくること自体、止めておくのが大人の判断でしょう。テロもない平和な時代、津軽海峡を通る船も少なかった時代に構想された話を再始動させつつある今の政権の、リスク感覚はどうなっているのか。宜野湾《ぎのわん》の章で触れた、辺野古《へのこ》の津波リスクについても、同じことが言えるわけですが。地域活性化云々の前に、国土防衛上それでいいのか自問すべきです。

下北半島には、古くは会津藩の藩ぐるみの「流刑」、戦後には「むつ小川原《おがわら》開発」や「原子力船むつ」、六ヶ所村の核燃料サイクル施設、東通村の原発と、国策に翻弄され続けた歴史があります。六ヶ所村のように研究所的な機能まで持てばある程度経済効果も続きますが、単なる原発の場合、地元にお金の落ちる期間は短いものです。福島の事故以前の数字ですが、全国の原発立地自治体は、ほぼ例外なく著しい人口減少に見舞われています。一時的なカネの流入が、けっして持続可能な発展をもたらさないことは、先行例から明らかです。

というようなことを、東京的に突き放して書いてしまいましたが、現実の大間には、とても人間臭くて魅力的な人たちが住んでいます。「あおぞら組」はその最たるもの。原発推進の町当局も、まずは原発反対の函館へのフェリー存続に全力で取り組んでいる。

なかなか本音を言いにくい狭い町にあえて住み、その時点でそこに住む普通の人々の不安や様々な思いを切り取ったこの記録を、「ああいう時代もあったね」と笑って読み返せる時代が来ればよいのですが。

第9章

福岡県田川市

記憶遺産の街に住んでみる

文　須貝道雄
写真　高谷　隆

煙突をめざした人々

肩のこぶ　孫は忘れない

旧三井田川鉱業所の跡地にレンガ造りの通称「二本煙突」がのっそりと空に突き出ている。高さ約45メートル。1908年に当時の三井鉱山が煙突を完成させたとき、福岡県・田川の人々はその威容に驚いた。石炭を燃料に、ボイラーで水蒸気をつくって炭鉱の昇降機を動かす。毎日たゆまず、煙突は黒い煙を吐いた。地元にはこんな仕事唄がある。「赤い煙突　目あてにゆけば　米のまんまがあばれ食い」

産炭地では煙突のあるところに炭鉱があった。そこで働けば好きなだけ飯が食える。そんな夢を歌っている。

田川商工会議所職員、中村成也《なるや》さん(33)の祖父も煙突をめざして遠方から田川の街にやってきた一人だ。

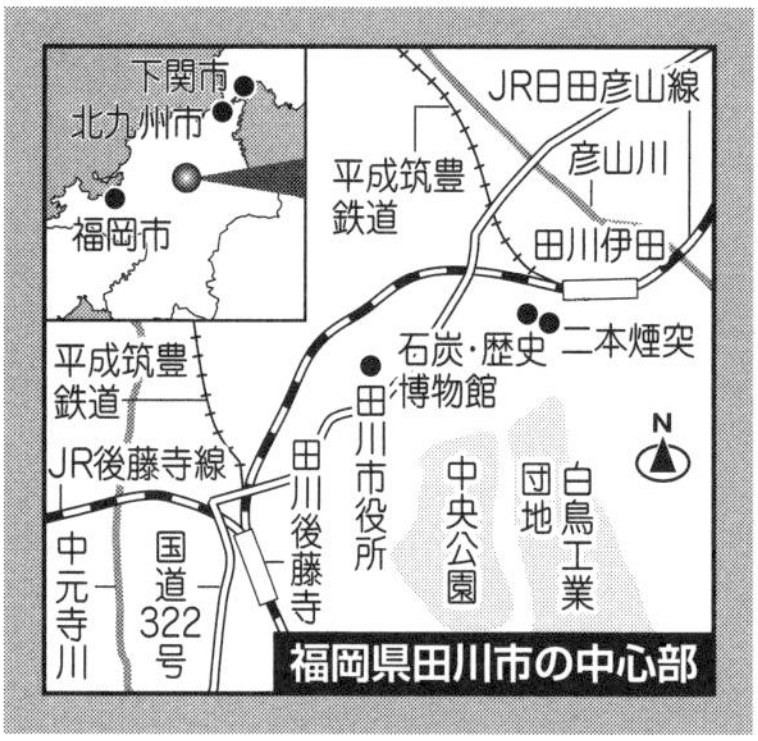

福岡県田川市の中心部

祖父は長野県の農村出身で家は貧しかった。10代ながらも単身で田川に移り住み、三井鉱山の炭鉱に入った。1940年ごろのことだ。坑内では「仕繰り」を担当した。坑道に木枠をはめ込み、弱い部分を補強する仕事だ。いつも坑木を肩に担いでいた。

中村さんは語る。「だから肩に大きなこぶがありましたよ。年をとっても、つやつやと光っていた」

戦後の急激なエネルギー転換で国内の石炭は見捨てられる。東京五輪が開かれた1964年に三井鉱山の三井田川鉱業所は閉山。祖父も炭鉱を去り、関連のブロック会社に転職した。自宅は二本煙突のすぐ裏にある炭鉱住宅の長屋。祖父一家は閉山後も住み続けた。

炭坑節にも歌われた「二本煙突」と旧三井田川鉱業所の竪坑櫓（田川市伊田）

祖父は歩き方が不自然だった。小さいころ、中村さんは理由を母親に尋ねた記憶がある。落盤事故でケガをしたのだと母は話した。以後、炭鉱の話はタブーだと思うようになった。「聞いてはいけないことという意識がずっとあった。地元の大学に入り、イベントで僕が炭坑節と関わりを持った。それからです。ようやく祖父と率直に話せるようになったのは」と振り返る。

若者向けに現代的な炭坑節のダンスを創作する中

村さんの活動を、祖父は温かく見守り、応援した。しかし2007年に82歳で他界。最後まで「成也、成也」と孫の名を呼んでいたという。炭鉱の思い出話をもっとしたかったのかもしれない。残された祖母は5階建ての市営住宅に住む。古い炭鉱住宅を建て替えたツートンカラーの団地だ。近くの二本煙突は家族の苦労と喜びをずっと眺めてきた。

◇

昔の炭坑の様子を描いた山本作兵衛（1892～1984年）の記録画類が2011年にユネスコの世界記憶遺産に登録された。作品は田川市石炭・歴史博物館が所蔵し、展示会は連日盛況だ。人の暮らしに記憶はどんな意味を持つのか。田川に住み考えた。

炭鉱住宅

炭鉱大手の三井鉱山は田川市内に長屋型の炭鉱住宅を数多く抱えていた。閉山後も低料金で居住者に貸し、1972年時点で約5000戸が残っていた。市はこれらを三井側から買い取り、改良住宅と呼ぶ中層の市営団地に建て替えてきた。その数は24年間で4000戸近くに達する。人口約5万人の都市で市営住宅が目立つのにはこうした背景がある。

息子の戦死、山本作兵衛の原点
炭坑画描き寂しさしのぐ

炭坑画を描いた山本作兵衛には1922年生まれの長男・光さんがいた。1945年5月、軍艦羽黒に乗船中、マラッカ海峡の海戦で死んだ。23歳だった。ちょうど記者の母親と生年が同じ。もし光さんが生きていたら90歳だ。戦死しなければどのような人生があったのか。茶道を楽しんだ母の戦後と比べてしまう。

作兵衛の孫で、ピアノ指導者の緒方恵美さん(50)の自宅を訪ねた。田川市の西隣、飯塚市まで、同じ孫で自動車部品会社を経営している井上忠俊さん(59)に車で連れて行ってもらった。緒方さんは祖父の遺品や資料を保管している。炭坑画と日記類がユネスコの世界記憶遺産に登録され、多忙を極めている中での取材だった。

「たまらんね」。井上さんがつぶやいたのはその時だった。緒方さんが取り出した祖父の遺品、軍艦羽黒戦没者名簿の白いページに、「あゝ光よ」と筆で書いた大きな文字があった。作兵衛80歳時の嘆きだ。「これが祖父の原点」と井上さんは繰り返した。

炭鉱で50年近く働き、62歳で解雇された作兵衛は、田川市の会社事務所で宿直警備の仕事に就いた。長い夜の時間、長男・光さんのことが無性に頭に浮かんだという。気を

山本作兵衛の資料を前に思い出を語る（右から）緒方恵美、山本照雄、井上忠俊さん（飯塚市相田）

紛らすために日記の余白や広告紙の裏に、昔の炭坑の絵を描くようになった。好きな絵に没頭している間は息子を忘れられる。１０００枚を超える炭坑画を手掛け、世界記憶遺産へとつながった作業の背後には、つらい記憶があったのだ。

作兵衛の三男である照雄さん(76)は涙ながらに兄・光さんのことを語った。「私が5歳の頃に兄は出征した。無口な兄だったですね。夜、自宅で、みんなで手を振って送ったのを覚えています」

作兵衛は記録魔だった。大正から昭和にかけ継続して日記を書いた。天気、炭鉱で掘った石炭量、坑内のけんか、米の価格、酒を飲んだか否かなどを短文で記した。孫の緒方さんは日記を読んで、自分の名前と共に「卓球問題」と書かれていたことに驚いた。高校時代に卓球部を続けるかどうかで父母と対立した時がある。「黙っていながら、じいちゃんは自分の話を全部聞いていたんだ」と改めて思った。中学・高校の修学旅行で緒方さんが買ってきたお土産や、初月給で贈った観葉植物の名称まで日記に出ていた。

井上さんは数ある炭坑画の中でも、鉄橋を渡る蒸気機関車を川舟からにらみつける船頭の絵が最も印象的だと話す。「オカジョウキーメ（略）おいらの飯茶碗《めしぢゃわん》を叩《たた》きつぶした」という言葉が絵にそえてある。明治期の鉄道開通で、作兵衛の父親は石炭を川舟で運ぶ仕事を失った。

「その結果、家族で飯塚の炭鉱で働くことに。父だけでなく母も坑内に入った。まだ７つか８つだったじいさんは弟を背負って坑内に連れて行き親を手伝った。まさに炭坑画にある構図の通りです」

作兵衛は晩年、ＪＲ後藤寺線の線路が見える場所に住んだ。今、石炭の影はなく、そこを走る列車もわずかだ。

世界記憶遺産

後世に残すべき文書や絵画などの保存振興を図るユネスコ（国連教育科学文化機関）の事業。山本作兵衛の炭坑画・日記類のうち世界記憶遺産に登録されたのは697点。ほかに友人ら個人蔵で未登録の炭坑画も数多くある。それら57点を集めた「われら坑夫の孫展」が2012年3月20日から25日まで田川市美術館で開かれた。孫の緒方恵美さんらが企画した。

炭坑節歌う語り部

家族の生と死　唄に重ね

炭坑節を歌いながらボランティアで館内を案内する、陽気な「語り部」が田川市石炭・歴史博物館で人気だ。原則として予約できず、たまたま遭遇すれば幸運。ある日の正午近くに彼を見た。

「これが炭鉱の社宅です。私は昭和16年（１９４１年）にこれと同じ家に生まれたんです。19歳まで９人家族の中で育ちました」

屋外に再現した炭鉱住宅をガイドするのがその人、北九州市のセメント会社に勤めていた原田巌さん(70)だ。田川市のシンボルである二本煙突が見える場所まで十数人の入場客を案内すると、「月が出た出た〜」と美声を披露した。みんな大喜び。さらに炭坑節の元歌である伊田場打ち選炭唄をしんみりと歌う。哀愁を帯びた調べが響いた。

この唄の歌詞に原田さんは特別の思いがある。母親が死んで残された赤ん坊。「ぼうや泣くなよねんねしな」と続く詞は、母親を失った自分の父の姿と重なるのだという。

自宅で詳しい話を聞いた。「そうです。生後６カ月の父を残して母親、つまり私の祖母にあたる原田シオは21歳の若さで落盤事故で死んだんです。シオさんは自分の兄と一緒に三井鉱山（当時）の炭坑内で作業中でした」

１９０９年の出来事だ。残った乳児を、シオさんの妹で当時11歳だったタヨさんが引き取って育てた。「たいへんなこと。今の小学生では考えられない」と原田さん。田川市在住の作家、林えいだいさんは著書『闇を掘る女たち』で、生前のタヨさんを取材して書いている。姉と同じ坑内労働に従事し、田川伊田駅前で食堂のおかみになった。

石炭・歴史博物館でガイドをする原田巌さん。説明の合間には「炭坑節」の美声を響かせる（田川市伊田）

タヨさんに育てられた父親は後に採炭夫となり、40年近く働いた。その後を継ぐように、15歳の原田少年は三井鉱山が開設していた三井田川鉱業学校に入学する。この学校は高い技術水準の炭鉱マンを養成する私塾で、競争率10倍の試験を通った。１年生で月１７００円の給料がもらえた。現在の４万円ぐらいに相当し、家計も助かった。

しかし炭鉱をめぐる環境は急変する。同校は１９５９年に学生募集を中止。１９６０年春卒の原田さんらは約束されていた三井田川鉱業所に就職できなかった。鉄鋼や建設会社など別の関連企業を紹介されて、卒業生は散っていった。

掘削会社に就職した原田さんは当初、三井の炭坑内でボーリングの作業をした。700メートル下の地底はむしむしとして生臭いような独特の空気が漂い、嫌だった。それを聞き父親は「あのにおいをかぐと元気が出るんだ」と笑った。仕事に誇りを持っていた。

「でも息子には炭鉱で働かせたくなかったのだろう」と原田さん。炭鉱に就職しなかったことに父親は「これでやっと炭鉱と縁が切れたのう」と安心した様子だった。坑内で父親は母を亡くし、自分も2回生き埋めになった。地下に閉じ込められても冗談で仲間を励ました剛気な父だが、危険な体験を息子にはさせたくなかった。父の心を原田さんは温かく受け止めている。

炭坑の語り部

炭鉱の記録を残すために、田川市の石炭・歴史博物館は2008年度から「炭坑(ヤマ)の語り部」講座と題して、三井田川鉱業所の坑内で働いた人、病院看護師らの体験談を聞く会を毎月開いている。これまでに20人を超す人から話を聞き、小冊子2冊を作成した。ボランティアガイドとして同館を案内する炭鉱経験者らの「語り部」も4人いる。

在日コリアンとホルモン鍋

食文化貢献、活気失わず

戦後、まだ牛肉や豚肉が高価な時代に、炭鉱労働者の胃袋を満たした料理が田川市にある。独特のたれで味付けした牛の小腸や豚の大腸、いわゆるホルモンを野菜と一緒に煮たホルモン鍋だ。

この料理と在日コリアンの歴史は切り離せない。ホルモン鍋を広げる役割をしたというJR田川伊田駅近くの朝日家を訪ねた。1957年創業で、2代目になる李大一さん(60)から話を聞いた。

店を開いたのは大一さんの父親である李判福さん。現在の韓国・慶尚北道出身で、親族の話では、戦前に強制連行で長野県のダム工事に動員された。10代後半だった。軍隊に召集されたころに終戦。炭鉱で働いていた兄と福岡市で土木関係の仕事に就き、やがて田川市で炭鉱住宅を借りてホルモンの店を始めた。

朝日の名前は判福さんが朝鮮と日本の友好を願って付けたのだという。息子の大一さんは小学生の頃、使用済みの割り箸をくべて七輪の火をおこすのが毎朝の仕事だった。駅の向こう側に、三井田川鉱業所の主力坑があった。「労働者は3交代。早朝に炭坑内

商店街の催しに出店した田川ホルモン喰楽歩。用意した100食は売り切れた（田川市伊田）

の仕事を終え、風呂に入って店に直行する人が多かった。飲むのはマッコリでした」

開業当初は七輪の上にセメント袋の紙を載せて鍋の代わりにした。当地に残る伝説の食べ方だ。紙に油を塗って火にかける。食後は捨てればいい。街の東の香春岳《かわらだけ》、西の船尾山に大きなセメント会社があり、セメント袋には不自由しなかった。

先代には親分肌的なところがあった。「煙と音で迷惑をかけているからと毎年、店の周囲に住むおばちゃん十数人に声をかけ、温泉1泊の従業員旅行に連れて行った」

だが1975年、故郷の地を二度と踏むことなく先代は51歳で他界。大一さんが店を切り盛りすることに。「お客さんは飲んべえで暴れると大変でした。力が強くて往生した。でも、たくさん来てくれて経営の面は良かったです」

現在は息子の安山宰祐《やすやまただひろ》さん（31）に3代目の店長を任せている。安山は仕事上の通称で、李家の先祖が住んでいた何百年も前の古い村の名だという。宰祐さんは東京の朝鮮大学校で学び、舞台照明の仕事に魅力を感じていたが、3年前に店に戻ってきた。

「自分は必要とされている人間だという存在感を感じてほしい」と願う父親の大一さん。「ホルモン鍋文化を大切にして、若い子も来やすい店にする」と息子。父親の前では失礼なのでたばこは吸わないという宰祐さんの言葉に、儒教道徳の片りんも見た。

取材で1カ月住んだワンルームマンションの近くに伊田商店街がある。ふだんは人影もまばらだが、2011年12月4日は違った。商店街主催のイベント、田川工芸祭で若者や家族連れがぞろぞろ。その中にホルモン鍋の店も出た。田川市職員らでつくる田川ホルモン喰楽歩《くらぶ》の面々が実演販売し、1杯300円がすぐに売り切れた。「ホルモン鍋で町おこしを」という同喰楽歩の声が徐々に浸透している。

トンチャン

ホルモン鍋を地元では昔、トンチャンと呼んでいた。田川ホルモン喰楽歩の金子和智会長の説によれば、語源は韓国・朝鮮語で、チャンは腸のことを意味し、トンチャンで内臓一般を指していた。同じ呼び方は山口県下関市にもある。田川市では家庭でホルモン鍋を食べることも多い。市内の学校給食でもホルモン鍋を郷土食の一つとして出している。

残せなかった「松原炭住」

過大な保存費、独り歩き

ニュースを見て自宅でじっとしていられなくなった。田川市の元会社員、作元勲さん(72)はカメラを手に現場へ車を走らせた。2010年5月のことだ。向かったのは大きな炭鉱住宅街として知られた「松原第1地区住宅」。一般に松原炭住と呼ぶ。「もうこれが最後かもしれない」。1級建築士の作元さんは焦った。市内にはかつて約6000戸の炭住があった。大半は取り壊され、中層の市営住宅に変身。ここ松原第1地区でも8割方が消えて、残った長屋34棟のうち20棟72戸が近く解体されるというのだ。炭鉱の生活史を伝えるためにも保存してほしかった。

作元さんは解体工事が始まった日から現場へ日参。家の間取りを方眼紙に写し、梁《はり》や柱の様子を撮影した。戦前の家なのに「骨組みはしっかりしていた」という。工事が終わるまでの2カ月間に撮った写真は500枚に達した。

翌2011年春、山本作兵衛の炭坑画類がわが国で初めてユネスコの世界記憶遺産に登録され、市内が沸いた。「炭住を残すチャンス」と作元さんは期待した。市民グループも松原炭住を保存してほしいと市議会に請願した。だが解体計画は変わらなかった。

同年９月、松原の５棟18戸が重機で処理され、何もない広場に。記者が同市に住んだ12月には道路工事が始まった。

松原第１地区の炭住はなぜ解体の運命から逃れられなかったのか。要因の一つは市が当初に発表した保存・補修費用の金額にあった。

まとまった炭住街として27棟の長屋を保存するには31億円かかる。規模を縮めて４棟だけ残すにしても約５億円は必要――。この数字に「市の財政はもたない」と住民からあきらめの声があがった。

作元勲さんは、市内に残る「炭住」の所在地や棟数を丁寧に記録している（田川市夏吉）

しかし、この計算には前提があった。植物園の温室のように炭住街全体を鉄骨造りのガラス張りドームで覆おうという想定だ。「台風でも屋根が飛ばないように、文化財として保存するには覆うしかない」と市建築住宅課。ドーム費用が全体の６割を占めた。

東京に戻ってから専門家に尋ねた。首をかしげたのは東京芸術大学客員教授の日塔和彦さん。「木造建築をドーム類で覆う例は中尊寺の金色堂などごくわずか。普通は屋外保存で、補修をしっかりすれば風に耐えられる」。特定非営利活動法人・日本民家再生協会の金井透事務局長も同じ見解。検証を欠いたまま、過大な数字が独り歩きしてしまった感がある。

作元さんは小中学生の頃、田川市の東隣、香春町《かわらまち》の日本セメント(当時)の社宅に住んでいた。水道も便所も共同で、炭鉱住宅とよく似た長屋だった。高校通学では松原炭住の中を歩いた。懐かしい記憶が、市内になお残る炭住の調査へと心を向かわせる。

2008年、解体前の松原炭住でロケをした映画がある。「信さん・炭坑町のセレナーデ」だ。古びたスレート屋根の長屋の前で子どもらが遊ぶ。今ではもう映画のシーンや写真でしか、松原炭住の様子を知ることができなくなった。

青春の門
五木寛之の小説『青春の門・筑豊篇』は田川市が舞台。近くの香春岳を「異様な山」と表現して始まる。セメント会社が石灰を採取し続けた結果、変形した。主人公・伊吹信介は1935年(昭和10年)生まれで、炭鉱の長屋に住む。計算上では2012年で喜寿になる。1975年の最初の映画化の際に、吉永小百合らを迎えた田川ロケは地元では今でも語り草だ。

愛された怠け者「スカブラ」
笑い話で暗闇を照らす

「スカブラ？　もう古語になりつつありますね」。福岡県宗像《むなかた》市で古書店を営む上野朱《あかし》さん(55)はにこやかに話す。スカブラとは怠け者を意味する。田川市や飯塚市など筑豊地方の炭鉱でよく使われた言葉だ。「仕事が好かんでブラブラしちょる」『スカッとしてブラブラしちょる」などから生まれた言葉らしい。

スカブラについて取材するため田川市から列車を乗り継いで朱さんを訪ねた。朱さんの父親は、閉山続く筑豊炭鉱の実情を記録した作家の上野英信《えいしん》（１９２３～87年）。著書『地の底の笑い話』でスカブラを取り上げた。

さぼって汗さえかかなくても、暗闇の炭坑ではスカブラ的人物は欠かせなかったと指摘。狭くて圧迫感のある空間では、おしゃべり好きなスカブラが愛され、笑い話が仲間の緊張をほぐし、つらい労働の中で救いになったという。

朱さんもスカブラに愛着を抱く。「古書店をやっているのも無職ではないと世間に言い訳するため。単なるスカブラです」。さらに近くの同業店を指さした。名前は「すかぶら堂」。今は亡き創業者は英信の著作にほれ込み炭鉱労働者になった人で「店名に反して、

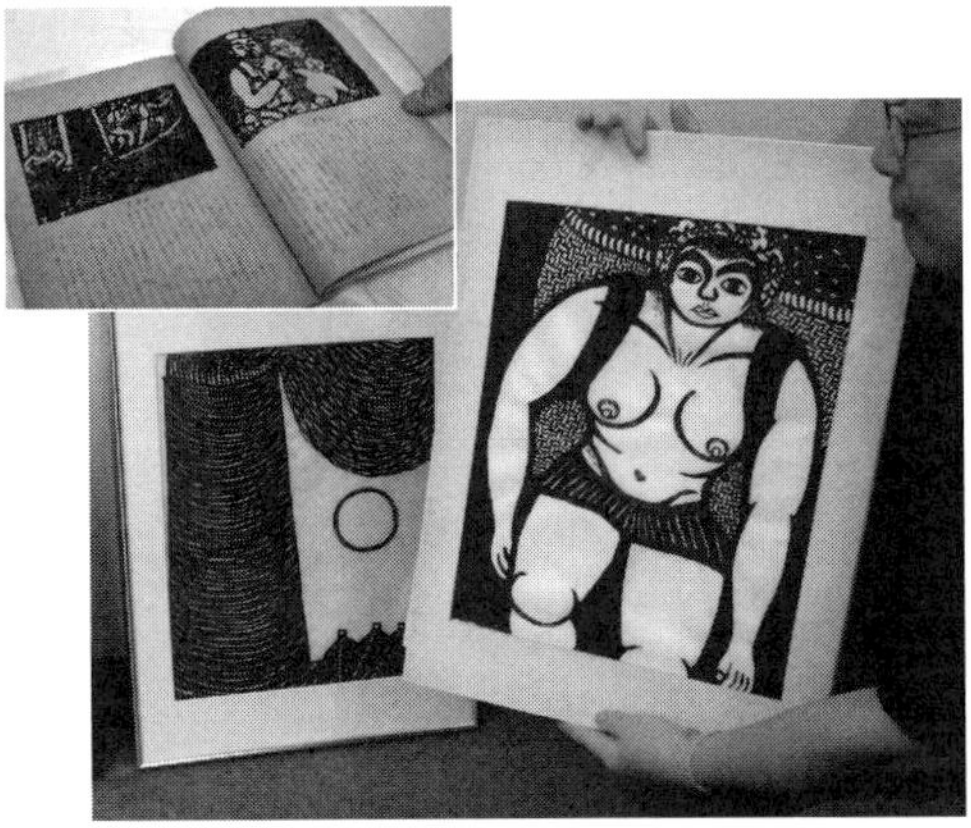

田川市美術館に保管されている千田梅二の炭坑版画と、上野英信と共作した「絵ばなし」（上）（田川市新町）

よく働く方だった」と朱さんは回顧する。ひょうひょうとして遊んでいるように仕事をする。まじめ一辺倒への批判がスカブラにはある。

最近、ネット上でもスカブラが話題になった。２０１１年３月、東日本大震災の時だ。自粛ムードが社会に蔓延。横浜市でＩＴ関連会社を経営する岩崎聖侍さん(35)は「ユーモアさえ不謹慎だとネット内で非難され、戦争へ突き進む時のような危険を感じた」。

投稿サイト「アゴラ」に本で知ったスカブラについて書いた。緊迫した時こそ炭坑でスカブラがもたらしたような笑いが大事と。「すごい反響でした。ヒット数は延べ１００万件になった」。遊びが少なく閉塞感が漂う現代。スカブラは「今の日本に最も必要な要素」と岩崎さんは語る。

記録文学の上野英信だけでなく、戦後の炭鉱は多様な文化人を生んだ。ボタ山などを題材に版画に取り組んだ千田《せんだ》梅二（１９２０～97年）はその一人。画家志望だったが中国大陸で敗戦を迎え、過去の作品が空襲でほとんど焼失したことを知る。次女の櫛田美香子さん（60）によればその時、千田は死に場所を求めて日本国内を放浪した。

富山出身の彼が希望を見いだしたのは炭鉱だった。福岡県水巻町《みずまきまち》の日本炭鉱（当時）の採炭夫になり、上野英信と知り合う。英信のガリ版刷り文章に千田の木版画を組み合わせ「絵ばなし」と称する冊子をつくった。「せんぷりせんじが笑った！」「ひとくわぼり」などが喝采を浴びた。

関東に住む長女の千田真美子さん（62）は「きゃしゃな体の父を炭鉱仲間が楽な仕事に回してくれたそうです。その温かさ、たくましさを父は版画にした」と語る。

千田の作品98点は田川市美術館が所蔵している。英信と千田。２人は筑豊を元気づけたいわばスカブラだった。

炭鉱の古い言葉

重圧を「荷」と称し、坑内の天井が落ちそうになると「荷が来るぞ。逃げろ」と叫んだ。坑木がびりびりと絞るような音をたてるのがその前兆という。「天井がばれる」は落盤のこと。仕事を終えて地上に出て飲む酒は「2合半」。ボタは燃えない石。バックは炭鉱住宅の共同水場の意味。葬式はホネガミと呼んだ。中止や休みをノソンと言った。

黒糖の羊羹「黒ダイヤ」

疲れほぐす味、思い継承

手に取ると、どっしりとした量感がある。楕円形で肉厚、上の表面がでこぼこしている。石炭の塊を模して作った黒糖の羊羹《ようかん》「黒ダイヤ」である。1934年、菓子職人の延永元一《のぶながもとかず》さんが奉公を終えて独立し、田川に店を開いた頃に考案したらしい。息子の憲信さん（62）の話だ。

「父は現在の福岡県行橋《ゆくはし》市の出身。炭鉱町である田川で開業するには石炭にちなむ菓子を目玉にする必要がある、と考えたのでしょう」

激しい労働で疲労する炭鉱マンに羊羹は喜ばれた。戦後になると、元一さんの延永製菓は急成長。1973年の会社パンフでは、従業員480人、直売店が15店に上っている。

息子の憲信さんには強烈な記憶がある。1957年春、小学2年生の時。長崎市で開かれた全国菓子大博覧会に、父親は重さ百数十キロの巨大な羊羹・黒ダイヤを作り、会場までトラックで運んだ。「私も同乗した。炭鉱が元気だった頃。みんな驚いていていました」

しかし、新工場への過大投資と、土地売却の遅れ、売り上げ減が響いて1984年に不渡りを出す。この間、元一さんは1982年に74歳で死去。憲信さんは2代目社長で努力したが、不渡りを防ぐことはできなかった。会社更生法のもとで再建を図ったがかなわず、1995年に同社は破産した。

伝統の甘味である黒ダイヤは風前のともしびとなった。「何とか作り続けてほしい」という顧客からの声に応え、一念発起したのは同社の営業課長だった荒川博美さんだ。工場スタッフらの協力を得て、新たに起こした会社、亀屋延永（本社飯塚市）で小規模ながら黒ダイヤなどの生産を引き継いだ。

羊羹「黒ダイヤ」は一日400個の手作り生産（飯塚市忠隈）

ほっとしたのもつかの間、悲劇が襲う。わずか5年後の2000年に博美さんは53歳で他界。職場結婚で一時は家庭に入っていた妻の美佐代さん（63）に社長業の全てが託された。頼りになったのは2人の息子だった。長男の博史さん（37）は大学卒業後、父の起こした亀屋延永に就職、和菓子作りをしていた。次男は洋菓子担当だった。

長男が思い出す父は「口数の少ない人」。だが高校でテニス部に入り、発見したことがある。

顧問の先生が昔、父親の博美さんからテニスを習ったというのだ。「父は大学時代はテニス部で、全日本学生選手権で活躍した。たぶん地元でもコーチとして後輩を指導していたのでしょう」

ある休みの日、博史さんは父とテニスをした。前の会社の調子が悪い時だった。当時40代の父は1時間ほどで息を切らしていた。「でも球のコントロールは上手だった」。父の遺志を継いで黒ダイヤにかける博史さんの目には、あのラリーが焼き付いている。

工場では鹿児島出身のベテラン職人が餡《あん》の味を守っている。山本作兵衛の炭坑画がユネスコの世界記憶遺産に登録され、田川市石炭・歴史博物館の入場者は急増。地元商品コーナーで黒ダイヤは人気の的だ。「頑張ってよかったねと周りから言われる」と社長の美佐代さん。創業者と継承者の思いが結実した。

筑豊のスイーツ

福岡県東部の旧産炭地は筑前と豊前の両地域にまたがるため筑豊と呼ばれた。石炭産業とともに、ご当地の饅頭《まんじゅう》や羊羹が生まれた。直方市の成金饅頭、嘉麻《かま》市の山田饅頭、飯塚市のふたせ饅頭。ひよ子、千鳥饅頭、チロルチョコなど全国に知られる菓子も筑豊生まれ。筑豊の菓子を集めたスイーツフェスティバルも開かれている。

さいごの炭坑夫たち

死と紙一重の日々は遠く

石炭に郷愁を感じるのは何歳以上からか。１９５６年、記者が入学した青森市の小学校には教室に石炭ストーブがあった。赤々とした炎や近づくのが難しいほどの熱さを覚えている。あの頃、田川市では大手炭鉱・三井田川鉱業所が現役で稼働していたが、その勢いに陰りも見えていた。

閉山から半世紀近く。三井の炭鉱で働いていた人は若くてもすでに80歳前後だ。どんな炭鉱人生だったのか。小学校近くで駄菓子とたばこの店を営む山室卓雄さん(83)を訪ねた。店には放課後の子どもたちが次々と顔を出す。取材する記者の横をすり抜け「おじちゃん、20円で何買える」「ガムちょうだい」。にぎやかな午後の時間だ。

山室さんは宮崎県の出身。「これから八幡製鉄所に行くんだよ」と言われ、小学生の頃、母と一緒に田川にやって来た。父親は一足早く単身で田川の炭鉱で働いていた。戦争で増産を迫られていた１９３７年のことだ。親が八幡と偽ったのは「近所の人に転居先は炭鉱と言いにくかったから」と山室さんは推測している。

列車から降りた伊田駅(現在の田川伊田駅)の前は大都会に見えた。だが歩くうちに道は

早朝の公園整備が日課の山室さん（左）と矢田さん（田川市伊田）

細くなり、暗い池や墓場を通る。子ども心に「これは大変な所に来た」と思った。

炭鉱で仕事を始めたのは戦後の１９４６年から。18歳だった。炭層まで掘り進む掘進夫などをした。妻の兄と一緒に働いた。義兄は話し上手で面白い人だった。仕事をしたくない時は若者だけで早退した。坑道を上りながら義兄の話す西部劇など映画館で見た洋画の物語に夢中になった。出口が近づくと、だれが一番先に風呂に着くか競走した。

炭鉱を辞めたのは１９５４年。知人から商店をやらないかと誘われ、決断した。８年間の短い坑内労働だった。この間に裏の家に住んでいた1つ年下の親友が落盤で亡くなった。かわいがってくれた担当係員も事故死した。死と隣り合わせの厳しい現実があった。

もう一人、取材したのは１９４８年から１９６４年の閉山まで坑内経験16年の矢田政之さん（81）だ。著書『さいごの炭坑夫たち』で、指をケガしたり、頭を炭車に挟んで意識不明になったりで3回、担架で運ばれたことなどを書いている。

１９５５年には隣の切り羽でガス爆発があり、６人が死んだ。遺体を担架で地上に運ぶ際に矢田さんは「死霊の案内人」と呼ぶ役目をした。「いま本線に着いたぞ。おーい、これからケージで上がるから背中に乗れや、と担架の移動に合わせて大声で霊魂に呼びかけるんです」。同僚の魂が坑内で迷わないようにとの心遣いから生まれたしきたりだ。振り返れば充実感を抱く瞬間もあった。山室さんは「店を始めたら、炭鉱住宅の人たちがクリスマスケーキをたくさん買ってくれた。運動会の前夜はいなりずし５００個、のり巻きが５００本も出た」。矢田さんは閉山後、炭住建て替えの運動に力を尽くしたことを誇りにしている。

今は毎朝の散歩で顔が合う２人。日の出を見るのが楽しみという穏やかな老後だ。

ボタ山

炭鉱周辺には燃えない石を集めたボタ山ができた。かつて田川市には47カ所のボタ山があった。最大だった伊田のボタ山は面積が19万８０００平方メートルで東京ドームの４・２倍、高さは30メートルあった。今は大半が整地され工業団地や消防本部の敷地になった。隣の飯塚市忠隈にあるボタ山は三つの峰からなり高さ１４１メートル。「筑豊富士」と呼ばれ、緑に覆われたが現在も昔の形を保っている。

一度は飛び出した街、今は誇り

炭鉱人生に光当てたい

おしゃれなカフェも大きな書店も見当たらない。「クソみたいな町」と、いったんは激しい言葉で故郷の田川市をののしり、飛び出した山本剛司さん(30)。大都会の福岡市で4年間暮らし、結婚し、古里への見方が変わった。

ある年の旧盆。帰省して田川市の彦山川で精霊流しをした。家に戻る道すがら「三井の炭鉱跡に立つ煙突が夕日に照らされて、すごくきれいに見えた」。かつて「炭都」として栄え、国を支えた田川や筑豊。その誇りを取り戻したい。心にスイッチが入った。

なぜ自分は大学に進学できたのか。その問いも大きかった。田川市のすぐ南、川崎町の祖父の顔が浮かんだ。

「じいさんは無煙炭で有名な島廻《しまめぐり》炭鉱の採炭夫だった。1967年の閉山までずっと働いて、その後は大阪の工事現場へ出稼ぎに行った」

祖父が体調を崩したのは70歳の頃。激しくせき込んだ。病院での診断は「じん肺」。坑内の炭塵を吸い込むことで発症する職業病だ。酸素吸入器が手放せず、呼吸がピーピーと音をたてた。苦しみながら亡くなった。

祖父の死後、筑豊じん肺訴訟で和解金と賠償金を受け取ることができた。「そのお金が、実は僕の大学進学の資金になったんです」

一人息子の山本さんは高校時代の１９９８年に、障害者授産施設に勤務していた父親を亡くした。田川市の市民マラソン大会に出場し、突然死したのだ。53歳だった。父の口癖は「大学には行っとけよ」。祖父のおかげで父親の〝遺言〟も守ることができた。

実家近くの近畿大学九州工学部（飯塚市＝現在は産業理工学部）に入り、大学院で木造建築を専攻した。福岡市にある専門学校の講師などを経て、２０１１年から家族のいる福岡市と筑豊を往復し、旧産炭地の魅力を世間に発信する仕事に専念している。川崎町に的を絞り、農業復権と炭鉱遺跡の再評価に力を入れる。

竹で組んだ野菜栽培用のドームの前で筑豊の将来を語る山本剛司さん（福岡県川崎町）

農業では、都市部の青年を川崎町の農家に案内し、野菜作りや自然探索をするサークル活動を始めた。生涯学習団体・福岡テンジン大学（福岡市）の授業の一環で、彼はコーディネーターを務める。

もう一つは川崎町観光協会準備室のスタッフとしての仕事。炭鉱遺跡をめぐるコースを提案し、２０

12年3月からJR九州の企画切符「わくわく体験プラン」に採用された。豊前川崎駅を起点に、ガイドと一緒に旧大峰炭鉱の共同風呂や映画館跡などをめぐり、農家レストランで昼食をとる。

同町には(2012年現在)96歳になる祖母が住んでいる。山本さんは「炭鉱住宅で、隣の家の子どもを助けた祖母の話は忘れられない」と語る。戦後、島廻炭鉱で事故があった際に、隣家の父親が犠牲に。哀れに思った祖父母夫婦は隣の子どもたちを自宅に呼び、毎日食事を出し、我が子同様に閉山まで面倒を見たという。その恩返しに、閉山から45年たった今なお、子息らが祖母の誕生日に菓子を持ってくる。

筑豊に息づく人情。その発信も山本さんの宿題だ。

筑豊じん肺訴訟

1985~87年に国と石炭会社6社を相手に損害賠償を求めた訴訟。原告患者は170人に上り、数あるじん肺訴訟の中でも全国最大規模になった。2004年、じん肺発生に関して国の責任を認める最高裁判決が確定した。この間に企業と患者・遺族との和解が相次いで成立した。提訴から18年4カ月で、原告患者の8割以上が亡くなった。

笑顔・元気の学生ダンスサークル

炭坑節に乗り世に新風

いきなり曲がかかった。太鼓がなって、三味線が続く。「ふっ、はっ、ふっ、はっ」「いっさ、いっさ」の掛け声で始まり、おなじみの「香春岳《かわらだけ》から見下ろせば〜ヨイヨイ」と炭坑節の歌詞が続く。速いテンポで学生たちは手を伸ばし、足を上げ勢いよく踊る。1曲4分のダンスは体力を使う。

炭坑節を現代風にアレンジし、創作ダンスを披露している学生サークル「田川創作炭坑節CDR21」。今夜は週2回の練習日にあたる。周りは道路と水田で真っ暗だが、会場の福岡県立大学（田川市）の校舎はにぎやかで明るい。

CDR21は県立大の学生と九州工業大学情報工学部（飯塚市）の学生とで構成し、総勢は50人。2011年春は1年生が20人も入った。年間の出演数は50回に上り、ダンスは小学校の運動会にも採用された。地元最大の祭りである5月の川渡り神幸祭のステージは新人の披露公演の場だ。

練習中に話を聞いた。県立大学2年の柳谷学さん（20）は三重県志摩市の出身で「炭坑節は知らなかった。田川市の特徴もほとんどわからないまま大学に来た」。同じ2年の

現代風にアレンジした「創作炭坑節」の練習に汗を流す学生サークル（田川市の福岡県立大学）

山本結菜さん(20)は宮崎県延岡市出身。「笑顔で楽しそうだから入部した」。福岡市の2年生、松重花奈子さん(19)も「強いインパクトを感じたから入った」。

入部の動機は笑顔と元気。しかし彼らはサークルで炭鉱の歴史を勉強するうちに田川を知っていく。きつい労働実態、戦前の朝鮮人連行など。「ひどい」とショックを受けつつ、命を張って働いた人々の誇りも感じ取る。OBには田川に刺激され、炭鉱を卒論のテーマにした人もいる。

ダンスに合わせ手拍子し、「よかったよ」と声をかけてくれる住民たち。出演先では最後、観客と一緒になって、昔ながらの炭坑節の踊りの輪をつくることも多い。

時代は遡り1960年代。中小炭鉱が次々と閉山し、筑豊が貧困にあえいだ頃に、東京と大阪からキリスト教系大学の学生たちが「キャラバン隊」として、子どもたちの支援に来たことがある。

その一人である黒沼宏一さん(69)に静岡市で会った。青山学院大学1年だった1962年夏に、福岡県穂波町《ほなみまち》(現在は飯塚市)の炭鉱住宅に学生10人で2週間滞在した。毎晩

40戸を家庭訪問し、子どもの将来を親と話し合う。「貧しくて何も買ってやれないが、きちんと育ってほしい、と親は子に希望を託していた」

中学生担当の黒沼さんは朝から夏休みの宿題を手伝い、午後はボタ山で遊んだ。夜は野外映画会。初めて覚えた方言は「腹かいた」(腹をたてた)。筑豊の言葉を使うと、子どもたちはすごく喜んだ。

仲良くなった中学生がやがて大阪や愛知へ集団就職をする。出発の日、黒沼さんは再び駆けつけバスに手を振り、みんなで舟木一夫の「高校三年生」を歌った。「クラス仲間はいつまでも」と。

学生たちの果たす役割は半世紀前も今も、キラリと光る価値がある。

山本作兵衛さんを〈読む〉会

福岡県立大学では毎週火曜、森山沾一《せんいち》教授を中心に市民らが集まり、炭坑画を描いた山本作兵衛の日記を解読する会が開かれている。1915年から1984年までの日記70点は、田川市の作兵衛宅を解体する際に森山教授らが発見。炭坑画がユネスコの世界記憶遺産に登録される前の2002年から解読を始め、資料集10冊を刊行している。

白ダイヤ・石灰石は健在

製品開発進み再評価

黒ダイヤともてはやされた石炭と並び、白ダイヤと呼ばれる石灰石が戦前から田川市では産業の柱になっていた。黒ダイヤの炭鉱は1970年に完全に市内から消えた。一方の白ダイヤは東の香春岳《かわらだけ》、西の船尾山などから今も産出され、セメント工場に運ばれるなど現役の資源だ。

市の中心であるJR田川後藤寺駅から、西へ向かう後藤寺線の列車に乗ると、しばらくして「白い世界」が眼前に広がる。ベルトコンベヤーなど設備類が白い粉をかぶり、道路も真っ白、沿線の山肌も白く見える。石灰石を削っている船尾山と周辺に広がる麻生ラファージュセメント(旧麻生セメント)の工場だ。

工場近くの駅が船尾駅。小学生の頃まで駅近くの麻生セメントの社宅に住んでいた女性と会った。田川市の佐々木睦《むつみ》さん(50)。「当時はすごい町。人がいっぱいいて、給料日には屋台が並び、お祭りのようだった」と語る。

現在は美容師の夫、博さん(52)と美容院を経営しながら「チンドンセブン」の名前で、ちんどん屋をしている。あくまで趣味の活動で、月に1回ほど商店街や福祉施設などに繰り出す。

「なぜ始めたか？　ちんどん屋が好きで、いつかやりたいと思っていたから」と睦さん。5歳頃、船尾の社宅近くにちんどん屋が来た。初めて見たのだろう、強烈にあこがれる。友達と一緒に後をずっとついて歩き、気がついたら3キロ離れた田川後藤寺駅まで来ていた。

夢中になった記憶が原点だった。6年前にバンド仲間に声をかけ、会社員や保育師ら約10人で旗揚げした。

石灰石の山を遊び場にしていた男性もいる。漆喰《しっくい》メーカー、田川産業（本社同市）の行平信義社長（61）だ。小学生の頃、学校が終わるとカバンを放り出して、船尾山や関の山へ向かった。石灰石の切り羽が面白かった。砂利を踏みながら高いところに登るのが冒険だった。石灰で青色になった池に目を見はった。

真っ白な工場内で「白ダイヤ」へのこだわりを語る行平信義さん（田川市弓削田）

1924年創業の同社は船尾山近くに工場を構えた。自宅も同じ場所だった。石灰石を原料にゴムの充填剤になる炭酸カルシウムなどを生産。父親の代で漆喰の画期的な製品を世に出した。

工場であらかじめ調合を済ませた既調合漆喰。工事現場で職人が火をたいてノリを混ぜるなどの手間が省けた。石灰の用途が広がった。「私が中学の頃です。でも父の苦労などわかっていなかった」

工場を案内してもらった。大正から昭和の雰囲気を残す白い粉で覆われた現場。行平さんが今、亡き父親に誇れるのは、新しい漆喰セラミック「ライミックス」を開発したことだ。漆喰を4000トンプレスで固めてタイル状の壁・床材に仕上げた。曲げへの強度は大理石並みという。2007年に、ものづくり日本大賞内閣総理大臣賞に輝いた。

合成樹脂の建材が出回った頃は「先が見えなかった」。だが健康・安全が重視されるに従い漆喰も再評価された。人生は白ダイヤと共にある。

鉄道事情

1943年に東の伊田町と西の後藤寺町が合併してできた田川市には2つの核がある。田川伊田駅と田川後藤寺駅だ。両駅間2・6キロを結ぶJR日田彦山線は上り小倉行き、下り日田行きともおおむね1時間に1本か2本で行き来には不便だ。田川後藤寺駅からは新飯塚駅に向かう後藤寺線もある。ほかに平成筑豊鉄道が直方《のおがた》―金田―田川伊田―行橋間と田川後藤寺―金田間を走る。

総集編

炭鉱の誇り、心に刻む

石炭の記憶が住民の心に深く蓄積され、どっしりとした重みを持っている。２０１１年11月末から福岡県田川市に１カ月間住み、取材しての感想だ。産炭地として栄え、エネルギー政策の転換で揺れた街は喜びも苦悩も激しかった。人情あふれる暮らしの裏に事故死があった。そんな光と影の記憶を受けとめ、地域の誇りとする若い世代も登場している。田川は着実に次の船出を準備している。

ユネスコ登録が刺激
光も影も受けとめて

山本作兵衛（１８９２～１９８４年）の炭坑画と日記類が２０１１年春にユネスコの世界記憶遺産に登録されて以来、田川をはじめ広く筑豊の人々は刺激を受けたのだろう。昔の炭鉱の様子を話したいという意志が誰からもひしひしと伝わってくる。

田川市の炭鉱住宅を調べているとき、駐車場で会った井崎良高さん（81）は親切に説明をしてくれた。「この炭住は築六十数年。柱など材料はいいけど、会社から払い下げてもらうまで、自分で屋根の修理や車庫増築で７００万円は使ったな」

戦争中に、宮崎県から田川の炭鉱に来た。まだ10代だった。坑内では炭車を操作する「棹取《さおど》り」をした。25年間働いて炭鉱は閉山。その後はトラックやタクシーの運転手をして子どもを育てた。

息子が自慢の種だ。「大きな会社の所長になった。毎月の給料は100万円もらうそうだ」。学生時代は家庭教師のアルバイトで、親には迷惑をかけない息子だった。

ある日、田川市の石炭・歴史博物館に義母(88)を連れて男性が相談に来た。父親が炭鉱で使っていた道具を博物館

約45年前にボタ山の上から見た田川市の全景(上)。同市出身の写真部記者・嵐田啓明が高校生の時に撮影した。炭鉱の煙突から黒い煙が出て、立ち並ぶ炭鉱住宅の屋根が見える。右端の香春岳(一ノ岳)も高かった。写真(下)は同アングルで嵐田記者が撮った現在の街並み。石灰石を掘り続けた結果、香春岳は平たい台形になり、後ろの山が見えてきた。

に提供したいという。仲島勝則さん（67）。自動車修理の仕事を長くしてきた人だ。福智町の自宅を訪ねた。

「家の周りが三菱の炭鉱住宅で、ボタ山のトロッコでよく遊んだ」と仲島さん。大正生まれの父親はポンプ修理など機械の仕事をした。強烈な記憶は炭鉱の給料日だ。中学１年の頃、父親と事務所に行った。何千人分かの給料のお金がテーブルに山のように置かれ、数十人の社員が袋詰めをしている。「あの札束の量には度肝を抜かれた」

仲島さんの義母からも身の上話を聞いた。桂川町にあった炭鉱で夫が労務管理の仕事をしていた。40歳で希望退職し、退職金75万円をもらったが事業に失敗。彼女は京都の西陣から反物の見本を送ってもらい、炭住を歩いて回り、和服の注文を取った。成人式の着物など知人がたくさん注文してくれた。そのおかげで乗り切ったという。

韓国から筑豊に関心を寄せる写真家もいる。九州産業大学（福岡市）の大学院に留学しているファン・ヨンギさん（46）。２００６年にパチンコ店の写真を撮るため田川市に来たところ、店の人から朝鮮人連行の話を聞いた。炭鉱で働かされていたと。「これは自分のやるべきテーマ」と決め、筑豊のボタ山跡や炭住、在日コリアンの家族を撮影した。「知れば知るほど悲しい歴史。胸が痛い」とファンさんは語る。

留学前はソウルの大手生命保険会社で課長だった。写真家を志して11年前に脱サラ。職場結婚をして現在は部次長になっている妻と、小さな子を残しての単身留学だ。

つらい記憶が積み重なっている田川市、そして筑豊。目を背けず、無視せず、正面から向き合う。そこから次の人間関係、生き方がはぐくまれていく。記憶は次世代へ向けて跳躍台のような役割をすると感じた。

国内最大の惨事
百回忌へ　遺跡は消えても

2011年12月15日午前9時40分、福智町に町内放送が流れた。住民に黙祷を呼びかけている。死者671人を出したわが国最大の炭鉱事故「方城《ほうじょう》大非常」から、この日で97年になることを告げていた。

方城は合併前の旧方城町で田川市の北にある。事故は三菱方城炭鉱であった。東洋一といわれた深さ270メートルの立て坑を完成させて数年後、1914年（大正3年）に最悪のガス爆発を起こした。炭鉱では爆発という言葉を嫌い、非常と呼ぶ習わしがあった。

戦後閉山した同炭鉱の敷地は今、九州日立マクセル（本社福智町）の工場になっている。近くの福円寺でこの日、事故の時刻に合わせ遺族らが鐘をついた。毎年続けている法要だ。28代目住職の冨永秀元さん(53)は「犠牲者の名簿が寺にある。10代の子が数多く亡くなった」と話した。

時間とともに記憶は薄れていく。遺族は孫の世代となり法要への参加も数人にとどまる。

冨永住職は「結局はお寺が記憶をつなぐ唯一の場所になる。昔のことを地域に発信するのが寺の役割。2013年12月には百回忌をします」と力をこめた。

軽トラックでやや遅れて寺に着いた人がいた。町内で電器店を経営している蒋野《こもの》真之さん(69)。26歳で亡くなった蒋野ルイさんを弔うために毎年、法要に顔を出す。

故郷の福岡県宮若市に蒋野家の墓地があり「30年前にルイさんの墓を偶然見つけたんです。父・兼吉さんが建立して、事故で支給されたお金が360円と刻んであった」。ルイさんは生年から考えると真之さんの祖母と同じ世代になる。「祖母の妹か、あるいは従妹《いとこ》かもしれない。未婚だったと思う」

福智町の広報誌は2007年12月号で方城大非常を特集した。表紙のタイトルは「地底が揺れた」。坑口から、うめき声のような声が聞こえた。ガス対策として大量の夏ミカンが坑口から投げ込まれ、現場は混乱した。住民が伝え聞いた話を集めた。

編集を担当したのは、まちづくり総合政策課の係長、長野士郎さん(39)だ。福智町は2006年に金田、赤池、方城の3町が合併して生まれたが、あの炭鉱事故を方城町以外の人はあまり知らない。黙祷も中断していた。「これでは何もかも無くなってしまう」という危機感があった。

「炭鉱の事務所や赤れんが塀が壊され、目に見える遺跡は消えても、人の語り、心の部分は伝えることができる。『心の遺跡』を残すつもりで全力投球でつくった」。同号を機に、黙祷も復活した。

長野さんが感じたのは悲劇と同時に時代を生きた人々の一生懸命さ。その上に自分たちの暮らしがあることを認識しておきたいと結んだ。

あこがれの「百円坂」
解体・がらんどう　新たな一歩模索

100円が庶民の羨望の的になった時代がある。JR田川後藤寺駅近くに残る「百円坂」と呼ばれる坂道。以前は坂の上に三井鉱山の戸建ての大きな社宅が並んでいた。田川の炭鉱に赴任した幹部社員らが住んだ区域だ。月給が100円級だったことから百円坂と名付けられた。明治末から大正の初めらしい。

作家、織井青吾さんの著書『流民の果て』によれば、当時の炭鉱労働者の賃金は1日平均70銭。休み無しで1カ月働いても20円前後にしかならない。5倍を超える格差があった。

社宅の中心には、1900年に開設した接待施設、百円坂倶楽部があった。森鴎外はこの三井の倶楽部に宿泊したことを「小倉日記」に書いている。床面積が1階だけで732平方メートルの建物だった。

しかし惜しまれる中、2000年に解体された。社宅群も売却され、現在は宅地分譲地になっている。売り出し名は「百円坂ヒルズ」。依然として百円坂は、あこがれの名前として命脈を保っている。

一方、三井田川鉱業所の本部事務所だった建物はまだ残っている。百円坂から北東へ５００メートル。１９３８年の建築で、現在は旧三井関係の不動産を管理する新田川不動産（本社田川市）が一部を事務所に使い、他はがらんどうだ。

新田川不動産の鈴木弘久社長（57）らの話によれば、本部事務所の中庭はテニスコートが２面取れる広さで、昔は社員がテニスの練習をしていた。全体にレトロな雰囲気が漂い、映画のロケにも利用される。「問題は維持費です。光熱費だけで年間７００万円かかり、加えて固定資産税が何百万か……」と社員の一人は嘆いた。炭鉱が華やかな頃は労働者や納品業者が出入りしていた場所。11年前まで出納窓口は実際に開いていた。

田川市は今、作兵衛の炭坑画などを展示する「山本作兵衛・世界記憶遺産センター」（仮称）の開設を検討している。閉鎖した坑道を復元し、見学できるようにする案も浮上。ほかに体験宿泊ができる炭住風ホテルなどのアイデアも提示された。

新しい方向へ踏み出すと同時に、現存する建物遺産をどう評価するか。一つの大きな課題となるだろう。

「【福岡県田川市】記憶遺産の街に住んでみる」を読んで

筑豊炭田の記憶が水面下に濃厚に息づく町

解説
藻谷浩介

旧筑前国と旧豊前国にまたがっていた、福岡県の筑豊炭田地帯。かつて網の目のように鉄路が張り巡らされ、無数の炭鉱町があったところですが、ヤマの火が消えて半世紀が経ち、場所によってずいぶんと様子が違ってきています。

筑豊の中心都市といえば飯塚ですが、ここに炭鉱町の香りはほとんど残っていません。記事にも出てくる近畿大学のキャンパスもありますし、広い道路が四通八達。福岡に通う人も多い、かなりさばけた小ぎれいな町になっています。直方《のおがた》も北九州市のベッドタウンになって久しく、外見は普通の古い町です。

ところが田川には、昔の炭鉱町の香りがディープに残っているんです。もちろん、五木寛之さんの小説「青春の門・筑豊篇」などを読んで現地へ見に行っても、一体どれがボタ山なのか、完全に緑に覆われてしまったり削られてしまったりして、なかなか分かりません。大規模で不幸な事故による地盤沈下の陥没の跡だって分からない。

しかし周辺自治体を含めこのあたりには、福岡や北九州からやや離れているせいもあるのか、エアポケットのようにある種の泥臭さが残っている。その周辺自治体とも、政治的に複雑な事情があったようで合併しなかった（できなかった？）のですが、産業面では、記事に出てくる白ダイヤ（石灰石）もありますし、工業団地への入居も進んで、工業都市として成り立っています。

ですが、伊田、後藤寺という旧来の２つの中心地は相当に寂れてしまい、「えっ、ここって平成なの？」みたいな、忘れ去られた雰囲気が漂っている。周辺自治体を含め所得水準は相当に低く、生活保護率は相当に高く、私自身の目撃談ですが、茶髪にモヒカンの小学生が二人乗りで自転車を暴走させていたりします。

そんな田川ですが、山本作兵衛さんの炭鉱画・日記類がユネスコ（国連教育科学文化機関）の「世界記憶遺産」に登録されたこともあり、ついこの間までそこにあった歴史に世間の注目が集まるようになりました。多くが80代になっている炭鉱体験者の記憶や、今の田川に生きる世代の肉声などを、住み込んだ記者が、皮を一枚一枚めくるように発掘しています。

炭鉱や昔の製鉄所など、肉体労働者の多い産業のあったところには、必ずと言っていいほど、甘いお菓子などが今も伝統的文化として残っています。饅頭《まんじゅう》とか、羊羹《ようかん》とか……。過酷な労働に十分な糖分が必要だったことが背景ですが、同じ福岡県でも北九州市や大牟田市あたりへ行くと、千鳥饅頭とかチロリアンとかひよ子といった洗練されたお菓子、お土産になっているのに対し、ルポでも紹介されているように、田川では黒糖羊羹の「黒ダイヤ」のような実に純朴な「ソウルフード」が残っています。ホルモンもソウル臭ぷんぷんですね。ですが、そういうものがかえって大きな地域資源になる時代が来ているようです。

また、同じく炭鉱地帯だった北海道の空知などでもそうですが、滅んだものの記憶を留める場所には、なぜか芸術家や一風変わった文化人らが集まったりします。記者はそうした人たちともきちんと出会っていますね。

しかし田川には意外な活力もあります。記事には出てこないんですが、話題になった「増田レポート」の巻末の数字にも出ているように、田川は人口面では今後案外と長持ちする地域なのです。

産業が栄えて人が流れ込んで来ているわけではもちろんありません。ですが子供がたくさん生まれている地域なんです。大阪のミナミとか沖縄みたいな感じで、貧しくとも土着の活力が残っているといいますか、深い考えなしに子供を持ってしまう人が多いだけかもしれませんが、出生率が高い。私の印象を言えば、確かに女性が元気です。

寂れたところに子供だけ増えても、仕事も文化もなければ出ていってしまうかもしれない。しかし、新聞記者の通常の取材ではなかなか掘り起こせないこうしたルポを地元の人々に読んでもらい、地域特有の歴史と遺産の大切さを再認識してもらうことと、歴史の中に自分たちのアイデンティティーを見つけて育てていくことから、真の地方創生が実現していくかもしれません。

本書は日本経済新聞夕刊の連載をまとめたものです。
各章の初出（新聞連載期間）ならびに各章の執筆者・カメラマンは以下の通りです。

序　章　2014年7月26日……文＝小仲秀幸
第1章【高知県梼原町】2014年1月4日～3月29日……文＝岩田三代、写真＝高谷　隆
第2章【福井県池田町】2012年7月7日～9月29日……文＝鈴木純一、写真＝木内正隆
第3章【山梨県富士河口湖町】2013年10月5日～12月28日……文＝工藤憲雄、写真＝井上昭義
第4章【長崎県対馬】2013年7月6日～9月28日……文＝小仲秀幸、写真＝小林裕幸
第5章【北海道平取町二風谷】2013年4月6日～6月29日……文＝木戸純生、写真＝嵐田啓明
第6章【沖縄県宜野湾市】2013年1月5日～3月30日……文＝藤巻秀樹、写真＝高谷　隆
第7章【大分県宇佐市】2012年10月6日～12月22日……文＝工藤憲雄、写真＝嵐田啓明
第8章【青森県大間町】2012年4月7日～6月30日……文＝嶋沢裕志、写真＝小林裕幸
第9章【福岡県田川市】2012年1月7日～3月21日……文＝須貝道雄、写真＝高谷　隆

もう東京はいらない

2015年7月1日　　1版1刷

編　者　　日本経済新聞社

発行者　　斎藤修一
発行所　　日本経済新聞出版社
http://www.nikkeibook.com/
〒100-8066　東京都千代田区大手町1-3-7
電話　03-3270-0251（代）
印刷・製本　　三松堂
装　幀　　Malpu Design（清水良洋）
本文デザイン　　Malpu Design（李生美）

ISBN978-4-532-35629-3